KB118499

Existential Metapsychiatry

메타실존치료

Thomas Hora, M.D. 저 | **이정기 · 윤영선** 공역

학지사

Existential Metapsychiatry
by Thomas Hora, M.D.

역자 서문

토마스 호라(Thomas Hora)는 그의 책 『메타실존치료(Existential Metapsychiatry)』에서 다음과 같은 이야기를 전해 주고 있다.

> 한 작은 소년이 조각을 하고 있는 조각가를 지켜보고 있었다. 몇 주 동안 이 조각가는 커다란 대리석을 조금씩 깎아 내고 있었다. 몇 주 후에 그는 아름다운 사자를 만들었다. 작은 소년은 놀라서 "아저씨, 그 바위 속에 사자가 있는 줄 어떻게 알았어요?"라고 물었다.

토마스 호라는 '메타실존치료'를 다음과 같이 정의한다.

> "실존주의 심리치료의 목표는 내담자로 하여금 현상(現像, Phenomenon)의 세계로부터 깨어나 실재(實在, Reality)와 접목된 의식을 획득하도록 돕는 것이다."

'현상'은 '겉모습'이다. 예수께서는 "사람을 겉모습(appearance)으로 판단하지 말라!"고 하셨다. '겉모습'은 '본래적인 것(The Original)'이 아니다. 실존철학은 그것을 '비본래성(非本來性, Unauthenticity)'이라 일컫는다. 그리하여 현상학자 후설(Husserl)은 '판단중지(epoche)'를 선언하였다. 겉모습, 곧 현상(現像, Phenomenon)은 실재(實在, Reality)가 아니기 때문이다.

실존철학은 '실재' 곧 '본래성(本來性, Authenticity)'에 관심한다. 실존주의자인 키르케고르(Kierkegarrd)와 니체(Nietzsche)는 "너 자신이 되라!(Be Thyself!)"고 선언하였다. 그것은 '본래적 자기(本來的 自己, The Original Self)가 되라!' 또는 '본래성을 회복하라!'는 뜻이다. 겉으로 드러난 거친 대리석은 '본래적 자기'가 아니다. 내면에 웅크리고 앉아 겉으로 드러나기를 기다리고 있는 '사자(The Lion)'가 곧 '본래적 자기'이다.

'메타실존치료'는 겉모습, 곧 현상에 집착하지 않는다. 오히려 내면에 웅크리고 있는 '본래적 자기'에 관심한다. 그렇게 '실재' 곧 '본래성'을 추구한다. 흔히들 '진면목(眞面目)' 또는 '본래면목(本來面目, The Original Face)'이라 일컫는 것이 곧 그것이다. 그것이 본래적 자기가 지향하는 '궁극적 선(善, The Goodness)'이다. 메타실존치료사는 내담자로 하여금 그 '궁극적 선'인 '실재'를 부딪쳐 만나도록 이끌어 준다. 그것을 '실존적 만남(Existential Encounter)'이라 한다.

전통적 심리치료는 '병리학적 관점'에서 내담자의 현상을 분석하고 치료한다. 그러나 '메타실존치료'는 '실존적 관점'에서 내담자로 하여금 실존적으로 그 '실재'를 부딪혀 만나도록 이끌어 준다. 칼 로저스(Carl Rogers)의 '인간중심상담(Person-centered Counseling)'은 '긍정적 관심(Positive Regard)'을 강조하여, '상호작용(Interaction)'의 문맥 속에서 내담자를 이해하고 치료하려고 노력한다. 그러나 '메타실존치료'는 '초월적 관심(Transcendent Regard)'을 강조하여, '하늘작용(Omniaction)'의 문맥(Context) 속에서 인간과 세계와 우주를 실존적으로 정면에서 맞닥뜨리도록 이끌어 준다.

그러나 '메타실존치료'는 그 목표가 '참 사람(The real man)'의 형성에 있지 않다. 즉, '한 인간(not a man)' 또는 어떤 유형의 인격(personalities)의 형성을 그 목표로 삼지 않는다. 그와는 달리 '하나의 현존(現存, but a presence)' 그것도 '하나의 유익한 현존(有益的 現存, a beneficial presence)'을 지향한다. 그러한 '하나의 유익한 현존'으로서의 실존적 상태 속에는 자기(自己)도 타자(他者)도 허락되지 않는다. '오직 실재만이 존재한다(There is only that which really is).'

메타실존치료는 11개의 매개변수(Parameters)를 가지고 있다. 그중 10번째 변수는 다음과 같다.

> "실재를 알면, 현상은 소멸된다(The understanding of what really is, abolishes all that seems to be)."

『메타실존치료』의 원제목은 『Existential Metapsychiatry』이다. 직역하면 '실존주의 초정신의학'이 될 것이다. 그 제목은 정신의학적 개념이지만, 한국어 번역에서는 심리치료적 관점을 강조하여 『메타실존치료』로 명명하였다. 그것은 유신론적 실존철학에 근거한 심리치료라 할 수 있다.

이 책을 번역하기 시작한 때는 아마도 2004년인 듯하다. 번역된 초고를 가지고 오랫동안 강의하고, 의견을 나누고, 감동받고, 교정하는 데 동참한 수강생들이 적지 않다. 대학원에서 '메타실존치료'를 수강하는 학생들과 '한국실존치료연구소'에서 수강하던 수련생들이 더불어 이루어낸 결과물이라 할 수 있다. 그들 모두에게 큰 감사를 드리며, 함께 기쁨을 나누고 싶다.

이정기, 윤영선

일러두기

1. 이 책에 수록된 내용은 토마스 호라 박사가 주관한 메타실존치료 집단 사례 발표 시간에 다루어진 내용들이다. 수련생 중 한 사람이 사례 발표를 하고, 그에 근거하여 참가자들이 질문하고, 의견을 개진하기도 하면 그에 대하여 토마스 호라 박사가 대답하는 내용이라고 볼 수 있다. 다시 말해, 질문은 참가자들이 토마스 호라 박사에게 하는 질문이고, 의견은 사례 발표 중 참가자들이 발언하는 의견을 말하며, 답변은 토마스 호라 박사의 질문에 대한 참가자들의 답변 혹은 참가자들 사이의 질문에 대한 답변이라고 볼 수 있다.

2. 이 책은 저자가 한 권의 책을 체계적으로 집필하기 위하여 전개된 내용이 아니다. 단지 집단 사례 발표회에서 다루어진 내용들이기 때문에 주제가 다양하다. 그리하여 차례에서도 다양한 주제가 산발적으로 다루어져 있음을 알 수 있다. 그러나 주제의 다양성은, 곧 인간이 겪고 있는 삶이 다양하다는 것을 역설적으로 증언해 주고 있다고 볼 수 있다.

차례

기본 개념

(Basic Concepts)

이 세미나는 성실하게 진리를 추구하는 사람들을 위한 것입니다. 그들은 자유와 본래성(authenticity)을 추구하기 위하여 기꺼이 지적 순응주의를 포기한 사람들입니다.

구약성서 전도서에서는 "이제 있는 것이 옛적에 있었고 장래에 있을 것도 옛적에 있었나니"(전도서 3:15)라고 말하고 있습니다.

뉴욕 메타실존치료 연구소에 종사하고 있는 실존주의자들은 메타실존치료가 미래의 물결이라고 믿고 있습니다. 그것은 지금도 있지만 옛적에도 있었고, 미래에 다가올 것도 옛적에 있었던 것입니다.

메타실존치료[1)]는 인간을 형이상학적 개념에 기초하여 과학적으로 훈련합니다. 여기에서 말하는 인간은 영적인 존재, 즉 우주적 사랑-지성의 의식을 반영할 수 있는 존재를 의미합니다. 사랑-지성은 우주의 조화로운 원리입

1) 그 용어는 처음에 Florida, Miami의 Prof. Stanley Dean에 의하여 미국에서 소개되었다. 그러나 그는 이 책의 내용에 대한 어떤 것도 책임지지 않는다.

니다.

메타실존치료는 유신론적 실존주의에 철학적이고 인식론적인 뿌리를 두고 있습니다. 메타실존치료의 실제가 갖는 중요성을 이해하려면 그것의 근거가 되는 실존주의와 실존주의 심리치료의 특성에 대하여 분명하게 설명할 수 있어야 합니다.

그러므로 메타실존치료의 개념과 정의부터 명확히 할 필요가 있습니다. 실존주의란 무엇입니까? 실존주의는 인간 실존의 본성과 인간 실존이 그 자체를 드러내는 상황을 철학적으로 탐구하는 것입니다. 실존 철학은 다음과 같은 것들을 질문합니다. 인간이란 무엇인가? 삶이란 무엇이고, 그것을 지배하는 법칙이란 무엇인가? 삶의 의미와 목적은 무엇인가? 실재는 무엇이고, 비실재란 무엇인가? 진리, 건강, 악, 질병, 죽음이란 무엇인가? 실존의 이러한 요소들은 어떻게 인식되는가?

실존적이라는 용어는 앞에서 말한 문제들을 다루기 위하여 사용되고 있습니다. 실존주의 심리치료는 실존의 근원적 질서와 의식적인 조화를 이루기 위하여 개인과 집단을 도우려는 하나의 노력입니다.

실존의 어원은 무엇입니까? 실존의 어원은 ek-sistere 혹은 ek-stare입니다. 황홀(ecstasis)이란 말은 흔히 강력한 정서적 경험을 의미하는 것으로 가정됩니다. 그러나 그것은 꼭 그런 것만은 아닙니다. 황홀, 또는 ek-stasis는 자신에게서 떨어져서 자신의 경험과 사고 과정을 관찰하는 인간이 가지고 있는 특수한 능력을 말합니다. 인간은 자기-초월의 능력을 갖고 있다고 말합니다. 우리가 알고 있는 한, 다른 어떤 피조물도 이러한 능력을 갖고 있는 것 같지는 않습니다. 이러한 인간의 능력을 일시적으로 상실하면, 정신 장애가 생길 것입니다. 그것을 비인간화 그리고 현실감 상실이라고 말하지만, 그 용어는 그렇게 정확한 것은 아닙니다. 왜냐하면 그러한 상황에서 실제로 일어나는 것은 심한 불안의 영향 때문에 자신의 정체성과 현실에 대한 자각을 상실하는 것이기 때문입니다. 초월 능력은 방향 감각과 자기 자신에 대한 확신을 가져다줍니다. '나는 나다(I am that I am).' 나는 내가 나라고 하는 사실을 안다(I know that I am).

어떤 문제를 풀기 위하여 우리는 외부로부터 그 문제를 바라볼 수 있어야 합니다. 만일 우리가 내부에서 문제를 본다면, 그 문제를 풀 수 없을 것입니다. 복잡한 현상 속에 있는 인간은 자기 자신을 올바르게 이해하기 위하여 초월적 관점으로 자신을 볼 수 있어야 합니다. 이것이 실존주의 심리치료의 필수적인 원리입니다. 우리는 바로 지금 인간을 하나의 현상이라고 말하였습니다. 현상이란 무엇인가요? 현상이란 말은 그리스어 phainein, phainomenon에서 유래되었는데, 그것은 빛 또는 겉모양을 의미합니다. 어떻게 그럴 수 있을까요? 인간은 실재하지 않는다는 말인가요? 글쎄요, 인간은 겉으로 보이는 존재만은 아닙니다. 예수께서는 “외모로 판단하지 말고 공의의 판단으로 판단하라(요한복음 7:24)”고 말씀하셨습니다. 이것은 보이는 것을 넘어서 보아야 하고, 말하자면 가면 뒤에 존재하는 실재를 식별할 필요가 있다는 것을 의미합니다.

현상은 또한 빛을 의미한다고 우리는 말하였습니다. 우리는 이와 같이 직접적으로 지각할 수 없는 것들에 빛을 비추고 있는 겉모습을 볼 수 있습니다. 이렇게 즉각적으로 지각할 수 없는 것들을 의미라고 합니다. 의미는 현상과 정신적으로 동의어입니다. 그것은 모든 겉모습은 언어, 행동, 활동, 매너리즘, 제스처, 행위, 또는 증상과 같은 모양을 취하고 있는 하나의 개념이라는 것을 의미합니다. 그러나 만일 인간 자신이 하나의 현상이라면, 그는 생각, 즉 보이는 형태를 가진 매우 복잡한 개념이어야 합니다. 물론 즉시 질문이 생깁니다. 인간은 누구의 개념(idea)인가요? 그러나 우리가 메타실존치료의 원리들을 더 많이 배울 때까지 이 문제를 다루는 것은 미루도록 하십시다.

현상 뒤에 있는 의미를 식별할 수 있는 능력을 현상학적 지각이라고 합니다. 이것은 실존주의 심리치료에서 매우 중요한 도구입니다. 그것은 치료사가 선입견이 들어가 있는 설명, 진부한 해석, 그리고 무책임한 추론을 하지 말아야 할 것을 요구합니다. 치료사는 열린 마음으로 경청하여, 선입견이 없는 의식에 의미가 드러나도록 허용하는(allowing) 방법을 배워야 합니다. 해석과 현상학적 설명의 차이를 이해하여야 하는 것이 그 핵심입니다.

실존주의 심리치료에서 해석은 없습니다. 우리는 일어나고 있는 일의 의미를 지각할 수도 있고 지각하지 못할 수도 있습니다. 거기에는 이해하기 쉽게 설명된 것이 없습니다. 모든 일은 개인에게 그리고 그 일이 일어나는 순간에 매우 특수한 것입니다. 예를 들어, 만일 우리가 어떤 사람과 이야기를 하고 있는 동안, 그 사람이 그의 코를 문지르는 것을 보게 될 경우, 그것은 그가 단순하게 코를 문지르는 것이 아닙니다. 말하자면, 그의 어머니가 어린아이처럼 그의 응석을 받아 주었다는 것을 보는 것입니다. 코를 문지르는 행동은 어떤 생각이 이 순간에 그리고 이 상황에서 그의 마음에 스쳐 가고 있다는 것을 말합니다. 한 사람의 개인을 이해하는 실존주의 심리치료의 방법에는 근원적으로 고유한 요소가 있습니다. 그것은 순간순간 드러납니다.

보통 우리는 다른 사람들과의 관계의 맥락에서, 또는 배경의 맥락에서, 또는 다른 맥락에서 사람들을 봅니다. 인간에 대한 실존적 인간 이해에 있어서 대인 관계는 이차적입니다. 일차적인 문제는 그의 세계-내-존재 양식입니다. 하이픈으로 연결된 복잡한 말은 무엇을 의미할까요? 그것은 매우 신비하게 들립니다. 세계-내-존재 양식을 이해하기 위하여, 우리는 중요한 낱말, 즉 가치라는 또 다른 낱말을 살펴볼 것입니다. 가치란 무엇입니까? 가치는 우리가 소중히 여기는 무엇입니다. 인간이 소중하게 여기는 것은 무엇이든지 그의 세계-내-존재 양식을 결정할 것입니다. "그 마음에 생각이 어떠하면 그 사람도 그러한즉"(잠언 23:7). 이 구절에 마음이란 낱말이 왜 들어 있을까요? 그것은 우리가 소중하게 여기는 것을 지칭합니다. 깨달음이 없는 사람들은 자연히 어린 시절의 유아적 쾌락을 소중하게 여기는 경향이 있습니다. 모든 어린이는 충동적 가치, 즉 쾌락을 좋아합니다. 소위 쾌락 원칙을 소중하게 여기는 것은 아주 쉽습니다. 우리는 모두 쾌락을 좋아합니다. 실존주의 심리치료에서 우리는 두 종류의 가치를—실존적으로 타당한 가치와 실존적으로 타당하지 않은 가치로—구별합니다. 실존적으로 타당한 가치는 선한 열매를 맺으며, 건강을 증진시켜 줍니다. 실존적으로 타당하지 않은 가치는 나쁜 열매를 맺고, 질병을 일으킵니다. 불화와 질병은 비통합적이고, 실존적으로 타당한 가치는 통합적입니다.

질문: 무엇이 현상학적 지각 능력을 발달시키나요?

호라 박사: 여기에서 요구되는 것은 온전히 마음을 여는 것입니다. 우리는 선입견을 갖지 말고 현상들에 접근하는 방법을 배워야 합니다. 독일의 철학자 후설(Husserl)은 **판단중지(epoche)**라는 말을 만들었는데, 그 말은 선입견을 잠깐 선반 위에 올려 두는 것입니다. 그렇게 하면, 겉으로 드러나는 것은 무엇이든지 있는 그대로의 순수함으로 지각될 수 있다는 것을 의미합니다. 우리가 잠시 동안 어느 누군가와 상담하고 난 이후에, 그의 특정한 세계-내-존재 양식이 어느 정도 분명하게 됩니다. 그러면 그것이 그 사람이 갖고 있는 현상의 의미를 식별할 수 있도록 우리의 능력을 촉진할 것입니다. 이것은 그동안 우리가 사물을 보는 훈련을 받아 왔던 그 선입견의 사고체계가 아니라, 그가 갖고 있는 그의 특정한 세계-내-존재 양식의 맥락 안에서 발생하게 될 것입니다.

이것은 처음에는 어려워 보이지만, 실제로는 반드시 그렇지는 않습니다. 그것은 끊임없이 자연발생적입니다. 결코 인위적이지 않습니다. 그리고 치료사와 내담자 두 사람에게 영원토록 영감을 줍니다. 여기에는 결코 단조롭고 지루한 때가 없습니다. 그렇다고 해서 그것이 흥분시킨다는 것을 의미하는 것은 아닙니다. 그것은 흥분시키는 것이 아니라, 영감을 줍니다. 흥분과 영감의 차이는 무엇입니까? 흥분은 하나의 경험입니다. 그러나 그것은 질적인 면에서 본질적으로 비통합적입니다. 비록 그것이 너무 널리 알려져 있어서 대부분의 사람이 그것을 추구하더라도, 본질적으로 흥분은 실존적으로 타당하지 않은 가치입니다. 그것은 즐거움을 가져다주지만, 비통합적이며, 경험적입니다. 반면에 영감은 통합적입니다. 그러므로 실존적으로 타당합니다. 그러나 그것은 하나의 경험은 아닙니다. 그것은 무엇입니까? 경험과 대조하여, 우리는 그것을 깨달음(realization)이라고 말할 수 있습니다. 깨달음이란 무엇입니까? 어떤 일이 우리에게 생생한 실재(real)가 되었을 때, 우리는 그것을 깨달음이라고 말합니다. 일반적으로 이 두 개념은 구별되지 않고 종종 서로 바꾸어서 사용됩니다. 그러나 두 개념을 명료화하기 위하여, 깨달음과 경험을 구별하는 방법을 배우는 것은 유용할 것입니다. 우리는 어떤 일에 대하여 깨달음을 갖지 않고도 많은 경험을 할 수 있습니다. 일단 우리가 어떤 일을 깨달으면, 그것은 영원히 우리의 것입니다. 예수는, "육으로 난 것은 육이요 성령으로 난 것은 영이니"(요한복음 3:6)라고 말씀하셨습니다. 경험은 육적인 것이고, 깨달음은 영적인 것입니다.

영감은 인간에게만 주어진 고유한 조건입니다. 동물은 흥분할 수 있지만, 오직 인간만이 영감을 받을 수 있습니다.

질문: 오르가슴이란 무엇인가요?

호라 박사: 때때로 우리는 아무렇게나 말하는 것과 대중적 오해에 의하여 희생을 당합니다. 예를 들어, 우리는 오르가슴에는 원래 저절로 통합적 가치가 있다고 믿게 되었습니다. 오르가슴 자체는 하나의 경험이지, 통합적 가치는 아닙니다. 코를 문지르는 것이 우리를 건강하게 하지 않는 것처럼, 자신의 성기를 자극하는 것이 더 건강하게 되는 것과는 아무 상관이 없습니다. 금욕이 그 자체로 선하다는 것을 의미하는 것이 아닙니다. 통합적 가치는 사랑입니다. 불행하게도 사랑은 강한 욕망 속에서는 점점 더 사라집니다. 남자와 여자는 쾌락을 위하여 존재하는 것도 아니며, 흥분이나 오르가슴을 위하여 존재하는 것도 아닙니다. 그들은 사랑-지성(love-intelligence)을 드러냅니다. 사랑은 영감을 줍니다. 그것은 영감을 받고 건강을 증진시킵니다. 성(sex)은 자극적이고, 경험적입니다. 그리고 사랑 없는 성(sex)은 강력한 오르가슴을 맛보았다 하더라도, 그럼에도 불구하고 그것은 비통합적입니다.

사랑은 만들어질 수 없고, 사랑은 수동적일 수 없습니다. 그러나 성행위 운동은 수동적일 수 있습니다. 좋은 질문들이 있습니다. "우리는 어떻게 사랑을 표현할 수 있나요?" "우리는 어떻게 사랑할 수 있나요?" "우리는 어떻게 계속하여 사랑할 수 있나요?” 우리는 우리 자신 안에서 사랑을 만들어 내지 못합니다. 우리는 사랑을 생산할 수 없습니다. 사랑에는 기술은 없으나, 방법은 있습니다. 사랑하는 비밀스런 방법을 누가 알고 있나요? 사랑하게 되는 방법은 기도를 통하여 가능합니다. 기도는 우리 자신이 사랑이 되는 방법입니다.

질문: 기도란 무엇인가요?

호라 박사: 기도는 사랑, 지성, 생명력, 확신, 평화, 기쁨, 감사의 원천과 연결되는 방법입니다. 이런 것들은 실존적으로 통합적인 가치들입니다. 이러한 종류의 기도에서는 어떤 일이 일어나나요? 기도를 하면서 우리는 실존적으로 통합된 가치를 귀하게 여기게 됩니다. 우리는 변화를 맛보게 됩니다. 왜냐하면 우리가 귀하게 여기는 가치에 의하여 우리의 세계-내-존재 양식이 결정되기 때문입니다. 실존주의 심리치료는 사람들의 비통합적 가치를 실존적으로 타당한 가치로 바꾸도록 돕습니다. 내담자들은 이러한 가치를 소중하게 여기고 인정하여, 그 가치로 가득 채우고 싶어 합니다. 그리고 이러한 가치는 그들의 세계-내-존재 양식을 변화시킵니다. 일상적으로 우리는 그릇된 가치에 애착을 갖고 있기 때문에 시간이 걸리게 됩니다. 종종 가치 체계의 대결이 많이 일어나지만, 점차 올바른 가치를 인정하게 됩니다. 때때로 이 바람직한 가치들을 명료화하기 위하여, 그것들을 상세하게 검토할 필요가 있습니다. 예를 들어, 사랑의 세계 속에 사랑에 대한 엄청난 혼란이 존재하고 있다는 것은 놀라운 일입니다.

질문: 당신은 사랑에 대하여 정의를 내려 주실 수 있나요?

호라 박사: 물론 사랑은 실존과의 조화라는 관점에서 보면 일차적 가치입니다. 사랑이라고 불리는 이 신비스러운 것을 정의하도록 하겠습니다. 사랑을 정의하려고 하는 대부분의 사람은 그들의 선입견으로 인하여 삶과 사랑에

대한 대인 관계적 맥락을 말합니다. 그들은 사랑은 두 사람이 하는 것이라고 믿지만, 그렇습니까? 혼자서는 사랑할 수 없나요? 일반적으로 사랑은 대상이 있어야 한다고 믿습니다. 그러나 반드시 그렇지는 않습니다. **사랑의 대상은 사랑입니다(The object of love is love).** 중요한 것은 사랑 자체가 되는 것(to be loving)입니다. 사랑 자체가 된다는 말은 무슨 뜻입니까? **사랑은 무조건적으로 선을 표현하려는 욕구입니다.** 선을 표현하려는 욕구는 인간을 그리스도와 닮은 존재(Christlike)로 만들어 줍니다. 인간은 하나님의 사랑이 세상 속으로 흘러 들어오게 하는 채널이 됩니다. 그러한 인간을 유익한 현존(a beneficial presence)이라고 일컫습니다. 그의 세계-내-존재 양식은 유익한 현존의 양식입니다. 유익한 인간이 아니라, 유익한 현존이라는 것에 유의하십시오. 그 차이는 무엇입니까? 유익한 인간은 독선적이고 조작적이기 쉽습니다. 유익한 인간과 유익한 현존의 차이를 이해하는 것이 중요합니다.

우리가 어떻게 효과적으로 기도하는가를 알면 아주 좋습니다. 그러나 사실은 소용없는 탄원을 하는 데에만 시간을 낭비합니다. 무엇이 되어야 한다거나, 또는 되지 말아야 한다는 것을 위하여 기도할 수는 없다는 것을 아는 것이 중요합니다. 우리가 효과적으로 기도한다면 앞에서 언급했던 가치들에 대하여 깊은 감사를 하게 될 것입니다. 그리고 이러한 가치는 모든 오염된 가치들로부터 우리의 의식을 깨끗하게 씻어 줍니다. 우리는 계속해서 오염물질에 노출되어 있으며, 무가치한 개념과 그릇된 가치로 우리의 의식을 가득 채우도록 암시하는 것에 노출되어 있습니다. 기도는 우리의 의식을 정화하도록 도와줍니다. 우리가 정신적 오염물질에 더 많이 노출될수록, 오염된 정신을 정화시키기 위하여 더 자주 더 열심히 자기를 관리하는 방법을 연습해야 합니다. 그것이 바로 명상입니다. 명상은 우리의 의식을 깨끗하게 하고 우리 자신을 건강한 가치로 채워 줍니다. 만일 우리의 의식이 이러한 가치로 가득 채워진다면, 우리의 세계-내-존재 양식은 조화롭고 유익한 그리고 건전한 현존으로 드러날 것입니다. 모든 것이 합력하여 사랑 자체가 되려고 하는 사람들에게 선을 이루어 줍니다.

인간은 영감을 받은 지혜가 겉으로 드러난 하나의 존재입니다. 지성의 원천은 인간 내면에 존재하지 않습니다. 우리는 영적인 존재입니다. 그리고 우리의 지성, 사랑, 그리고 생명력은 초월적 기원을 가지고 있습니다.

다음과 같은 질문을 해 보도록 합시다. 어떻게 심리치료에 그렇게 많은 학파가 있을 수 있는가? 이것이 가능한 이유는 인간에 대한 정의가 다양하기 때문입니다. "인간이란 무엇인가?"라는 질문은 누구나 할 수 있지만 가장 어려운 질문입니다. 인간에 대하여 미리 생각했던 생각들이 무엇이든지, 그러한 선입견으로부터 전개되는 전체 개념 체계를 결정할 것입니다. 만일 인간을 동물이라고 가정한다면, 우리는 인간을 바람직한 방식으로 행동하도록 조건짓는 일종의 행동주의 치료 체계를 발달시킬 것입니다. 만일 인간을 생물학적 유기체라고 가정한다면, 우리는 일종의 생물학적, 생화학적, 그리고 생리학적 수단으로 인간을 도우려 할 것입니다. 만일 인간이, 초기 환경에 의하여 형성된 심리적 존재라고 가정한다면, 우리는 어린 시절의 경험을 교정시킴으로써 그 사람을 돕는 방법을 발달시킬 것입니다. 만일 인간이 컴퓨터라면, 우리는 그 사람을 프로그램하거나 탈프로그램화하려고 할 것입니다. 우리가 누구인가에 대하여 성찰할 수 있는 방법에는 여러 가지가 있습니다. 다음과 같은 질문을 해 봅시다. "실제로 인간은 무엇인가를 어떻게 결정할 것인가?" 여러 가지 방법으로 인간이 무엇인가를 주장할 수 있습니다. 그리고 그 모든 방법이 어느 정도는 도움이 될 것입니다. 바로 여기에 하나의 신비가 존재합니다. 유신론적 실존주의는 인간에 대하여 성서적 정의를 수용합니다. 즉, 인간은 하나님의 형상이고 영성을 갖고 있다는 것입니다. 따라서 인간은 영적 의식을 계발함으로써 최적의 성취를 이룰 수 있고, 인간의 가능성을 최적의 상태로 실현시킬 수 있습니다. 그리고 실제로 이것이 가장 유용한 방식이라고 증명이 되었습니다.

예수는, "내가 곧 길이요 진리요 생명이니"(요한복음 14:6), "나는 세상의 빛이니 나를 따르는 자는 어두움에 다니지 아니하고 생명의 빛을 얻으리라."(요한복음 8:12)라고 말씀하셨습니다.

Existential Metapsychiatry

실존적 타당성
(Existential Validation)

때때로 우리는 다음과 같은 질문에 봉착하게 됩니다. 이 사상의 학파는 얼마나 대중적인지, 그 학파의 추종자는 누구인지 그러한 질문은 그 학파의 주장이 타당한지 아니면 타당하지 않은지, 그것을 식별할 수 있는 능력이 있는지 아니면 없는지 이럴 때 우리는 그것을 의심하고 불안해합니다. 실제로 이것은 쉬운 일은 아닙니다. 대부분의 삶의 영역에서 우리는 대중과 함께 가는 것에 익숙합니다. 만일 많은 사람이 어떤 것을 믿고 있으며, 그 사람들이 충분히 멋있고 기품 있어 보이고, 그럴듯한 옷을 입고, 그럴듯한 집단에서 활동하고 있다면, 아마도 그들이 믿거나 말하는 것은 진실이 될 것입니다. 그리고 우리는 그것을 받아들일 것입니다. 그리고 우리는 그들이 믿는 것을 믿는 경향이 있습니다. 이것은 우리들에게 안전하다고 하는 느낌을 주지만, 사실은 잘못된 것입니다. 우리는 어떤 운동 뒤에 누가 있는가, 또는 그 운동이 얼마나 널리 퍼져 있는가, 그리고 그 운동이 '유행하고 있는 것이든' 아니든 우리는 그것을 그냥 지나칠 수는 없습니다. 하나의 이론이 타당한가, 아닌가를 알 수 있는 방법이 있어야 합니다. 그렇게 함으로 우리는 일시적인 유행에 흔들리는 것을 피할 수 있을 것입니다.

우리가 받는 교육과 생활경험을 통하여 우리 모두는 언제나 그 뒤에 있는 사람들 또는 그것에 매혹되어 있는 수많은 사람에 의하여 영향을 받습니다. 우리는 이 학파나 또는 저 학파, 그리고 이 운동 또는 저 운동에 대한 열정에 사로잡혀 다양한 국면을 경험하였다고 생각합니다. 그러나 더 좋은 방법이 있어야 합니다. 만약에 그렇지 않으면 우리가 믿고 있는 진리가 타당하며 다음에도 반증되지 않을 것이라는 확신을 갖기보다는, 계속에서 여기저기 쫓아다니거나, 이런 유행 저런 유행을 찾아다니면서, 일생 동안 그것에 빠져 사는 열성적 지지자가 되는 저주받은 삶을 살게 될지도 모릅니다. 어떻게 그럴 수가 있습니까? 어떻게 하여야 우리는 보다 더 안전한 방법을 찾을 수 있겠습니까? 우리가 믿을 수 있는 원리가 하나 있습니다. 그것은 바로 **실존적 타당성**(existential validation)이라고 말할 수 있습니다. 그것은 사회적이거나 또는 통계적인 것이 아니며, 철학적인 것도 또는 학문적인 것도 아닙니다. 그것은 그냥 실존적으로 타당한 것입니다. 그것은 무엇을 의미합니까?

실존적 타당성은 다음과 같은 질문을 고찰하는 것을 의미합니다. 이 특정한 개념이 어떻게 삶의 질을 향상시키는 데 기여하는가? 그것은 우리를 치유하는가? 그것은 우리를 자유롭게 하는가? 그것은 우리의 삶을 조화롭게 하는가? 그것은 평화와 확신에 대한 감각을 갖게 하는가? 그것은 우리로 하여금 감사함을 느끼도록 도와주는가? 그것은 지혜와 사랑으로 우리들에게 영감을 주는가? 그것은 일상적인 삶의 문제들에 대하여 필요한 해답을 찾는 데 도움을 주는가? 만일 우리가 배우고 있는 것이 이러한 효과를 가지려면 그것은 분명히 실존적 타당성을 가지고 있어야 합니다. 예수께서는 그것을 매우 단순하게 말씀하였습니다. "그의 열매로 그들을 알리라."(마태복음 7:20) 더 나아가 그는 "진리를 알지니, 진리가 너희를 자유케 하리라."(요한복음 8:32)라고 말씀하셨습니다.

우리가 무엇을 배우든지, 거기에는 그것들이 타당하다는 것을 입증하는 데 도움을 주는 기준이 있습니다. 우리는 그것을 말하는 누구의 말도 받아들일 필요가 없으며, 또한 우리가 듣는 것을 곧 그대로 믿을 필요도 없고, 듣고 있는 어떤 것도 다 동의할 필요는 없습니다. 어떤 것도 다 그대로 수용할 필요도 없습니다. 우리에게 필요한 것은 그 제안을 고찰하고, 일차적으로 우리 자신의 삶에 끼치는 영향력을 관찰하는 것입니다. 중요한 것은 만일 우리가 엔지니어나 세일즈맨이나 사업 경영이나 법률이나 또는 정치나 목공 일을 하고 있다면, 우리는 정보를 수집할 수 있고, 이 정보는 조작적 의미에서 유용하게 쓰일 수 있으며, 그것이 일을 어떻게 하는가를 알도록 도울 수 있습니다. 그리고 그것은 실제의 삶에서 필요한 것들입니다. 그러나 심리치료 영역은 전적으로 다릅니다. 여기에서는 기술적인 문제는 적용되지 않습니다.

우리가 전하고자 하는 바로 그 진리를 통하여 우리 자신이 도움을 받은 경험이 우리에게 없다면, 우리는 어느 누구도 도울 수 없습니다. 우리가 심리치료의 방법을 배울 수 있다고 생각하는 것은 잘못된 생각입니다. 내담자, 친구, 또는 사랑하는 사람이 우리의 기술적 개입의 대상이 될 수 있다고 가정하는 것은 잘못입니다. 그것은 외과 수술에서는 가능하지만, 심리치료에서는 가능하지 않습니다. 우리가 그 사람을 하나의 대상으로(as an object) 취급한다면, 어느 누구에게도 도움을 베푸는 것은 불가능합니다.

인간은 무엇입니까? 인간은 영적 존재(a spiritual being)입니다. 그 말은 무슨 뜻입니까? 인간이 영적 존재라는 말은 종교에 대하여 말하는 것이 아닙니다. 그것은 종교를 넘어서 그 이상을 말하려는 것입니다. 우리는 삶 속에서 눈에 보이지 않는 요소들을 깨달을 수 있는 인간 의식의 특성을 명료화하려고 합니다. 오직 인간만이 인식할 수 있는 삶 속에 있는 보이지 않는 요소들이란 무엇입니까? 오직 인간만이 사랑, 의미, 진실, 삶, 아름다움, 선, 자유, 기쁨, 조화를 의식적으로 깨달을 수 있습니다. 오직 인간만이 그 개념들을 깨달을 수 있습니다. 이것이 모든 생명의 형태 중에서 인간을 하나의 고유한 발현(a unique manifestation)이 되게 합니다. 인간으로 하여금 하나의 개별적이고 영적인 하나의 의식(an individual spiritual consciousness)이 되게 하는 요소는 바로 이 고유성(uniqueness)입니다. 따라서 우리가 알고 있는 한, 인간은 지구 위에 존재하는 다른 어떤 생물과도 근본적으로 다릅니다. 이러한 차이가 인간에 대한 실존적 관점의 토대가 됩니다.

인간은 하나의 개별적인 영적 의식으로 이해됩니다. 실제로 이것이 명백하게 실현될 때, 이 독특한 인간 의식의 특성은 인간이 하나의 대상이 되는 가능성을 불식시킵니다. 인간은 대상도 아니고 주체도 아닙니다. 그는 신성의 한 현상이고, 그 발현입니다. 우리가 신성을 깨닫게 되는 것은 인간 의식이 갖고 있는 영적인 광휘를 통하여 가능합니다. “L'homme clairiere de l'Existence.”[1] 이것을 번역하자면, “인간은 하나님의 형상이다.”입니다. 인간의 실존은 하나님의 실존을 드러냅니다. 인간이 없이는 하나님은 알려질 수가 없습니다. 사도 바울이 말한 것 중에서 매우 이해하기 어려운 구절 중 하나는 “창세로부터 그가 보이지 아니하는 것들 곧 그의 영원하신 능력과 신성이 그 만드신 만물에 분명히 보여 알게 되나니”(로마서 1:20)입니다. 이것은 무엇을 의미합니까?

의견: 그것은 마치 세계가 하나님을 드러낸다는 의미인 것처럼 들립니다.

호라 박사: 인간의 목적은 하나님의 존재를 드러내는 것입니다. 메타실존치료는 특별한 사람들, 유명한 사람들, 철학자들, 정신 의학자들에 의하여 만들어진 것이 아닙니다. 그것은 통계 자료로 만들어진 것도 아닙니다. 그것은 실존적으로 무엇이 타당하고 무엇이 타당하지 않은가를 식별하려는 순수한 노력 위에서 세워진 것입니다.

메타실존치료의 또 다른 국면은 인식론적인 것입니다. 그것은 무슨 뜻입니까? 인식론은 앎의 본질을 탐구합니다. 우리가 어떤 것을 실제로는 모르면서 그것을 안다고 생각하는 것으로부터 많은 어려움이 우리 삶 속에 생겨납니다. 지식에는 다른 차원들이 있는 것 같습니다. 우리는 정보만을 제공해 주

---

1) 하이데거의 “Lichtung des Daseins”를 불어로 번역한 것이다.

는 지식에 만족하는 때가 대부분입니다. 그러나 정보를 제공해 주는 지식에는 치료적 가치가 없습니다. 변화시키는 능력이 있는 지식을 내담자에게 제공하는 것에 관심을 가져야 합니다. 이것 때문에 실존적 문제의 의미를 이해할 필요가 있습니다. 실존적 문제들은 개인의 세계-내-존재 양식에 영향을 끼치는 개념들을 소중하게 여깁니다.

우리는 내담자로 하여금 실존적으로 중요한 의미를 갖고 있는 개념을 이해시키고, 분별하도록 하는데 관심을 갖습니다. 예를 들어, 한 젊은 남자의 전체 삶의 경험을 채색하고 있었던 개념이 여성성(effeminacy)이었다고 해서, 이 사람에게 단순하게 동성애자라는 꼬리표를 붙였다고 가정합시다. 그것이 그 남자나 우리들에게 도움이 되겠습니까? 그렇지 않습니다. 그것은 상담 기록 양식을 채우는 데는 문제가 없을 것입니다. 그러나 만약 우리가 그 내담자를 도우려고 한다면, 우리는 그 내담자로 하여금 여성성의 개념에 직면하게 하여 그것이 무엇이며, 그리고 그 의미는 무엇인가, 그리고 어떻게 그것이 그의 실존에 타당하지 않은가를 이해하게 함으로써 그를 도울 수 있습니다. 그리고 그가 실존적으로 타당하지 않은 생각에 정신적으로 고착되어 있다고 하는 사실을 그로 하여금 알게 함으로써 그를 도와줄 수 있습니다.

우리의 문제의 밑바닥에 있는 것은 언제나 우리가 소중하게 여기거나 미워하거나 두려워하는 생각들(ideas)입니다. 우리가 소중하게 여기는 것, 미워하는 것, 또는 두려워하는 것이 어떻게 같은 결과를 낼 수 있습니까? 우리가 소중하게 여기거나 미워하거나 두려워하는 것은 무엇이든지 우리들에게 매우 중요한 것입니다. 우리들에게 중요한 것은 무엇이든지 우리의 세계-내-존재 양식을 결정할 것입니다. 이것은 의식적일 수도 있고 무의식적일 수도 있습니다. 그것은 종종 합리화라는 짙은 안개에 싸여 있기도 합니다. 우리가 소중히 여기는 것, 두려워하는 것 또는 미워하는 것에는 실제로 차이가 없습니다. 공통분모는 강력한 정서적 부담(powerful emotional charge)입니다. 정신분석에서는 그것을 카텍시스(cathexis)라고 합니다.

질문: 선생님이 생각하는 의식과 무의식은 무엇인지 설명해 주시겠습니까?

호라 박사: 의식은 우리가 자각하고 있는 것(aware of)이고, 무의식은 자각하고 있지 못한 것(not aware of)입니다. 매우 자주 우리는 어떤 일들을 자각하고 싶어 하지 않습니다. 그러면 그것들은 무의식이 됩니다. 예를 들어, 만일 우리가 어떤 것을 미워한다면, 우리는 그것을 알고 싶어 하지 않을 것입니다. 그리고 그것이 억제되거나 억압되거나 회피되었다고 말할 것입니다.

우리는 언제나 내담자로 하여금 자신을 치유하고, 자신을 변화시킬 힘이 있는 지식을 얻도록 돕고 싶어 합니다. 단지 정보만을 주는 지식은 전하지 말아야 합니다. 정보는 저항의 도구가 되기 쉽습니다. 우리는 불필요한 정보를 주지 말아야 합니다. 우리가 말하는 것은 무엇이든지 변화(transformation)를 일으킬 수 있는 지식에 공헌해야 합니다.

질문: 정보를 주는 지식과 변화를 주는 지식을 어떻게 구별하나요?

호라 박사: 변화의 힘을 내면에 가지고 있는 지식은 특별히 내담자의 세계-내-존재 양식에 적절해야 합니다. 치료사가 경험이 많으면 많을수록, 그의 반응은 더 적절할 것입니다. 그는 쓸데없는 말을 하지 않습니다. 그는 단지 지식만을 제공하는 말은 한 마디도 하지 않습니다. 우리가 내담자의 필요에 특별히 적절한 말을 할 수 없다면, 말하지 않는 것이 더 낫습니다.

보다 더 적절하게 말하기 위하여, 치료사는 내담자의 필요를 특별한 방식으로 식별할 수 있어야 합니다. 그리고 여기에서 우리는 현상학적 지각의 문제에 부딪히게 됩니다. 현상학적 지각이란 비록 내담자가 소중하게 여기는 생각이지만 이것은 삶을 파괴하는 생각이라는 것을 식별하는 것입니다. 이것을 현상의 의미를 식별한다고 말합니다. 우리가 현상의 의미를 식별하는 데 능숙하다면, 그만큼 더 우리의 반응은 구체적이고 정곡을 찌를 수 있으며 변화시키는 힘(transforming power)을 가질 수 있습니다.

Existential Metapsychiatry

헌신

(Commitment)

질문: 메타실존치료의 관점은 다른 모든 사상 학파를 어느 정도는 부정하는 것 같아요. 당신은 아마도 그렇게 느끼지는 않겠죠. 사람들은 과학적인 심리학과 같이 이전에 있었던 것은 무엇이든지 더 이상 가치가 있다고 생각하지 않는 것 같아요. 그것에 대하여 말씀해 주시겠습니까?

호라 박사: 다른 어떤 사상 학파의 가치도 분명히 보존될 가치가 있습니다. 여기에서 우리가 말하는 것은 무(無)에서 나온 것이 아니라 이전에 있었던 다른 모든 것으로부터 진화되어 온 것입니다. 이것도 보았고, 저것도 이미 알고 있지만, 지금은 다른 차원에서 이해하려고 합니다. 그러므로 이전에 알았던 것을 지금은 내가 넘어설 수 있다고 하는 것이 우리가 말하려고 하는 요점입니다. 우리는 계속하여 진화하고 있습니다. 삶을 사회와 인류뿐 아니라 개인적인 면에서도 마찬가지로 역동적 발달 감각을 갖고 보려는 것은 훌륭한 생각입니다. 대학을 졸업하고 나서 바로 어떤 기술을 배워서 그것에 매여 사는 사람보다 더 애처로운 사람은 없습니다. 그는 매년 반복적인 일을 하면서, 다

른 모든 것에는 마음을 닫아 놓고, 더 이상 발전하지 않을 것입니다. 그는 어떤 사람이 되었을 것 같습니까? 그는 악착스럽게 일하는 사람이 되었을 것입니다. 그의 삶과 일은 틀에 박힌 일상이 되어서 지루해졌을 것입니다.

그러나 만일 우리가 끊임없이 계속해서 기꺼이 공부하는 학생이 되고자 한다면, 우리의 삶은 매일매일 하나의 도전이 될 것이고, 계속해서 전개되는 새로운 깨달음의 과정이 될 것입니다. 우리는 결코 진부해지거나 같은 일을 반복하지 않을 것이며, 지루해하거나 따분해하지 않을 것입니다. 매일매일이 새로운 모험이 될 것입니다. 내담자와의 모든 회기는 새로운 발견이 될 것입니다. 삶을 아름답게 하고 삶에 도전하게 하는 것은 성장하려는 의지입니다. 그것은 예술과도 같습니다. 예술가는 비록 30년 동안 특별한 소재로 예술 작품 활동을 하였다고 할지라도 결코 성장을 멈추지 않을 것입니다. 작품을 완성해 갈 때마다 그것은 하나의 발견이고, 하나의 새로운 성장 경험인 것입니다. 예술가(artist)와 장인(artisan)의 차이는 무엇입니까? 장인은 좋든 싫든 하나의 기술을 획득하여 그것에 매여서 계속 반복하여 같은 일을 합니다. 여기에 유용성은 있습니다. 그러나 그때 그는 예술가가 아니고, 한 사람의 장인일 뿐입니다.

의견: 장인은 생산하고 예술가는 창조합니다.

호라 박사: 우리의 분야에서도 예술가가 있고 장인이 있게 마련입니다. 새로운 분야를 계속 탐구하는 창조적인 사람이 있습니다. 그들은 일을 전문적으로 하기보다는 실존적으로 하는 사람들입니다. 단지 전문가로서 하기보다는 실존적으로 일을 하는 사람이란 무슨 뜻입니까? 전문가는 누구입니까?

의견: 전문가는 지식의 내용을 전하는(to profess) 사람입니다.

호라 박사: 맞습니다. 전한다(to profess)는 말은 무엇을 의미합니까? 그것은

무엇인가에 대하여 말한다(to talk)는 것입니다. 실존적으로 우리가 하는 일에 전념한다는 말은 무슨 뜻입니까?

의견: 그것을 산다(to live it)는 말입니다.

호라 박사: 맞는 말입니다. 그것이 우리의 삶의 방식입니다. 그리고 삶의 방식을 구성하는 것이 무엇이든지 그 자체 내에 역동적 과정이 있습니다. 우리 모두는 당연히 삶 속에서 점점 더 완전한 성취를 소망합니다. 마치 나무가 하늘을 향하여 더 높이 자라고 싶어 하는 것과 같습니다. 만일 우리가 실존적으로 작업을 한다면 그것이 우리의 성취의 일부입니다. 그리고 내담자를 돕는 과정에서 우리는 우리 자신과 실재(reality)와 진리(truth)에 대하여 계속해서 배우게 됩니다. 따라서 우리가 그것에 대하여 광신자가 되지 않는다면, 이러한 헌신(commitment)은 삶을 아름답고, 흥미롭고, 그리고 도전적이 되도록 만들어 줍니다.

그러나 때때로 만일 우리가 어떤 일에 너무 빠져들게 된다면, 거기에는 광신적으로 될 수 있는 위험이 있습니다. 예를 들어, 만일 정치적 이념이나 종교적 신념 혹은 심리치료 체계에 빠지게 되면, 거기에 우리의 감정이 개입되어 그것들이 악화될 수 있습니다. 어떤 일에 감정적 투자를 하게 되면, 광신적으로 될 위험이 있습니다. 그러나 참된 실존적 헌신은 광신주의가 아닙니다. 자신의 전 존재를 바쳐 헌신하면서 어떻게 광신주의자가 되지 않을 수 있겠습니까? 광신주의는 병리적 상태입니다. 그러나 실존적 헌신은 가장 건강한 상태입니다. 정신 의학에서 병리적 종교라고 불리는 것은 광신주의와 유사한 말입니다. 종교적인 것과 광신적인 것은 어떻게 구별될 수 있을까요? 그 차이를 즉각적으로 구별할 수 있는 특수한 진단 척도가 있습니다. 그것은 바로 자기-확증 개념화(self-confirmatory ideation)입니다. 광신적인 사람은 자기-영광(self-glorification)을 도모할 목적으로, 정치적 이념이든, 종교적 신념이든, 다른 어떤 것이라도 그가 무엇에 헌신하든지 그것을 이용하여 착취할 것입니다.

이것과는 반대로 실존적 헌신은 치유하고, 자유하게 하는 진리를 추구하는데 초점을 맞춥니다. 성서는 실존적 헌신에 대하여 다음과 같이 말씀합니다. "너의 행사를 여호와께 맡기라. 그리하면 너의 경영하는 것이 이루어지리라."(잠언 16:3) 광신주의자는 그의 자아에 헌신하고, 실존적으로 헌신한 사람은 진리 추구(the quest for truth)에 헌신합니다. 전자는 개인적(personal)이고, 후자는 초개인적(transpersonal)입니다. 진리가 우리를 인도하는 곳은 어디든지 따라갈 것이라는 자세로 진리를 추구할 때, 우리는 계속해서 성장하고 배우게 될 것입니다. "이제, 나는 모든 것을 알고 있다."라고 말하는 그러한 때는 우리에게는 결코 없을 것입니다.

질문: 평화란 무엇입니까? 평화란 활동을 중지한 것인가요?

호라 박사: 그것은 정적인 평화 개념입니다. 평화는 정적이거나 정체되어 있는 것이 아니고, 역동적입니다. 그것은 역동적 조화이며, 확신(assurance)입니다. 정적인 평화란 죽음을 말합니다. 만일 우리가 그런 평화를 가졌다면, 우리는 죽은 것입니다.

질문: 구조는 어떻습니까?

호라 박사: 역동적 구조라는 것이 있습니다. 벅민스터 풀러(Buckminster Fuller)는 그의 상호협력구조이론(theory of synergetic structures)에서 이 점을 잘 설명하고 있습니다. 실존적 구조는 역동적입니다. 어떤 것도 정지된 것은 없습니다. 우주 속에서는 모든 것이 계속 움직입니다.

실존주의 심리치료사는 주의를 기울이는 능력(faculty of attentiveness)을 최대한으로 발달시키려고 노력하여 내담자의 필요와 그 자체를 드러내는 현상의 의미를 식별할 수 있습니다. 그럴 경우, 그의 반응은 가장 적절할 수 있습니다. 앞에서 정보로서의 지식과 변화로서의 지식에 대하여 말하였습니다. 특별한 상황에서 변화할 수 있게 하는 지식을 내담자에게 주기 위하여 치료사의 반응은 가장 적절해야 합니다. 내담자에게 오이디푸스 콤플렉스나 또는 쉽고 간단한 개념을 말할 수는 없습니다. 만일 그렇게 한다면 우리는 책에서 읽었거나 강의에서 들었던 것에 대한 지식을 주거나, 또는 그에게 말하려고 계획했던 것을 말할 뿐일 것입니다. 이것은 정보이고, 저항에 도움을 주는 것일 뿐입니다. 관심을 기울이는 것(paying attention)은 사랑의 한 형태입니다. 관심을 더 많이 기울일수록, 더 많이 사랑할 수 있고, 더 많이 사랑할수록, 상호 의사소통하는 과정에서 드러난 내담자의 필요에 더 많은 관심을 기울일 수 있습니다.

내담자의 결점을 찾아내어 진단하는 것은 사랑도 아니고 관심도 아닙니다. 그것은 단지 세밀하게 조사하는 것에 불과합니다. 우리가 하는 말에서 다음의 세 가지 표현을 숙고해 보는 것은 흥미로운 일입니다. 호기심(curiosity), 캐묻기(iniquisitiveness), 관심(interest). 관심을 갖고 있는 사람만이 사랑을 베풀 수 있습니다. 호기심이 있는 사람은 이기적이고, 캐묻는 사람은 불법 침입자입니다. 관심이라는 말의 어원은 무엇입니까? Inter-esse는 문자 그대로 '사이에 존재한다.' '얽혀 있다.'는 뜻입니다. 그 말은 우리의 내담자와 얽혀 있다는 것인가요? 그것은 대인 관계일 것입니다. 그렇지 않습니까? 그것은 그다지 도움이 되지 않을 것입니다. 치료사가 내담자와 얽혀 있을 때, 어떤 일이 일어나나요? 전이가 일어나고 역전이가 일어납니다. 만일 우리가 내담자와 얽히지 않으면서 관심을 가져야 한다면 무엇과 관련되어 있어야 하나요?

의견: 내담자의 문제를 해결하는 데 관련되어 있어야 합니다.

호라 박사: 문제의 의미를 이해하여, 치유가 일어날 수 있도록 내담자들과 진리를 창조적이고 효과적인 방법으로 의사소통하는 방법을 발견하는 데 관련되어 있어야 합니다. 따라서 그것은 개인적인 것이 아니고 초개인적인 것

입니다.

우리가 사랑한다고 말할 때, 그것은 무슨 뜻입니까? 때때로 치료사가 내담자를 향하여 사랑을 하게 될 때, 그리고 그의 인생관이 대인 관계적인 것일 때, 엄청난 저항을 일으키는 연애 사건을 발달시킬 것입니다. 우리가 사랑이라고 말할 때, 그것은 개인적 사랑을 말하는 것이 아닙니다. 우리가 말하고 있는 사랑은 어떤 종류의 사랑인가요?

의견: 내담자의 행복을 위한 관심입니다.

호라 박사: 사랑은 유익한 현존이 되기를 바라는 것입니다. 만일 치료사가 개인적인 선함을 표현한다면, 무슨 일이 일어날 까요? 내담자는 치료사와 사랑에 빠질 것이지만, 그것은 바람직한 일이 아닙니다. 또는 내담자가 치료사에게 은혜를 입게 되어서 자유를 잃게 될 것입니다. 개인적 요소가 치료 상황에 들어올 때마다 그것은 사태를 복잡하게 만듭니다. 따라서 사랑에 대하여 초개인적 개념을 갖는 것이 매우 중요합니다.

존재 자체가 사랑이 된다(The love of being love)는 것은 무조건적이고 비개인적인 방식으로 하나님의 선을 드러내거나 또는 반영하려는 바로 그 바람입니다. 만일 우리가 이런 방식으로 사랑을 배울 수 있다면, 전이나 역전이와 같은 복잡한 문제는 없을 것입니다.

우리 모두는 하나님이 사랑하는 방법으로 사랑하는 법을 배울 필요가 있습니다. 결국 우리는 하나님인 사랑-지성의 발현들(manifestations)입니다. 인간은 하나님의 형상입니다. "L'homme clairiere de l'Existence." 우리는 모두 영적 사랑을 발현시킬 수 있습니다. 영적 사랑은 비개인적이고 무조건적인 자비(benevolence)입니다. 우리는 영적 사랑을 생각할 수 있고, 그러한 사랑을 관상(contemplate)할 수 있습니다. 그것을 명상(meditate)할 수 있습니다. 그것에 관하여 기도(pray)할 수 있습니다. 본성을 마주하는 견성(beholding)을 할 수 있습니다. 그리고 사랑 자체가 될 수 있습니다. 본래적인 내가 되어야 합니다(to become what we really are). 그것은 분명히 하나의 도전임에 틀림없습니다. 이상하게 들리겠지만, "우리는 본래적인 '나'가 되어야 한다"(We must become what we really are). 그렇게 말한 사람은 니체였습니다. 우리가 우리 자신의 존재의 진리에 가까이 가 있는 만큼, 우리의 도움을 바라는 사람들에게 효과적으로 유익을 줄 수 있을 것입니다.

견성 기도

(The Prayer of Beholding)

질문: 기도에 대하여 더 말씀해 주십시오.

호라 박사: 기도의 능력은 인간에게 고유한 것입니다. 인간만이 기도하는 유일한 존재입니다. 흥미롭게도 모든 사람이 언제나 기도가 무엇인지 깨닫지 못하면서 기도합니다. 궁지에 몰리면 무신론자는 없다는 말이 있습니다. 우리 자신을 무신론자나 불가지론자 또는 다른 무엇이라고 생각하더라도, 우리 모두에게는 소중히 여기고, 믿으며, 매달리거나 의지하려는 무엇인가가 있습니다. 우리가 소중히 여기고, 믿거나, 매달리는 것은 그게 무엇이든지 그것은 실제로 우리의 하나님입니다. 모든 사람에게는 최소한 하나의 신(神)이 있습니다. 어떤 사람에게는 더 많은 신이 존재합니다. 기도하지 않는 인간이 된다는 것은 거의 불가능합니다. 인간은 특히 기도하는 존재입니다. 문제는 우리가 기도하느냐 하지 않느냐가 아니라, 무엇을 기도하고 어떻게 기도하느냐입니다. 기도와 초월은 인간에게 있어서 가장 중요한 두 가지 국면입니다.

초월은 인간이 자기 자신을 성찰하고 자기가 생각하는 바를 자각하는 인간의 고유한 능력입니다. 또 다른 능력은 기도입니다. 기도는 마음으로, 언어로, 행동으로, 형식적이거나 비형식적이거나, 의식적이거나 무의식적으로 할 수 있으며, 언제나 소중하게 여기는 것 또는 두려워하는 것과 관련되어 있습니다. 성서는 "여호와를 경외하는 것이 지혜의 근본이요"(잠언 9:10)라고 말합니다. 이것은 이상하게 들리는 인용구입니다. 하나님은 우리가 두려움을 갖고 살라고 권고하시는 건가요? 그것을 약간 수정하여 다음과 같이 말하면 보다 더 쉽게 이해할 수 있을 것입니다. 하나님을 경외하고, 하나님을 소중하게 생각하는 것이 지혜의 근본입니다. 만일 우리가 하나님을 소중하게 생각하지 않는다면, 다른 무언가를 소중하게 여기게 되기 쉽습니다. 그리고 만일 다른 무엇인가를 소중하게 여긴다면, 이것은 실존적으로 타당한 것이 되지 못할 수 있습니다. 사람들은 때때로 사소한 일에 집착하거나, 다른 사람에게 집착하거나, 또는 미신을 섬기기도 합니다. 우리가 기도할 수 있는 대상은 수도 없이 많습니다. 병리적 형태의 기도도 있습니다. 예를 들어, 강박적인 묵상기도, 매너리즘에 빠진 기도, 그리고 강박충동적인 기도 등입니다.

질문: 행동적인 기도(behavioral prayer)란 무엇입니까?

호라 박사: 의식주의적인(ritualisms) 기도, 매너리즘에 빠진 기도, 그리고 다양한 육체적 행위로 드리는 기도들을 말합니다. 의식주의적인 기도는 종종 미신적 기도의 형태입니다. 이것은 마술적 사고로서, 세 번 엎드려 절을 하거나, 마루에 머리를 세 번 부딪히는 것과 같은 특정한 제스처를 취하는 것과 관계될 수 있습니다.

이러한 맥락에서 두려움과 불안은 하나님이 악이 될 수도 있다고 하는 믿음을 드러냅니다. 만일 하나님에 대한 개념에 악의 가능성을 포함시킨다면, 우리는 잘못을 저질러서는 안 되며, 또는 하나님을 기쁘게 하는 일에 실패해서는 안 된다는 두려움과 관계된 기도 체계에 사로잡히게 됩니다. 누군가의 비위를 맞추고 그를 두려워하는 것은 언제나 악과 같은 것을 믿는 것과 관계가 있습니다. 따라서 지혜의 근본은 올바른 하나님을 경배하는 것입니다. 프로이트는 종교를 개인적인 신경증(a private neurosis)이라고 말했습니다. 종종 그런 경우가 있다 할지라도, 그렇게 생각할 필요는 없습니다. 그러나 다음과 같은 질문은 할 수 있을 것입니다. 하나님에 대한 어떤 개념이나 어떤 기도의 형태가 건강한 삶과 가장 조화를 이룰 수 있을까요? 어떻게 실존적으로 타당한 무엇을 경배할 수 있을까요? 우리를 희생 제물로 삼는 하나님이 아니라, 우리에게 생명을 공급해 주는 하나님을 아는 것은 어떻게 가능하며, 또한 그런 하나님에게 기도하는 것은 정말로 가능한가를 알아보도록 합시다.

이제 기도에 관하여 숙고하면서, 탁월하게 통합적인 가치를 지닌 사랑의 중요성을 깨닫는 시점에 도달하게 되었습니다. 건강한 삶을 살기 위하여 우리는 언제나 가장 최적의 상태와 그리고 가장 극대화된 사랑이라고 하는 목표를 향하여 나아가야 합니다. 블랜튼(Blanton) 박사는 『사랑하든가 죽든가(Love or Perish)』(1971)라는 제목의 책을 저술하였습니다. 우리가 기도 없이 살 수 없는 것과 마찬가지로, 실제로 사랑 없이 건강해지는 것은 불가능합니다. 물론 사랑에는 여러 가지 형태가 있으며 해석도 다양합니다. 따라서 우리는 사랑을 바르게 인식해야 할 뿐 아니라 신중하게 검토해야 합니다. 그것은 정말로 사랑인가, 아니면 많은 왜곡된 사랑들 중의 하나인가? 기도는 사랑하는 능력을 증대시키는 하나의 방법입니다.

앞에서 우리는 건강이 하나의 특정한 세계-내-존재 양식, 곧, 세계 내 유익한 현존이라고 말한 바 있습니다. 그러므로 우리의 목표는 사랑할 수 있는 하나의 의식을 계발하여, 세계 내에서 유익한 현존이 되는 것이어야 합니다. 우리가 이러한 존재의 상태를 획득할 때, 우리는 실존적 예배에 참여할 수 있습니다. 그것이 언어와 사상을 초월한 기도의 한 형태입니다. 그것이 실존적으로 타당한 가치를 실현하는 것입니다.

질문: 영적 가치란 무엇을 의미합니까? 영적 가치란 무엇입니까?

호라 박사: 인간은 영적 존재입니다. 그리고 인간은 영적 가치를 귀하게 여기고, 드러내며, 그리고 의식적으로 표현함으로써 세계 내의 유익한 현존이 됩니다. 이 가치들 가운데에는 사랑, 정직, 겸손, 기쁨, 관용, 평화, 확신, 자유, 조화, 건강 등이 있습니다.

질문: 치료사가 내담자와 함께 있을 때, 치료사가 인간에 대하여 긍정적 가치와 이상화된 개념을 갖는 것이 치료사에게 무슨 도움이 됩니까? 병리적인 것들을 억압해서 일을 더 악화시키는 것은 아닙니까?

호라 박사: 두 가지를 분명히 하도록 합시다. 우리는 긍정적 가치에 대하여 말하는 것이 아니라 실존적 가치에 대하여 말하고 있습니다. 그 가치가 어쩌다 우연히 긍정적일 수도 있지만, 모든 긍정적 가치가 실존적 가치가 되는 것은 아닙니다. 마찬가지로 영적 가치는 모든 종교의 기초가 되고 있지만 모든 종교가 영적인 것은 아닙니다. 나는 아주 아름다운 이야기를 들은 적이 있습니다. 한 작은 소년이 조각을 하고 있는 조각가를 지켜보고 있었습니다. 몇 주 동안 이 조각가는 커다란 대리석을 조금씩 깎아 내고 있었습니다. 몇 주 후에 그는 아름다운 사자를 만들었습니다. 작은 소년은 놀라서 "아저씨, 그 바위 속에 사자가 있는 줄을 어떻게 알았어요?" 당신은 이 이야기가 의식을 깨우친 사람(man in consciousness)이라는 개념을 주장하는 데 있어서 적절하다는 것을 아십니까?

이 이야기는 또한 전통적으로 내담자를 만나는 방법과 소위 '실존적 만남'과의 사이에 있는 차이점을 지적하고 있습니다. '만남(encounter)'이라는 말은 대중화되어 일상적인 낱말이 되고 말았습니다. 그것은 원래 우리가 친구, 또는 치료사로서 우연히 내담자를 만날 때, 그 만남에는 근원적이고 질적인 차이가 있음을 강조하기 위하여 실존 철학자들이 소개한 낱말입니다. 친구나 내담자를 만나는 전통적인 방법은 그들이 갖고 있는 문제들을 진단하는 것입니다. 스위스의 유명한 실존주의 정신 의학자 빈스방거(Binswanger)는 그것을 Beim schwachen Punkte fassen(그들의 약점을 이용하다)라고 했지요. 이것은 그들을 조종하기 위하여 약점을 찾아낸다는 뜻입니다. 우리의 직업이 사회적으로 문제가 되는 것은, 우리가 그들의 결점을 찾아낼 것을 사람들이 두려워한다는 것입니다. 물론 그것은 고의는 아니지만, 우리는 사람들을 평가하는 자세로 접근하여 그들의 잘못을 찾아내려고 합니다. 그러나 진정한 만남의 관계 속에서는, 앞에서 말했던 조각가처럼 사람들의 잘못을 찾아내는 것이 아니라, 그들 안에서 완전한 인간의 모델이신 그리스도를 찾아내야 하는 것입니다. 그러나 이것은 쉽지는 않을 것입니다. 병리학은 의식(consciousness)에서 병리 자체를 강요하고, 그리고 종종 우리들을 유혹합니다(악은 매혹적이다). 악은 관심을 끌어내어 악에 집중하도록 하는 경향이 있습니다. 악은 관심을 가질 경우 무성해집니다. 아마도 이것이 심리학이 왜 그렇게 유행하게 되었는가 하는 이유들 중의 하나일 것입니다. 우리들에게 잘못된 것을 발견하는 것은 아주 흥분할 만한 일입니다. 그러나 바위 속에서 사자를 발견하는 것은 훨씬 더 어려운 것입니다. 그렇기 때문에 우리는 예술가, 창조적인 사람, 창조적 정신, 그리고 아름다움과 조화와 진리를 사랑하는 사람이 되어야 합니다. 우리는 영성 지향적 존재가 되어야 하며, 그리고 완전한 인간을 추구해야 합니다.

질문: 완전한 인간(the perfect man)이란 어떤 존재입니까?

호라 박사: 완전한 인간은 하나님의 형상입니다. 그것은 무슨 뜻일까요? 그것은 그 사람이 근육질과 큰 키에 금발 머리와 푸른 눈을 가졌다는 것을 말하는 것이 아닙니다. 완전한 인간은 영적 특성들을 반영하는 사람입니다. 그는 정직하고, 진솔하고, 사랑이 많으며, 기쁨에 넘쳐 있고, 평화롭고, 확신에 차서 두려움이 없는 사람입니다. 실제로 본래의 '나'가 되지 못하도록 막는 것은

우리의 무지입니다. 사자는 수천 년 동안 그 바위 안에 있었지만, 그 조각가를 제외하고는 아무도 그것을 보지 못했습니다. 조각가가 조각을 하고자 할 때, 그는 다른 누구를 보기에 앞서서, 오랜 시간 동안 조각하고자 하는 대상을 바라보아야 합니다. 그는 바위를 바라보고 있지만, 결국에는 그것에서 나타날 다른 무엇을 이미 보고 있는 것입니다. 오직 그렇게 하여야만 그는 예술 작품을 만들어 낼 수 있습니다. 우리는 병리학에 유혹당하는 대신에 그 안에 내재하고 있는 선(善, the good)을 바라보아야만 합니다. 예술가는 영적으로 가치를 가지고 있는 것, 즉 아름다움, 조화, 균형과 같은 것을 볼 것입니다. 또는 브랑쿠시(Brancusi)와 같은 추상 조각가의 경우는 형태의 조화를 찾을 것입니다. 소위 현대 예술가라고 하는 사람들은 추함, 악, 정의롭지 못함, 불행, 더러움을 보기도 합니다. 우리는 그것으로 무엇을 만들 수 있겠습니까?

치료사가 흥미를 갖는 것은 무엇이든지, 공공연히 또는 은밀하게, 내담자에게 강력한 영향을 끼치게 됩니다. 프로이트 이론으로 치료받는 내담자들은 프로이트식 꿈을 꾸고, 융 이론으로 치료받는 내담자들은 융식 꿈을 꾸는 경향이 있다는 것은 잘 알려진 사실입니다. 문학에서는 이것을 '교리적 맹종(doctrinal compliance)'이라고 말합니다(Ehrenwald, p. 235를 보시오).

부모들이 은밀한 생각 속에서 소중하게 여기는 것은 무엇이든지, 그들의 자녀들도 그것을 소중하게 여길 것입니다. 치료사가 공공연하게 또는 은밀하게, 의식적으로 또는 무의식적으로 경배하는 신들이 무엇이든지, 내담자들은 그것을 채택하거나 반대할 것입니다. 그것은 내담자들이 그것에 연루되어 있다는 것을 의미하기 때문에 모두 동일한 것입니다. "그리스도께서 우리로 자유케 하려고 자유를 주셨으니 그러므로 굳게 서서 다시는 종의 멍에를 메지 말라."(갈라디아서 5:1) 치료사가 온전한 것, 실존적으로 타당한 것에 실제로 헌신하는 것은 매우 중요합니다. 만일에 그 사람이 실존적으로 타당한 가치 체계에 깊이 영향을 받았다면, 그 가치는 망치나 끌이 아니라 제트 엔진과 같은 역할을 할 것입니다. 그것은 모든 병리적인 것을 녹아 없어지게 할 것이고, 그곳에 영원토록 존재하고 있었던 참사람(the real man)이 나타나도록 할 것입니다.

여기에서 흥미롭고 중요한 진단상의 차이를 고려해야 합니다. 왜냐하면 정신병원에서는 자주 종교적으로 보이는 입원 환자들과 심지어는 영성에 관심을 갖고 있는(spiritually minded) 환자들이 신비 경험(mystical experiences)을 했다고 주장하고 있는 것을 알기 때문입니다. 우리는 병리적 종교성과 참으로 영성에 관심을 갖고 있는 것(true spiritual mindedness)을 어떻게 구별할 수 있을까요? 참된 영성적 관심은 건전하지만, 병리적 종교성은 정신 질환입니다. 어떤 것이 병리적인지 어떤 것이 건강한 것인지 구별하기 위하여, 한 가지 중요한 기준이 있습니다. 모든 병리는 자기–확증(self–confirmation)이라는 성격과 특질을 갖고 있습니다. 자기–확증이란 무엇입니까? 전통적 정신분석에서는 그것을 자기–준거적 사고(self-referential thinking)라고 말합니다. 병리학에서 모든 개념은, 그것이 종교적이거나 영적이든 또는 정치적이든, 자기–선전(self-promotion)을 위한 목적에 이용됩니다. 건강한 사람들은 자기중심적 경향을 초월할 수 있고, 보다 건설적인 성취를 추구할 것입니다.

자기–확증적 사고는 그 사람 자신이 박해를 받고 있다거나 또는 우주의 중심이라고 믿을 때 편집증적 형태를 보일 수 있습니다. 따라서 병리적 종교성을 가진 내담자는 예수 그리스도, 하나님, 동정녀 마리아 등에 대하여 말하는 것 같지만, 그가 말하고 행동하는 것에 숨어 있는 실제 문제는 바로 자기 자신(the self)입니다. 이런 방식으로 감별 진단(differential diagnosis)을 하는 것은 어렵지 않습니다. 자기–확증적 사고는 생각이 계속해서 생각 자체로 되돌아가는 것을 의미합니다. 세계 내에서 유익한 현존은 하나님의 선이 그 자체를 표현하는 채널입니다. 그는 하나의 인간이 아니라(not a person), 하나의 현존(but a presence)입니다. 자기–확증적 요소가 사라질 때, 건강이 그 자리를 대신합니다. 초점을 자기가 아니라, 선함에 맞추는 것입니다. 한 선사(禪師, Zen Master)는 다음과 같이 말합니다. "실재(the real)의 영역에는 자기도 없고 타인도 없다. 거기에는 오직 실재만이 존재한다." 하나님의 선은 존재(is)한다. 그것이 건강의 본질적 특성입니다. 인간은 자기–중심 또는 타인–

지향이 되기보다는 선-중심(good-centered)으로 됩니다. 건강한 사람은 이기적(egotistical)이거나 이타적이지 않고, 선-지향적(good-oriented)입니다. 선은 실존적으로 타당한 것입니다. 그것은 건강을 증진시키고, 통합적이며, 조화를 이루고, 치유합니다.

예술의 주제로 돌아가 봅시다. 악에 매혹된 예술가들이 있는 것 같습니다. 그들은 불결함, 추함, 그리고 쓰레기-문자 그대로 쓰레기-를 그리는 데 그들의 기술을 사용합니다. 최근에 헨리 키신저의 콜라주 초상화를 만들 목적으로 그의 쓰레기를 모았던 예술가들에 관한 이야기가 기사화된 적이 있었습니다. 정신 병리를 설명하고, 세계에서 잘못된 모든 것에 대하여 연구하여, 그것을 위대한 예술 작품으로 만드는 특별한 재능을 가진 심리학자들도 있습니다. 이것은 장점을 갖고 있을지라도, 우리는 그런 것에 빠져들지는 말도록 하여야 합니다. 그것은 단지 제거해 버려야 하는 것이 무엇인지 우리가 알도록 도와줄 뿐입니다. 건강한 사람은 선과 아름다움, 그리고 진리만을 참으로 인정합니다. 왜냐하면 그것은 실재(what really is)이기 때문입니다.

아마도 우리는 또 다른 현상을 지적할 수 있을 것입니다. 말하자면 인간은 집단의 압력과 사회적 풍조에 의하여 영향을 받는 경향이 있습니다. 때때로 우리는 여러 가지 유행이 생겨나는 것을 봅니다. 심리치료 분야, 예술의 세계, 정치, 그리고 삶의 모든 면에 유행이 있습니다. 예술에는 다다이즘 그리고 추상 표현주의와 같은 유행이 있습니다. 어떤 시대에서는 쓰레기 같은 유형에 감탄하는데, 그 이유는 그것이 자칭 권위자라고 하는 사람들에 의하여 촉진되기 때문입니다. 이러한 것들이 유행을 타고 있는 것입니다. 그러나 우리가 실존적 관점에서 어떤 것이 타당한 것인지 알고 있다면, 혼란스럽지 않을 것입니다. 사도 바울과 더불어 그러한 것들을 "조금도 귀한 것으로 여기지 아니하노라."(사도행전 20:24)라고 했던 말을 우리도 할 수 있습니다.

질문: 아름다움(beauty)이란 무엇입니까? 아름다움은 구체적인 것입니까, 아니면 추상적인 것입니까?

호라 박사: 조각가가 아름다운 사자를 조각해 내기 전에, 그것은 그의 의식 속에 있는 추상적인 개념이었습니다. 그것을 사자로 조각해 내었을 때, 그것은 이 추상적 개념에서 구체적인 형태로 나타나게 되었습니다. 아름다움이란 추상적일 수도 있고, 구체적일 수도 있다고 말하고 싶은 유혹을 받습니다. 그러나 사실은 그것은 추상적인 것도 구체적인 것도 아닙니다. 그것은 그저 실재(it is real)입니다. 아름다움 자체는 실재합니다. 우리가 어떤 것이 추상적이라고 말할 때, 그것은 정신적인 것이라고 말하고, 어떤 것이 구체적이라고 말할 때, 그것은 물질적인 것이라고 말합니다. 추상적인 것은 만질 수 없고 구체적인 것은 만질 수 있죠. 그러나 아름다움은 실재(real)입니다.

실재란 무엇입니까? 실재(the real)를 어떻게 정의할 수 있습니까? 실재란 불변하는 무엇입니다. 한 선사가 다음과 같이 말했습니다. "실재의 영역에서는 자기도 없고 타인도 없다. 거기에는 오직 실재만이 존재할 뿐이다." 실재가 무엇인가를 이해하는 것은 위대한 가치를 소유한 것입니다. 그것은 최상의 형태의 기도, 즉 실재를 마주하는 견성(見性, beholding) 기도를 할 수 있게 합니다. 견성 기도는 예수께서 다음과 같은 말로 설명하고 있는 바로 그 기도입니다. "하나님은 영이시니 예배하는 자가 신령과 진정으로 예배할지니라." (요한복음 4:24) 우리가 실재하는 것이 무엇인가를 정말로 이해하게 되면, 우리는 실재와 영적 교제(communion)를 나눌 수 있습니다. 그리고 그것이 곧 견성 기도입니다. 견성은 언어를 넘어서고, 생각을 넘어섭니다. 그것은 실재에 대한 순수의식입니다. 단지 순간적인 견성만으로도 위대한 통합적 가치를 지닐 수 있습니다. 최고의 성취는 견성 기도를 할 수 있는 능력입니다. 선(禪) 명상에서는 그것을 견성(kensho)이라고 합니다. 모든 종교에는 언어와 생각을 넘어서서 실재의 영역을 통찰할 수 있는 능력을 획득한 사람들이 있습니다.

어떤 사람에게는 그것이 하나의 충격으로 다가올 수도 있지만, 우리는 참으로 실재를 살지 못합니다. 그것은 우리는 실재를 경험할 수 없고, 단지 실재에 대한 생각을 경험할 뿐이라는 것을 의미합니다. 전 세계의 많은 사람이 다양한 종교 제도의 상황 속에서 기도에 대하여 거의 아무것도 가르쳐 주지 않은 채 기도하고 있다는 것이 어떻게 가능한가를 생각해 본 적이 있습니까? 그 사실은 실제로 우리가 기도하는 방법을 알지 못한다는 말입니다. 그러나 우리는 기도하는 방법을 더욱 알고 싶고, 더 잘 알기 위하여 노력할 수 있습니다. 우리는 실재의 본성에 열정적으로 깊은 관심을 가질 수 있습니다. 그리하여 기도의 능력을 더욱 향상시킬 수 있을 것입니다. 그것은 바로 영적 진화에 관한 문제입니다. 우리가 완전하게 열려 있는 상태에서, 언어와 생각을 넘어설 수 있을 때, 최소한 잠시 동안이라도, 그 핵심에 도달할 수 있습니다. 선사는 그것을 다음과 같이 말하고 있습니다. "하나님은 두 사상 사이의 공간 속에서 우리에게 말씀하신다."

다시 한번 더, 바위 속에서 사자를 보았던 조각가를 생각해 보도록 합시다. 그리고 우리 자신에게 물어봅시다. 그는 어떻게 그렇게 할 수 있었을까? 바위 속에 있는 사자의 실재를 마주하여 견성하고(beholding) 있었을 때, 그는 어떤 감각 기관을 사용하였을까? 그것은 내면의 눈, 창조적 지성, 또는 영적 자각 등으로 불릴 수 있을 것입니다. 우리는 그것에 여러 가지 이름을 붙일 수 있습니다. 그러나 그것은 감각적 지각과 상상력을 넘어선 어떤 무엇입니다. 우리는 아직까지 전혀 꿈도 꾸지 못했던 능력을 갖고 있습니다.

한 작은 소년이 "오늘 밤 잠자리에 들기 전에 기도했느냐?"라는 질문을 받았습니다. 그는 "아니요."라고 대답하였습니다. "왜 안 했느냐?" "왜냐하면 아무것도 필요한 것이 없기 때문입니다." 대부분의 우리는 기도란 무엇인가를 구하는 것이라고 믿지만, 그것 또한 잘못입니다. 우리는 무엇이 당연히 존재하여야 하는가를 위하여 기도할 수 없습니다. 우리는 단지 이미 존재하고 있는 것을 보기 위하여 기도할 수 있을 뿐입니다. 우리는 기도를, '실재하는 것을 견성하려는 하나의 노력'이라고 정의할 수 있습니다. 그것은 실재와 접촉하려는 하나의 노력입니다. 이것은 심리치료와 무슨 관계가 있을까요? 만일 우리가 진리를 경외하고 영적 가치를 인정한다면, 그러면 우리의 삶은 하나의 기도가 될 것입니다. 그러므로 삶은 진리와 아름다움, 그리고 선에 대하여 의식하고 사는 것입니다.

질문: 통합의 표식(signs)은 무엇입니까? 우리가 올바르게 기도하고 있는지, 또는 올바른 하나님께 기도하고 있는지를 어떻게 구별할 수 있습니까?

호라 박사: 우리의 기도가 효율적인가를 실제로 알기 위하여 우리는 무언가를 경험(experiences)하는 것과 무언가를 깨닫는 것(realization) 사이의 차이점을 우선 이해하여야 합니다. 경험은 주관적이어서 신뢰할 수 없습니다. 우리는 무엇인가를 느낀다고 우리 자신을 쉽게 속일 수 있습니다. 우리가 무엇인가를 위하여 기도할 때, 기분이 좋을 것이고 기도를 잘했다는 망상을 가질 것입니다. 그러나 아무 일도 일어나지 않았고, 어떤 것도 성취된 것은 없습니다. 잠언에서는 "자기의 마음을 믿는 자는 미련한 자요."(잠언 28:26)라고 말합니다. 달리 말하면 우리의 주관적 감정과 경험은 신뢰할 만한 기준이 되지 못한다는 것입니다. 깨달음은 경험과 매우 비슷하지만 보다 더 높은 수준의 자각에서 일어나는 것입니다. 경험은 감각적, 정서적, 또는 지성적이지만, 깨달음은 영적입니다. 깨달음은 자율 신경 체계 안에서 일어나는 것이 아니라 의식 안에서 일어납니다. 그것은 지식을 초월한 형태입니다. 우리가 기도할 때, 실재와 접촉하고 싶을 것입니다. 실제로 언어와 생각, 그리고 시간을 넘어서, 감정과 경험을 넘어서 존재하는 진리를 어떻게 하든 마주하고 견성하고 싶을 것입니다. 하나님께 예배하는 자는 신령과 진정으로 예배해야 합니다.

따라서 우리가 찾고 있는 것은 단지 실재에 관한 진술이 아니라, 실재와 부딪쳐 만나는 것에 성공했다고 하는 인지적 증거입니다. 예를 들어, 만일 우리가 "하나님은 선하시다."라고 말한다면, 그것은 진리가 아닐 것입니다. 그것은 단지 진리에 관한 진술일 뿐입니다. 효율적으로 기도하기 위하여, 진리와 부딪혀 만나야 합니다. 그리하여 진리에 관한 진술을 넘어서 진리 자체와 접촉하는 방법을 찾아내어야 합니다. 좋은 무엇인가가 우리들에게 일어날 때마다, 내가 교훈적 목적을 위하여 이름 붙인, 'PAGL'의 정점에 도달하게 됩니다. PAGL의 정점은 평화(Peace), 확신(Assurance), 감사(Gratitude), 그리고 사랑(Love)을 깨닫는 순간에 이르렀음을 의미합니다. 그 깨달음이 우리들에게 나타나기 시작할 때, 우리는 멈출 수 있습니다. 여기에 우리가 성공하였음을 보여 주는 한 기준이 있습니다. PAGL은 초월적 실재와 성공적으로 부딪혀 접촉했다는 증거입니다. 이것이 통합의 정점입니다. 우리는 그 정점을 잃어버리고, 그것으로부터 미끄러지기는 쉽습니다. 그러나 다시 그곳으로 돌아갈 수 있습니다. 이것을 '끊임없는 기도(ceaseless prayer)'라고 합니다. 우리가 실재 가운데서 살기를 실천할 때, 실재와의 접촉을 유지하려는 노력은 어느 정도 쉬워질 것이고, 그리고 보다 더 의미 있게 될 것입니다. 우리의 삶은 보다 더 온전하고 조화롭게 되기 시작하는 것입니다.

우선 어떤 것을 경험한다는 것과 깨닫는다는 것을 구별하는 것은 쉽지 않을 것입니다. 그러나 우리가 깨달음에 생각을 기울이고, 그것을 기억하려고 노력하면서 훈련한다면, 더 높은 형태의 자각이 실제로 존재하고 있다는 것을 발견할 것입니다. 그것은 경험 저 너머에 존재하는 것입니다. 우리가 실존과 조화를 이루고 있을 때, 우리의 이웃과도 조화를 이루게 됩니다. 그러나 그것을 역으로 뒤집어도 반드시 그렇게 되는 것은 아닙니다. 사람들과 아름답게 어울릴 수는 있지만, 그렇다고 실존과 조화를 그와 똑같이 잘 이루지 못할 수도 있습니다. 인간관계의 기술에 정통한 정치가나 정신 질환자도 있습니다. 그러나 그들은 실재에 관한 한 완전히 분리되어 있습니다. 따라서 삶의 일차적 과제는 실존의 근본적 질서와 조화를 이루는 것입니다. 노자(老子)는 다음과 같이 말했습니다. "깨달은 사람은 다투지 않는다. 그러므로 누구도 그와 다투지 않는다." 그러므로 그는 그를 둘러싼 자연뿐 아니라, 그의 동료와도 조화를 이루는 삶을 삽니다.

질문: 만일 인간이 통합이 되면, 그의 적대감, 분노, 그리고 공격성은—프로이트에 의하면 인간에게 자연스러운 것들인데—어떻게 됩니까? 자연적인 인간의 파괴성은 어떻게 됩니까?

호라 박사: 그 대답은 인간은 자연적인 인간이 아니라는 것입니다. 인간은 영적 존재입니다. 일단 그가 그 의미를 이해하면 그의 삶 속에는 많은 변화가 일어날 것입니다. 자연적 인간이라고 하는 개념은 인간이 환경의 영향을 받으며 사는 생물학적 유기체이고, 동물과 다르지 않다는 것을 의미합니다. 앞에서 우리는 인간에 대한 여러 가지 가정을 논의하였습니다. 최소한 여기에서 논하고 있는 실존주의의 유형에서 인간은 하나님의 영적 형상이라는 성서적 정의가 실존적으로 타당하다는 가정 위에 기초하고 있습니다. 그러한 전제에서 출발하여, 우리는 모든 통찰에 이르게 되고, 더 나아가 지금까지 우리가 논의해 왔던 것들에 도달하게 된 것입니다.

사례 발표

39세의 주부로 세 아이의 어머니이다. 깔끔하고, 화려하고, 매력 있는 외모이지만 불안해 보인다. 그녀는 손을 떨고, 한숨을 많이 쉰다. 현기증, 긴장을 호소하고, 죄의식과 분노가 많다. 그녀의 한 아이는 지적 장애아이다. 부부 문제도 있다.

사례 발표에 대한 설명

우리가 방 안에 누군가와 함께 앉아 있을 때, 거기에는 분명히 현상학적으로 식별할 수 있는 현존의 특성이 있습니다. 그 사람이 어떤 상황에 참여하는 방법은 그의 세계-내-존재 양식을 매우 많이 드러내는 것입니다. 이것은 그 사람의 배경을 질문하는 것을 부적절하게 합니다. 전통적 정신분석에서는 그 내담자의 잘못이 무엇인가, 그리고 이 잘못이 어떻게 생겨났는가를 찾도록 훈련하여 왔습니다. 우리의 마음속에서는 언제나 "그 내담자는 왜 그럴까?"라는 질문을 합니다. 그러나 실존 심리치료에서는 '왜(why)'라는 질문에 관심이 없습니다. '왜'라는 질문은 전혀 소용이 없습니다. 우리의 초점은 의미에 관심을 집중하는 것입니다.

앞에서 말했듯이, 의미는 정신적 현상과 동의어입니다. 과학적 사고의 진보된 형태에서는, 예를 들어 노벨 물리학상을 받은 하이젠버그(Heisenberg)의 불확정성 이론에서는, 인과율적 사고를 이미 사용하지 않습니다. 메타실존치료에서는 인과율적 사고는 적합하지 않으며, 그것은 단지 편협함을 드러내는 것으로 인식하게 되었습니다. 뉴턴이 "사과가 나무에서 왜 떨어졌는가?"를 질문했을 때 어떤 일이 일어났을까를 상상해 봅시다. 그는 몇 가지 답을 떠올렸을 것입니다. 예를 들어, 그는 다음과 같이 말했을 수 있습니다. "사과는 사과나무 가지가 지탱하기에 너무 무거워서 떨어졌다." 또는 다음과 같이 말했을 수도 있습니다. "아마도 바람이 불었거나, 아니면 사과나무 근처의 땅이 흔들렸을 것이다." 그는 설명을 찾아냈을 수도 있습니다. 그러나 설명은 깨달음과 동의어가 아닙니다. 원인을 찾는 사람은 변명을 찾아낼 뿐입니다. 그러나 뉴턴은 그 현상 뒤에 있는 더 깊은 문제에 관심을 가졌습니다. 그래서 그는 질문했습니다. "떨어지는 사과는 자연을 지배하는 법칙을 어떻게 계시해 주는가?"

여기에서 '문제'라는 낱말이 흥미롭습니다. 그것은 언어 속에 숨겨진 놀라운 지혜와 통찰을 실증합니다. 예를 들어, 이 낱말의 언어 분석은 문제들이 곧 표상이라는 것을 제시해 줍니다. 그것이 무슨 뜻인가요? 표상은 상징과 동의어입니다. 문제, 곧 pro-emblema는 상징적이라는 것을 의미합니다. 우리의 문제는 실재보다는 차라리 상징이라는 말과 연관이 있음을 지적해 줍니다. 문제에 대한 올바른 이해는 모든 경우에, 상징에 관한 실존적 실재를 잘못 이해하고 있다는 것을 드러내 줄 것입니다. 예를 들어, 한 여인이 손톱 주변의 손가락 염증 재발로 고통받고 있다고 합시다. 만일 이 문제를 인과율적 관점에서 검토한다면, 아마도 손톱 관리사가 깨끗하지 않은 가위와 도구를 사용했다고 추측할 것입니다. 그러나 만일 그 상황을 상징적 관점으로 검토하면, 그 문제 자체가 상징적 의사소통의 형태라는 것을 알 수 있을 것입니다. 이 여인이 조작하는 경향이 있다는 것을 발견할 것입니다. 그리고 실제로 그녀의 과거사는 그녀의 가족들에게 투쟁, 미움, 부조화 그리고 두려움을 불러일으켰다는 것을 드러냅니다. 그녀는 다른 사람들이 하는 일에 '그녀의 손가락을 내밀어서' 그들을 통제하는 경향성을 가지고 있습니다.

'조작(manipulativeness)'이라는 낱말 또한 라틴어 manus에서 유래하는데, 그 말은 손을 뜻합니다. 조작한다는 것은 다룬다는 것입니다. 조작은 사람들과 상황들을 정신적으로 다루어서 우리의 소망과 예상을 따르게 하는 것입니다. 우리는 문제에 부딪힐 때마다, 표준적인 인과율적 추론에서 벗어나서 문제가 전달하려는 메시지로 관심을 돌린다면, 그 문제는 가장 유용할 수 있습니다. 다음과 같은 질문으로 시작하는 것이 중요합니다. 보이는 것의 의미는 무엇인가? 그리고 이어서 다음 질문을 합니다. 실제로 존재(is)하는 것은 무엇인가?

모든 삶은 이 두 개의 질문에 답을 가르쳐 주도록 고안된 학교라고 말할 수 있습니다.

치료사는 내담자를 이해하려고 노력할 때, 앞의 인과율적 추론을 넘어서 나타난 문제의 의미를 이해하려고 합니다. 예를 들어, 한 어머니가 자녀와의 문제로 인하여 계속해서 격노를 일으키게 된다고 말한다면, 메타실존치료의 원리들 중의 하나, 즉 어떤 경험도 초대받지 않은 경험은 없다는 원리를 떠올리는 것이 유용할 것입니다. 자녀가 특정 방식으로 행동할 때, 우리는 그 아이가 왜 그렇게 행동하는가, 그런 행동을 멈추게 하기 위하여 무엇을 해야 하는가, 또는 그를 어떻게 다루어야 하는가를 묻기보다는, 이 문제의 의미가 무엇인지를 묻습니다.

내담자의 세계-내-존재 양식의 맥락에서 볼 때, 그 문제 자체가 보여 주는 것은, 아이가 자신도 모르게 어머니는 어머니로서 그리고 인간 존재로서 나쁘고 가치가 없다는 것을 어머니에게 상기시킨다는 것입니다. 어머니와 아이의 이 복잡한 현상의 의미를 발견하고 나면, 우리는 아무것도 할 필요가 없고 아이는 벌을 받을 필요가 없으며, 어머니는 죄책감을 느낄 필요가 없다는 것을 알게 될 것입니다. 필요한 것은 어머니가 자신에 대한 생각을 변화시키는 것입니다. 그것이 아이의 행동을 돌보게 할 것입니다. 이 내담자는 선하고 건전한 사람으로서 자신을 성취시킬 필요가 있습니다. 그것이 그녀가 관심을 가져야 할 모든 것입니다. 그러면 그녀의 전 가족의 행동은 변화될 것입니다. 만일 우리가 잘못된 질문을 한다면, 잘못된 답을 얻을 것이고 허우적거리게 될 것입니다. 그 내담자의 경험 상황을 결정하는 것은 그녀가 어떤 생각을 가지고 있느냐는 것입니다. 우리의 치료 과제는 그녀를 습관적 인식 방법으로부터 벗어나게 하는 것입니다. 그리고 그녀는 영적 존재이므로, 세계에서 유익한 하나의 현존으로 건전하고 자유로운 사람이 될 자격을 충분히 갖추고 있다는 것을 그녀가 깨닫도록 격려하는 것입니다.

틀에 박힌 인과율적 사고로부터 벗어나는 것은 처음에는 다소 어렵겠지만, 그것이 삶에 더 넓은 지평을 펼쳐 준다는 것을 알고 나면, 우리는 그것에 감사하며 배우게 될 것입니다. 본질적으로 우리에게는 단 하나의 문제가 있는데, 즉 우리가 잘못된 교육을 받았다는 것입니다. 인과율적으로 생각하는 것 또한 잘못된 교육의 조건입니다.

우리는 항상 의미에 관심을 집중합니다. 내담자가 그것에 참여하도록 초대함으로써 그렇게 할 수 있습니다. 또한 만일 의미가 저절로 드러난다면, 우리는 내담자에게 그것을 직접 깨닫게 해 줄 수도 있습니다. 종종 우리는 그 이상을 넘어서, 문제의 해결책을 내담자에게 제공해 줄 수도 있습니다. 모든 문제의 해결책은 언제나 의식 내면에 존재합니다. 내면에 존재하지 않는다면, 그것은 바깥에도 존재하지 않습니다. 성서 외경 도마복음에서, 예수께서는 다음과 같이 말하였습니다. "하나님의 나라는 내면이 바깥이 되고, 바깥이 내면이 되는 때가 올 것이다. 그리고 그때 그 둘은 하나가 될 것이다. 그때는 어느 것도 내면이 아니며, 어느 것도 바깥이 아니다." 어떤 일도 초대받지 않은 경험은 없다는 것을 이해할 때, 외부에서 일어나고 있는 일은 바로 내면에서 일어나고 있는 사고 과정의 외면화라는 것을 이해하게 될 것입니다. 치료적 과제는 언제나 의식의 질을 향상시키도록 돕는 것입니다. 마지막 분석에 이르면, 인간은 하나의 개성화된 의식입니다. "대저 그 마음의 생각이 어떠하면 그 위인도 그러한즉"(잠언 23:7) 우리 모두에게는 영적 동력이 있는데, 그것은 우리가 최선의 사람이 될 수 있는 성취를 추구합니다. 그러나 거의 언제나 그것이 무엇인가 그리고 그것이 어디에 있는가를 알지 못합니다. 여기에서 예수의 말씀은 우리들에게 방향을 제시합니다. "내가 곧 길이요, 진리요, 생명이니"(요한복음 14:6) 정신 의학과 정신분석은 건강에 대하여, 그리고 건강한 사람에 대하여 적절한 개념을 발견하는 데 아직 성공하지 못하였습니다.

우리가 친구들이나 사랑하는 사람을 만날 때, 다음과 같은 질문을 하는 경향이 있다는 것은 재미있는 일입니다. '무엇이 잘못되었는가?' '무엇이 잘못인가?' 우리의 육체는 언제나 무엇이 잘못되었는가를 묻습니다. 그리고 우리가 거울을 들여다볼 때, '무엇이 잘못인가?' '오늘 잘못된 것은 무엇인가?'와 같은 질문을 합니다. 다음과 같이 질문하는 것이 훨씬 낫지 않습니까? '오늘 옳은 것은 무엇인가?' '오늘 나에게 옳은 것은 무엇인가?' 무엇이 잘못되었는가를 질문하는 것은 오히려 역효과를 낼 것입니다. 그것은 악과 병리학에 대하여 우리가 얼마나 매료되어 있는가를 강화시키는 것입니다.

질문: 우리는 어떻게 해서 그렇게 악에 매료됩니까? 그것은 어디에서 옵니까?

호라 박사: "악에 매료되는 것은 무슨 의미를 갖습니까?"라고 묻는 것이 더 나은 질문이 될 것입니다. 악은 선보다 감각적 지각에 보다 더 근접해 있습니다. 선은 영적이어서 쉽게 볼 수 있는 것이 아닙니다. 우리에게 눈이 있지만 보지 못합니다. 왜냐하면 우리는 보기 쉬운 것에 초점을 맞추기 위하여 우리의 눈과 지각 능력을 사용하기 때문입니다.

"너희가 눈이 있어도 보지 못하며 귀가 있어도 듣지 못하느냐?"(마가복음

8:18). "육에 속한 사람은 하나님의 성령의 일을 받지 아니하나니 저희에게는 미련하게 보임이요 또 깨닫지도 못하나니 이런 일은 영적으로라야 분변함이니라."(고린도전서 2:14)

초개인적 관점

(The Transpersonal)

질문: 초개인 심리학적 관점이란 무슨 의미입니까?

호라 박사: 초개인 심리학적 관점을 이해하는 것은 중요합니다. 왜냐하면 그것은 우리의 전체적인 인생관을 변화시키기 때문입니다. 그것은 두 손으로 설명될 수 있습니다. 대인 관계적 인생관은 두 손의 손가락을 맞물려 놓은 것으로 설명될 수 있습니다. 그것은 한 사람이 감각적, 정서적, 지적인 모든 수준에서 다른 사람들과 상호작용하는 것입니다. 손들이 접근하여, 계속 나아가고, 맞물려서, 결국 궁지에 몰리게 됩니다. 만일 우리가 궁지에 몰리는 것을 좋아하지 않는다면, 뒤로 물러섭니다. 우리가 뒤로 물러설 때 마찰이 생깁니다. 그러면 언제나 뒤로 물러섰다가 앞으로 나아가는 움직임이 있게 됩니다. 그러다 궁지에 몰리고 마찰을 일으키는 것이 싫증 날 때까지 계속하여 마찰이 따르게 마련입니다. 그러면 우리는 관계를 깨고 서로 등을 돌립니다. 이것이 일반적으로 실행되는 대인 관계적 관점입니다. 대부분의 심리치료는 삶의 본질적인 문제가 대인 관계라는 가정에 기초하고 있습니다. 사실 많은

사례에서 심리치료의 목표는 대인 관계가 가능한 상황으로 만들어, 어떻게 하면 사람들과 잘 지낼 수 있는가, 결혼과 친구, 동료들, 또는 일반적인 삶에서 어떻게 하면 좋은 관계를 맺고 잘 살아갈 수 있는가를 배우도록 돕는 것입니다.

대인 관계적 관점은 어떻게 그 실행이 가능합니까? 불행하게도 많은 사람이 이미 발견하였듯이, 그 실행은 가능하지 않습니다. 어떤 관계든 그것은 언제나 좋을 수도 있고 나쁠 수도 있습니다. 남자와 여자의 관계라는 가정에 기초한 어떤 결혼 관계도 좋을 수도 있고 나쁠 수도 있습니다. 그것은 좋게 시작해서, 궁지에 몰릴 때까지 점점 더 나쁘게 되고, 마찰과 다른 막다른 궁지, 더 많은 마찰이 있고 마침내는 관계가 깨져서, 서로 등을 돌리고 다른 사람을 찾으려 합니다. 여러 번 결혼하고 이혼하는 사람들도 있습니다. 이것은 삶에서 아픈 경험입니다. 대인 관계적 인생관은 가족의 삶에서뿐 아니라 집단 역동에서도 갈등의 기본적 원천들 중의 하나입니다.

사람들은 함께 조화를 이루며 살기를 원하지만, 어떻게 그것을 이루어야 할지를 모릅니다. '지나친 친밀감은 멸시를 초래한다.'라는 말이 있습니다. 그것은 친밀감이 아니라 그저 인식이 부족한 것뿐입니다. 그 말은 무슨 뜻입니까? 대부분의 문제 밑에 깔려 있는 것은 실재에 대한 오해입니다. 예수께서는 외모로 판단하지 말라고 말씀하셨습니다. 우리가 외모로 판단할 경우, 대인 관계, 집단 상호작용, 그리고 국제적인 업무와 같은 맥락 속에서 삶을 봅니다. 이러한 관점에서 가장 특징적인 국면들 중의 하나는 생각이 수평적이라는 것입니다. 우리가 대인 관계적 맥락 속에서 삶을 본다면, 우리는 수평적으로 생각할 것입니다. 그대의 생각이 곧 그대 자신입니다(As thou seest, so thou beest).

앞에서 우리는 인과율적 사고의 한계에 대하여 말하였습니다. 다시 말하자면, 정신적 지평은 특정한 사고 습관에 따라서 좁아지는 문제가 있습니다. 오늘날 수평적 사고는 그와 똑같다고 말할 수 있습니다. 수평적 사고는 실재를 완전하게 지각할 수 있는 능력을 제한합니다. 인과율적 사고는 인간을 편협하게 만듭니다. 대인 관계적 사고는 인간을 경박한 사고(shallow-minded)를 가진 자로 만듭니다.

초개인적 관점은 두 손을 함께 나란히 위로 향하여 들고, 기도하는 자세로 설명될 수 있습니다. 이 자세는 수직적 자세를 상징합니다. 그것은 맞물리는 것이 아니기 때문에, 마찰 없이 자유롭게 움직입니다. 그러한 결혼은 관계가 아닙니다. 그것은—'애착의 끈 없이(with no strings attached)'—더 가깝게 가거나 또는 어느 순간이라도 마찰 없이 멀어질 수 있도록 완전히 자유롭게 실존에 함께 참여하는 것입니다. 방향은 언제나 수직적입니다. 대인 관계적 인생관과 비교하면 초개인 심리학적 관점은 관계가 아니라, 하나의 참여(a participation)입니다.

만일 사람들이 보다 더 광범위한 관점에서 삶을 볼 수 있도록 도울 수 있다면, 결혼 관계나 또는 다른 어떤 상황에서도 얼마나 쉽게 조화를 이루고 있는지 알 수 있습니다. 사람들이 결혼 문제를 가지고 올 때, 그들의 결혼 갈등을 해결해 줄 필요가 없습니다. 필요한 것은 그들이 결혼 관계 내에 있지 않다는 것을 그들에게 밝혀 주는 것입니다. 실제로 그러한 것은 없습니다. 관계에 대한 모든 생각은 실재에 대한 부적절한 지각에 기초하고 있습니다. 그들은 사랑이 무엇인지 잘 알고 있는 두 사람이 실존에 함께 참여하고 있다는 것을 알 필요가 있습니다. 다시 말하자면, 사랑에 대한 개념이 확장될 필요가 있다는 것입니다.

우리들은 사랑에 대한 오해로 인하여 자주 희생을 당합니다. 우리는 사랑을 하기 위하여 대상이 있어야 한다고 배웠습니다. 그래서 대상-사랑(object-love)에 대하여 생각하게 되었고 서로를 대상으로 만들었습니다. 그것은 사랑을 가장하여 서로를 비인간화시키는 교묘한 방법입니다.

만일 사랑에 대하여 우리의 관점을 확장시키면, 우리는 서로를 사랑할 필요가 없고, 다만 내가 사랑하기를 사랑하면(love being loving) 됩니다. 그러면 그것은 모든 것을 돌보는 것에 관심을 갖게 됩니다. 만일 우리가 스스로 사랑하기를 사랑한다면, 모든 상황 속에서 하나님의 선을 반영하고 싶은 자연스런 열망(desire)을 갖게 될 것입니다. 우리가 삶을 영성 차원에서 이해하게 될 때, 우리의 삶은 전혀 다른 실재가 됩니다.

또 하나의 주장해야 할 가치는 우리가 실재를 영성 차원에서 볼 때, 경험에 관심을 갖는 것이 아니라, 실재, 생생한 것, 아름다운 것, 선한 것, 가치 있는 것, 조화로운 것, 기쁨에 넘치는 것, 평화로운 것, 확신을 주는 것에 관심을 갖는 것입니다. 우리의 주된 열망은 언제나 감사, 기쁨, 그리고 자유입니다. 우리의 가치 체계는 고양되고, 영성적 가치가 우리의 기본 갈망을 구성합니다. 이런 방식으로 우리 자신도 초월합니다. 우리는 경험에 사로잡혀 있기보다는 오히려 의식의 차원을 더 고양하게 됩니다.

경험은 어디에서 일어나나요? 만일 그것이 지적 경험이라면, 그것은 두뇌에서 일어날 것입니다. 만일 그것이 정서적 경험이라면, 자율 신경 체계나 소위 내장 신경 체계에서 일어날 것입니다. 만일 그것이 감각적 경험이라면, 감각 기관에서 일어날 것입니다. 이런 것들은 세 종류의 다른 경험이고, 그것들은 모두 신체 기관에서 발생합니다. 우리가 경험을 지향할 때, 그것은 자신을 생물학적 기관으로 보는 것입니다. 경험은 대인 관계처럼 좋을 수도 있고 나쁠 수도 있지만, 흥미롭게도 그것은 나쁜 쪽으로 향하는 경향이 있고, 언제나 좋게 시작해서 나쁘게 되고, 쾌락으로 시작해서 고통으로 끝납니다.

만일 우리의 정신적 지평이 단조롭고 편협하다면, 우리가 실재에 살고 있지 않기 때문에, 모든 면에서 다 그렇게 되는 것입니다. 건강하고, 건전하고, 통합적이기 위하여, 인지적으로 실재와 통합되어야 합니다. 그것은 무슨 의미인가요? 우리는 실재를 전체 차원에서 지각할 수 있는 능력을 발달시켜야 합니다. 편협한 마음을 가진 사람은 실재를 볼 수 없고, 경박한 마음을 가진 사람도 실재를 볼 수 없으며, 경험을 지향하는 사람도 실재를 완전하게 볼 수 없습니다. 예수께서는 사람들에게 다음과 같이 말씀하시곤 하셨습니다. "이 백성들의 마음이 완악하여져서 그 귀는 듣기에 둔하고 눈은 감았으니 이는 눈으로 보고 귀로 듣고 마음으로 깨달아 돌이켜 내게 고침을 받을까 두려워함이라." (마태복음 13:15) 치유는 인지를 개방하는 것과 관련 있는 것같이 보입니다.

질문: 회심이란 무엇입니까? 회심한다는 것은 무엇을 의미합니까?

호라 박사: 회심에는 세 가지 유형이 있습니다.

- 정서적 회심은 어떤 종교적 감정을 좋아하게 될 때를 의미합니다.
- 이념적(지적) 회심은 특정 사람들이 믿는 신념 체계를 받아들일 때를 의미하며, 본질적으로 개념적입니다. 어떤 사람은 공산주의, 보수주의 또는 모든 개념적인 어떤 무엇으로 돌아설 수 있습니다. 이러한 형태의 회심은 실존적으로 적절하지 않습니다.
- 참된(인지적) 회심은 삶에서 이전에 믿었거나 볼 수 있었던 것보다 더 많은 무언가가 있다는 깨달음에 눈이 떴을 때를 의미하며, 종교적인 것이 아니라 인지적인 것이 됩니다. 그것은 일반적으로 영성이라는 실재의 차원을 보여 줍니다. 사도 바울은 말합니다. "우리의 돌아보는 것은 보이는 것이 아니요 보이지 않는 것이니 보이는 것은 잠깐이요 보이지 않는 것은 영원함이니라."(고린도후서 4:18) 사도 바울이 회심하는 순간에 눈이 멀었었다는 것은 흥미로운 일입니다. 그것은 그에게 일어났던 변화에 인지적이고 지각적 요소가 있었음을 강조하는 것입니다. 그것은 인지적 회심이었습니다.

사례 발표

30세의 백인 남성으로 교육을 잘 받았고, 전직 가톨릭 신부이다. 그의 문제는 다음과 같다. 직업적 실패, 성기능 장애, 강박적 사고, 치질, 관리자로서의 야망, 소수인들—흑인, 유대인, 소수자들—에 대한 편견, 교회 내에서 불경스런 생각, 경찰에 대한 증오, 아내에 대한 강간 환상.

사례 발표에 대한 설명

내담자들이 도움을 받으러 올 때, 그들은 명백한 합리화, 의식적 · 무의식적 이유와 기대를 가지고 있다는 것을 기억하는 것이 좋습니다. 그들을 상담하는 과정에서 이러한 것들을 명료화하는 것이 좋습니다. 왜냐하면 만일 그와 같은 것들이 명료화되지 않으면, 드러나지 않은 기대가 표면에 나타나지 않을 수 있으며, 의사소통은 완전하게 개방되지 않을 것이기 때문입니다. 이것은 오해를 불러일으킬 수 있습니다.

실존 심리치료에서는 두 가지를 기대합니다. 우선 내담자들의 기대가 무엇인지 명료화하는 것입니다. 우리는 그들로 하여금 명백한 기대를 말하게 하여서, 그들의 은밀한 욕망을 현상학적으로 식별합니다. 우리는 가능한 한 빨리 수용적 방식으로 재치 있게 이것을 직면시켜야 합니다. 우리가 추구하는 두 번째는 이 사람의 세계-내-존재 양식을 알아내는 것입니다. 그것은 저절로 드러나나요? 그것은 치료적 만남의 맥락 속에서 드러날 수 있습니다. 그리고 내담자의 과거사의 맥락 속에서 드러날 수 있습니다.

우리는 이 내담자의 세계-내-존재 양식을 어떻게 특징지을 수 있을까요? 그의 세계-내-존재 양식을 이해하기 위하여, 관리(dominion)와 지배(domination)의 차이[1]를 분명하게 하는 것이 유용할 것입니다. 성서는 하나님이 인간에게 주셨던 것에 관하여 말합니다. "바다의 고기와 공중의 새와 육축과 온 땅과 땅에 기는 모든 것을 다스리게 하자."(창세기 1:26) 그러면 지배와 관리의 차이는 무엇입니까? 성서는 인간이 인간을 다스릴 수 있다고 말하지 않고, 오직 인간보다 낮은 생물만을 다스릴 수 있다고 말한 것에 주목할 필요가 있습니다. 인간은 또한 자신의 생각을 관리할 수 있습니다. 만일 관리와 지배의 차이를 이해하면, 이 사람이 삶의 기능을 오해한 것에 대한 희생자

1) dominion: 관리, 다스림, 돌봄을 뜻하며 사랑의 논리가 들어가 있다.
domination: 정복, 지배를 뜻하며 힘의 논리가 들어가 있다.

라는 것을 알게 될 것입니다. 인간은 다른 생물체보다 더 높은 지적 잠재력을 부여받았습니다. 그에게는 다른 생물체를 돌보고, 그들을 유익하게 통치하거나 그들에게 유익한 영향을 끼칠 책임이 있습니다. 그러나 인간이 인간을 관리할 권리는 없습니다. 물론 지배할 권리가 없다는 것은 두말할 것도 없습니다. 지배는 자신의 의지를 다른 사람들에게 강요하는 것입니다.

여기에서 우리는, 우리 모두가 그렇듯이, 교육을 잘못 받은 희생자를 봅니다. 우리는 실재를 잘못 지각하고 성서를 잘못 이해하도록 교육받아 왔습니다. '교육받은 사람은 자신을 발견할 수 있는 모든 상황과 그의 삶을 통제하기 위하여 머리를 사용한다.'는 말이 있습니다. 그 사람이 똑똑하면 똑똑할수록, 그는 일과 동료들을 더 많이 통제할 수 있습니다. 따라서 좋은 교육을 받으면, 종교를 포함하여 삶의 모든 면에서 지적으로 유능하게 되는 것은 매우 바람직한 일입니다. 그러면 우리는 많은 일의 달인이 되고 배의 선장이 될 것입니다. 그리고 행정관이나 지도자가 될 것입니다. 교육을 통하여 지식을 계발하는 것은 이렇게 삶을 성공적으로 '관리하는 것'을 촉진할 수 있습니다. 그러나 이런 사람이 삶에 대하여 잘못된 교육과 잘못된 인식의 희생자가 되는 것을 볼 수 있습니다.

본질적으로 우리는 그 문제를 지성주의라 일컫습니다. 지성주의는 한 사람의 세계–내–존재 양식에 대하여 모든 것을 연루시키지만 그것은 잘못입니다. 그것은 지배적이고, 경쟁적이고, 가학적이고, 피학적이며, 편협하며, 완고합니다. 그것은 종교적으로 위선적입니다. 그러나 이 사람은 책임이 없고, 단지 잘못된 교육의 희생자일 뿐입니다. 그의 책임을 면하게 해 주는 것이 중요합니다. 그는 죄책감과 실패에 대한 책임감을 덜기 위하여 치료받으러 온다고 말할 것입니다. 우리가 그에게 잘못된 교육과 삶에 대한 잘못된 인식의 희생자라고 설명해 줄 때, 그는 커다란 위안을 얻을 것입니다. 그리고 그것은 그의 세계–내–존재 양식 전체를 다시 생각하도록 만들어 줄 수 있습니다.

이 내담자는 강박적 사고와 성적 환상 때문에 고통스러워하고 있습니다. 강박적 사고는 무엇이며, 성적 환상이란 무엇인가를 생각해 봅시다. 이 내담자의 세계-내-존재 양식을 이해하는 순간, 모든 상세한 내용이 의미 있게 드러날 것입니다. 우리는 강박적 사고와 치질과 연관된 배변 훈련과 항문기 고착에 대하여 들었습니다. 그리고 죄책감과 죄에 대한 가톨릭 교리와 관련하여 성적 환상의 딜레마에 대하여 들었습니다. 만일 우리가 이러한 현상들을 따로따로 생각해서 내담자의 세계-내-존재 양식의 전체 그림과 별개로 본다면, 우리는 프로이트 심리학의 고전적 발달 이론을 따를 수밖에 없습니다. 만일 누군가가 다른 누군가에 대하여 말했던 것에 기초해서 이런 일들을 받아들인다면, 우리는 참되지 못하며 진부한 사고를 하는 잘못을 저지르게 될 것입니다. 모든 증상은 적절한 맥락 속에서 이해되어야 합니다.

우리는 이 내담자의 세계-내-존재 양식이 모든 삶의 국면을 관리하고 지배하는 것이 중요하다는 믿음의 영향 아래 있었다는 것을 알게 되었습니다. 따라서 이 사례에서 강박적 사고는 실제로 계획된 지배 행동을 정신적으로 연습하는 것이었음을 알 수 있습니다. 이와 비슷하게 성적 환상과 그것을 행동화하는 것은 실제로 성적인 것이 아니라 타인들에 대한 지배를 주장하는 것입니다.

질문: 이러한 치료는 실제로 어떻게 이루어집니까?

호라 박사: 내담자의 세계-내-존재 양식을 분명하게 이해하게 될 때, 모든 것이 제자리로 돌아가게 됩니다. 만일 '무엇(what)'을 이해한다면 '어떻게(how)'는 문제가 되지 않습니다. 실존주의 심리치료에서는 기법이 없습니다. 그것은 하나의 보는 방법(a way of seeing)입니다. 그것은 지각하고, 이해하고, 빛을 비추고, 그리고 내담자를 보다 더 조화로운 삶으로 인도하는 하나의 방법입니다. 모든 사람은 죄가 없다는 것을 아는 것이 중요합니다. 인간은 잘못된 교육과 보편적으로 부족한 인지 능력의 희생자입니다. 일단 이것을 이해하면, 판단하지 않게 될 것입니다. 누구에게도 무지한 것 외에는 책임이 없습니다. 무지는 인격이 아닙니다.

조작주의

(Operationalism)

질문: 현상학에 대하여 더 말씀해 주십시오.

호라 박사: 현상학에는 '괄호 치기(bracketing)'라는 용어가 있습니다. 그것은 선입견을 괄호 밖으로 놓는다는 말입니다. 선(禪) 공부를 하기 위하여 일본에 갔던 미국 교수의 이야기가 있습니다. 그는 선사(禪師)를 소개받았습니다. 이 선사는 그에게 차를 마시자고 하였습니다. 그들은 테이블에 앉았고, 선사는 차를 따랐습니다. 그는 컵에 차가 다 찬 후에도 계속 차를 따라서 흘러 넘쳤습니다. 교수는 "차가 넘치고 있습니다."라고 말했습니다. 선사는 "이것이 선을 배우는 첫 번째 과제입니다. 선을 공부하기 위하여 마음에서 선입견을 비워 내어야 합니다. 그렇지 않으면 어떤 것도 들어설 자리가 없습니다."라고 말했습니다.

매우 논리적이고, 자연스럽고, 합리적이고, 현실적인 것으로 보이는 것들이 많지만, 그것들이 반드시 참된 것들은 아닙니다. 첫째로, 우리는 그것들을 괄호를 친 다음에, 그것들을 밖으로 내어 버립니다. 우리에게 습관화되어 있는 것을 넘어서 보는 것을 방해하는 것은 무엇이든지, 그것 때문에 우리가 실재를 보지 못하게 해서는 안 됩니다. 예를 들어, 우리는 과거의 모든 것을 기억하는 것은 중요하다고 생각합니다. 그렇게 하므로 현재를 개선하게 될 것이고 그것 때문에 미래가 영향을 받지 않도록 할 것입니다. 많은 에너지가 과거에 무슨 일이 일어났는지, 왜 그런 일이 일어났는지, 그리고 그 책임은 누구에게 있는지를 상세하게 기억해 내도록 돕는 데 소모되고 있습니다.

1~2년 동안 분석을 받았던 한 남자에 대한 이야기가 있습니다. 그의 주요 문제는 손톱 물어뜯는 버릇이었습니다. 어느 날 그는 한 친구를 만났는데, 그 친구는 "분석은 어때?"라고 물었습니다. 그는 "아주 좋아, 누구나 분석을 받아야 해. 환상적이야."라고 말했습니다. "그래서, 손톱 물어뜯는 버릇은 그쳤니?" 친구는 물었습니다. "아니, 그렇지만 나는 왜 그랬는지 알아." 언젠가 프랑스의 한 정신건강의학과 의사는 말했습니다. "On ne guerit pas en souvenant, mais on se souvient en guerissant." 해석하자면, "우리는 기억하기 때문에 치료된 것이 아니라, 치료되었을 때에 기억하게 된다."입니다.

실존주의 심리치료에서는 과거를 탐색하지 않습니다. 우리는 지금 일어나고 있는 일을 더 잘 이해하는 과정에서 과거 그 자체가 드러나도록 허용합니다. 실존주의 심리치료에는 불필요하게 되는 특정한 질문들이 있습니다. '왜?'라는 질문은 전혀 필요하지 않습니다. 우리는 '어떻게?'라는 질문도 하지 않습니다. 왜냐하면 치료는 조작적 과정이 아니기 때문입니다. 우리는 '누구에게 책임이 있는가?' 또는 '내가 무엇을 해야 하는가?'라는 질문도 하지 않습니다. 우리는 주로 두 가지 질문을 합니다.

- 보이는(seems to be) 것의 의미는 무엇인가? (현상의 의미)
- 참으로 존재(is)하는 것은 무엇인가? (실재의 의미)

치료 과정은 관계가 아니고 우리가 함께 참여하는 상황입니다. 내담자의 세계-내-존재 양식의 많은 국면이 그 자체를 드러내는 장소는 만남의 상황입니다. 필요한 모든 것은 마땅히 존재하여야 할 것과 마땅히 존재하지 말아야 할 것에 대하여 선입견 없이 열린 마음으로 받아들이는 수용적 자세(open-minded receptivity)입니다. 말하자면, 이것도 매우 중요한 원리입니다. 일반적으로, 우리는 삶을 참으로(really) 살고 있지 않습니다. 우리는 마땅히 그래야 한다거나, 마땅히 그러지 말아야 한다는 생각에 근거한 일상적인 선입견을 따라 살고 있을 뿐입니다. 일상적인 삶은 허위입니다. 만일 우리의 사고 과정을 관찰해 보면, 대부분 우리의 사고가 마땅히 그러해야 하느냐, 그러하지 말아야 하느냐를 중심으로 돌고 있는 경향이 있다는 것을 발견할 것입니다. 우리 모두는 많은 선입견을 갖고 있습니다. 그리고 그것은 치료적 관심을 갖는 맥락에서나 또는 개인적인 삶에서나, 우리의 의식을 정화하는 데는 매우 유용합니다. 만일 우리의 의식이 이러한 선입견으로부터 벗어난다면, 무엇이 참으로 존재하는가에 대하여 훨씬 더 많이 지각할 수 있다는 것을 발견하게 될 것입니다.

심리치료는 병리학 안에 있는 선(善, the good)을 식별하려는 노력이라고 설명될 수 있습니다. 병리학은 어떻게 만들어지나요? 그것은 잘못된 지각(misperceptions)으로부터 발생합니다. 예를 들어, 지난주에 우리는 관리와 지배의 차이를 잘못 지각한 사람에 대하여 사례 발표를 가졌습니다. 관리하는 것은 건강한 것이지만, 그것이 변하여 지배가 되면 그것은 질병입니다. 이제 내담자가 어떻게 잘못 지각하고 있는가를 이해해서, 실존적으로 타당한 것은 무엇인가를 명료화시키도록 도울 수 있습니다. 그렇게 해서 그는 실제로 건강한 의도를 갖고 있었지만 그것이 잘못 해석되고 잘못 지각됨으로 왜곡되었다는 것을 발견하게 됩니다. 따라서 우리는 병리학이 선한 것, 진실한 것, 실존적으로 타당한 것을 잘못 인식한 것이라고 말할 수 있습니다. 앞에서 우리는 실존주의 심리치료가 해석이 아니고, 실존적 문제들을 더 분명하게 보도록 사람들을 돕고, 명백하게 설명하는 것이라고 말하였습니다. 대인 관계적 관점은 다른 사람들과 잘 지내도록 돕습니다. 누구나 그것을 배울 수 있지만, 그것은 건강과 같은 말은 아닙니다. 실존적 접근법의 목표는 실존의 근원적 질서와 조화를 이루도록 사람들을 돕는 것입니다.

존재의 근원적 질서란 무엇입니까? 그것을 더 잘 이해하기 위하여, 우리는 근원적 질서와 조화를 이루는 데 몇 가지 장애가 있다는 것을 알아야 합니다. 그것들 중의 하나가 조작주의입니다. 조작주의란 무엇입니까? 그것은 존재하는 것이 무엇인가를 발견하기도 전에 그것을 어떻게 할 것인가에 관심을 갖는 것입니다. 언제나 어떻게 할까에 관심을 갖는 도착된 어떤 마음이 존재합니다. 이것은 참으로 존재하는 것은 무엇인가에 관심을 집중하지 못하도록 방해합니다. '어떻게 하는가(how to)'에 대한 관심을 이차적인 장소로 옮겨놓을 필요가 있습니다. 그러면 존재하는 것은 무엇인가에 대하여 보다 더 충분하게 자각할 수 있을 것입니다.

존재의 근원적 질서의 본질은 무엇입니까? 그것은 완전한 조화, 평화, 확신, 감사, 기쁨, 사랑, 자유입니다. 실존의 근원적 질서는 영성입니다. 그리고 인간은 영적 존재입니다. 영적 가치는 본래적인 건강을 증진시킵니다. 우리가 영적 가치에 더욱 깊이 침잠해 들어갈수록, 우리는 더욱 더 건강해집니다. 그러나 경계해야 할 것이 하나 있습니다. 우리는 영적 가치와 종교적 가치를 혼동하지 말아야 합니다. 성서는 종교 서적인 기록이 아니라 인간 의식의 진화에 대한 기록입니다. 어떤 사람들은 종교적 가치와 영적 가치는 하나이고 같은 것이라고 생각하는 경향이 있습니다. 종교적 실천은 종종 하나님에게 영향을 끼치기 위하여 집단으로 공식적인 노력을 하는 것입니다. 그러나 영적 가치는 하나님에게 유용한 인간이 되게 하는 것입니다. 그것은 우리로 하여금 하나님에 의하여 영향을 받게 할 수 있습니다. 만일 우리가 하나님에게 영향을 끼칠 수 있다면, 우리는 하나님보다 더 위대할 것입니다. 더 나아가 대부분의 종교는 인간이 아담의 종족에 속해 있고, 무능한 하나님의 잘못된 피조물이라는 가정에 기초하고 있습니다. 하나님은 아담의 인류를 창조하였으나 아담은 본래 죄 많고 불순종하는 사람입니다. 그러나 하나님은 인간을 완전하고 선하게 창조하셨습니다. 이 완전한 사람은 예수 그리스도로 묘사되었습니다. "아담 안에서 모든 사람이 죽은 것같이 그리스도 안에서 모든 사람이 삶을 얻으리라."(고린도전서 15:22) 예수께서는 참된 인간의 이상(the true idea), 곧 인간의 영적 모델을 보여 주고 있습니다.

만일 우리가 창세기에서 두 종류의 창조기사가 있다는 것을 숙고한다면, 다음과 같은 질문을 하게 될 것입니다. 이렇게 분명하게 반대되는 기록을 한 의미는 무엇일까? 그리고 그 질문은 우리로 하여금 다음과 같은 깨달음에 이르게 할 것입니다. 즉, 첫 번째 설명은 무엇이 실재인가(그리스도 모습)를 기록한 것이고, 두 번째 설명은 겉으로 보이는 것(아담, 물질적 겉모습, 현상적 인간)을 묘사한 것이라는 사실입니다. 전통적 종교는 현상적 세계를 실재로 받아들여서 물질적 종교가 되었습니다. 따라서 우리는 종교와 영성을 구별해야 합니다. 이것은 동양 종교가 미국에서 유행하고 있는 이유와 전통적 종교에 대하여 갖고 있는 불만을 설명해 줄 수 있을 것입니다. 사람들은 보다 의미 있고 적절한 것을 찾고 있습니다. 그러나 그들은 동양 종교에서도 그것을 찾지 못하고 있습니다. 왜냐하면 동양 종교도 또한 평범화(trivialization)하는 것에 영향을 받기가 쉽기 때문입니다. 인간의 지각은 눈으로 보는 것 이상을 보도록 되어 있지 않습니다. 따라서 삶 속에 있는 모든 것을—종교, 심리치료, 건강 개념—평범화하고 물질화하는 경향이 있습니다. 이 문제에 대하여 더 자세하게 설명하는 것은 너무 멀리 나아가는 일입니다. 지금은 영적 가치에 집중하여, 그 영적 가치를 실존적으로 실현하려고 노력하면, 우리가 건강하게 되고 깨달음에 이르게 될 것이라는 데까지 말하는 것으로 충분합니다.

사례 발표

29세의 남성인 그는 학교 교사이다. 젊고 근육이 잘 발달된 외모를 가진 그는 2년 반 동안의 결혼 생활 후에 아내의 요구로 헤어지게 된 뒤 치료를 받으러 왔다. 그는 매우 성공적인 교사였지만, 사회적 관계에서는 행복을 찾을 수 없었다.

사례 발표에 대한 설명

우리는 깊이 생각하려는 유혹을 경계하여야 합니다. 어떤 정보든 활용하면서, 그 정보 이상을 넘어서지 않고, 그것에 근거해서만 말해야 합니다. 우리는 이 내담자와 다른 사람들과의 관계를 심사숙고하고 이것을 이해함으로써, 마치 그의 성장을 도울 수 있을 것처럼 생각하다가 30분을 낭비하였습니다. 내담자가 가지고 있는 가정의 맥락 속에서 추론하는 함정에 빠져 있었습니다. 내담자는 특정한 삶의 방식을 제시하고 있습니다. 그러나 그것은 실존에 대한 얄팍한 관점입니다. 그러면 뱀을 일직선으로 펴놓기를 시도하거나, 또는 중국 현자가 말한 것처럼, '뱀에게 발 그려 넣기'를 하게 될 것입니다. 우리가 뱀을 아무리 여러 번 일직선으로 펴놓으려 해도 그것은 다시 구부러질 것입니다. 일직선으로 펴지는 뱀과 같은 것은 없습니다. 그리고 좋은 관계가 계속적으로 지속되는 그런 관계도 없습니다. 이 내담자가 관계를 향상시키도록 도울 때, 우리는 인지적으로 그와 유사한 수준에 이르게 됩니다. 그 내담자의 인생관에 깊이가 없다는 것이 문제입니다. 따라서 우리가 이 내담자의 세계-내-존재 양식이 무엇이냐고 질문한다면, 대답 또한 깊이가 없는 생각에서 나올 것입니다. 그의 삶은 실행 가능한 관계 체계를 관리하려는 일련의 노력일 뿐입니다. 이것은 뱀을 일직선으로 펴놓으려는 것과 같이 불가능한 일입니다.

그 사람이 능동적이냐 수동적이냐라는 것에는 아무런 차이가 없습니다. 대부분의 사람은 여하튼 수동-공격적입니다. 아무도 수동적이지만은 않습니다. 다만 일시적으로 냉담한 상태에 있을 뿐입니다. 중요한 것은 그가 삶을 어떻게 지각하는가를 묻는 것입니다. 그리고 이 특별한 남자는 현대의 심리적 사고에 의하여 많은 영향을 받고 있습니다. 그러나 그가 관계를 어떻게 관리하는가에 빠져들지 않게 되면, 그의 좋은 특성과 재능이 전경으로 드러날 것입니다. 그는 본래 타고난 가르치는 재능에 따라 기능할 수 있습니다. 그는 훌륭한 교사일 수 있습니다. 왜냐하면 가르칠 때 그는 대인 관계 안에 있지 않고, 그 상황을 초월해 있기 때문입니다. 그는 가르칠 때, 그의 지성, 사랑, 그리고 능력을 발휘할 수 있습니다. 그리고 이런 특성들이 자유롭게 나타납니다. 여기에서 또다시 알게 되는 것은 우리가 '무엇을' 이해하면, '어떻게'는 자연스럽게 주어진다는 것입니다. 그 남자는 삶을 전체적인 차원에서 보도록 도움을 받을 필요가 있습니다. 삶의 본질은 대인 관계가 아니라, 세계 내의 유익한 현존이 되는 것입니다. 즉, 자신의 생각에 대하여 다른 사람들이 생각하고 있는 선입견으로부터 완전히 벗어나서, 본래 타고난 선하고 유용한 잠재력을 나타내는 것입니다.

지옥에는 다섯 개의 문이 있는데, 그것은 다음과 같습니다. 그것은 감각주의, 감정주의, 지성주의, 물질주의, 그리고 개인주의입니다. 이 남자는 개인주의의 희생자입니다. 개인주의는 우리의 생각에 대하여 다른 사람들이 무엇을 생각하고 있는가에 대하여 생각하는 것입니다. 심리학에서는 그것을 대인 관계라고 말합니다. 내담자들이 정치가가 되는 방법을 배우기 위하여 우리를 찾아오지 않는 한, 우리는 결코 내담자들이 다른 사람들과 관계 맺는 기술을 향상시키도록 돕지는 않을 것입니다. 그것은 치료가 될 수 없습니다. 그것은 정신병리학을 가르치는 것과 같습니다. 치유를 위하여, 우리는 영적 가치에 관심을 가져야 합니다. 우리는 그가 교사로서 기능하는 것과 사회나 결혼 생활을 하는 것 사이에 엄청난 거리를 두고 있음을 이 사람에게 지적함으로 시작하여야 합니다. 그가 정말로 하나님의 지성적 이미지와 형상을 부여받았음을 지적함으로써 시작하여야 합니다. 일단 사랑-지성의 개인적 발현체로서의 참된 잠재력을 그가 가지고 있다는 것을 깨닫기만 한다면, 사회생활은 저절로 회복된다는 것을 그로 하여금 알게 할 수 있습니다. 예수가 "그러므로 하늘에 계신 너희 아버지의 온전하심과 같이 너희도 온전하라." (마태복음 5:48)라고 말씀하셨을 때, 그는 사람들과의 좋은 관계를 말한 것이 아니었습니다. 그가 말씀하였던 것은 하나님에게 부여받은 특성과 재능을 발휘하라. 그리하여 세계에 유익한 현존이 되어라. 그러면 다른 모든 것은 조화를 이루게 된다는 것입니다. 우리가 본래 타고난 영적 특성들을 나타내는 과제에 헌신하게 될 때, 우리의 사회생활은 문제가 없을 것이며, 우리의 결혼은 조화롭게 될 것이고, 우리의 배경은 결코 중요하다고 생각되지 않게 될 것입니다.

결국 내담자는 깨어나서 디스코텍에서 행복을 찾는 것보다, 더 큰 삶의 문제를 지각하게 될 것입니다. 그는 대인 관계에서 행복을 찾을 수 없다는 것을 깨닫게 될 것입니다. 행복이 사회적 상황 속으로 들어와야 합니다. 사회생활과 결혼 생활을 조화롭게 만드는 것은 우리들의 행복입니다. 우리는 사회생활을 통하여 행복을 얻을 수는 없습니다.

질문: 그러면 우리가 사회화될 필요가 없고, 은둔자가 되거나 고독한 사람이 되라는 것입니까?

호라 박사: 여기에서 우리는 이원론적 사고의 오류에 빠지지 않도록 주의해야 합니다. 이원론적 사고란 '하얀색이 아니면 검은색이다.'라고 하는 얄팍한 사고의 또 다른 형태입니다.

관계에 대하여 갖는 건강한 대안은 참여하는 것입니다. 좋은 교사는 자신과의 대인 관계에서가 아니라 배움의 주제에 참여하면서, 학생들을 가르치고, 수업에 관계합니다. 그렇게 하는 사람이 훌륭한 교사입니다. 우리가 가르친다고 하는 것은 공동 관심의 주제에 함께 참여한다는 것입니다. 결혼에서도 아름답고 조화로운 삶에 함께 참여하는 것입니다. 따라서 대인 관계적 관점에서 사고에 대한 대안은 조현병적인 철수가 아닙니다. 그것은 세계 안에 유익한 현존으로서 실존에 참여하는 것입니다. 대인 관계에서는 건강하게 될 가능성이 없습니다. 그것은 본래 조작적이고 수평적입니다. 실재에는 수평적 차원, 그 이상의 무엇이 존재합니다.

Existential Metapsychiatry

연민

(Compassion)

인간은 매우 복잡하고 다면체인 수정과 같을 수 있습니다. 우리가 어떤 면을 보느냐에 따라, 바라보는 특별한 방식에 따라, 사물들은 다른 의미를 가질 것입니다. 지구가 평평하다고 믿었던 때가 있었습니다. 그때는 사물들이 훨씬 단순하게 보였고, 태양은 동쪽에서 떠서 서쪽으로 지고, 수평선 위로 움직이는 것 같았습니다. 지구는 우주의 중심이라고 믿었고, 누구나 분명히 그렇다고 보았습니다. 그것은 매우 단순하고, 만족스럽고 편안한 것이었지만, 결국 이 자명한 진리에 도전했던 사람들이 있었습니다. 이 사람들은 현 상태 유지를 파괴했고 불안과 대변동을 일으켰습니다. 그들은 화형에 처할 위기에 처해 있었습니다. 언제나 누군가가 나타나서 지금까지 당연하게 여겼던 것을 지적합니다. 이성적이고 논리적이고 안전했던 것이 실제로는 진리와는 일치하지 않을 때가 있습니다. 그것은 우리를 혼란스럽게 합니다. 우리는 현 상태를 유지하기 위하여 진리를 죽이고 싶어 합니다. 우리의 사고 습관을 바꾸고, 그리고 진리라고 여겨졌던 것이 진리가 아니라는 사실에 직면하는 것은 골치 아픈 일입니다.

심리치료의 실제에서도 이와 비슷한 도전을 받고, 새로운 통찰과 그리고 인간을 바라보는 새로운 방법에 노출됩니다. 만일 태양이 지구를 돌지 않았고, 지구가 우주의 중심이 아니었다는 것을 깨닫는 것이 세계에 혼란을 준 것이었다면, 우리가 가정했던 것처럼, 인간이 겉으로 보인 모습 그대로가 아니라는 사실을 깨닫는 것은 훨씬 더 혼란스러운 일일 것입니다.

어떤 일련의 관념을 편안하게 느낄 때, 마음의 타성은 발달됩니다. 이 타성은 새로운 것을 듣거나 생각하기를 꺼립니다. 이런 일은 언제나 과학, 철학, 종교, 그리고 심리치료에서도 마찬가지로 일어납니다. 그러나 이 타성은 극복될 수 있습니다. 이때 진리에 대한 절대적인 사랑이 필요합니다. 어떤 사람은 다음과 같이 물을 것입니다. 진리에 대한 무엇이 그렇게 위대하여, 우리가 진리를 그렇게 중요하게 여겨야 할까요? 진리에 대한 위대한 가치는, 과학이든 철학이든, 진리가 우리를 자유롭게 한다는 것입니다. 반면, 어떤 형태의 오류도, 과학이든 종교든, 점진적으로 우리를 구속하고 제한한다는 것입니다.

공포증을 치료하기란 매우 어렵다는 것은 일반적으로 알려져 있습니다. 최근에 그것을 행동치료 방법으로 치료하는 것이 유행이 되었습니다. 사람들은 어떤 것도 이해하도록 도움을 받지 못하고, 아무런 통찰도 없이, 단지 조건화 방법으로 그들의 두려움을 극복하도록 훈련받습니다. 희망이 있다면 그들은 증상이 극복된 후에, 무엇인가를 이해하게 된다는 것입니다. 그러나 진리를 이해함으로써 공포증으로부터 해방되는 방법이 있습니다. 나는 빠르게 치유되었던 한 사례를 말하고 싶습니다. 16세의 어린 소녀가 아주 좋아하는 취미는 말을 타는 일이었는데, 불을 매우 두려워하여 고통받고 있었습니다. 그녀가 치료를 받지 않고 그녀의 어머니가 치료를 받고 있었습니다. 우연히 어머니는 아이가 불을 두려워한다고 말하였습니다. 치료사는 딸과 연관해서 가장 자주 하게 되는 생각은 무엇이냐는 질문을 하였습니다. 그녀는 "나는 언제나 나의 딸을 말과 연관 지어서 보죠. 그것이 그녀가 좋아하는 전부예요. 그녀는 정말 말을 좋아해요."라고 말하였습니다. 치료사는 이어서 다음과 같은 질문을 하였습니다. "그럼, 당신의 아이는 영적 존재가 아닌가요? 그녀는 정말로 하나님의 영적인 자녀가 아닌가요? 당신은 그녀 안에서 지성, 사랑, 은총, 확신, 감사, 그리고 건전함의 특성들을 볼 수 있나요? 딸이 말을 열정적으로 좋아하는 아이라기보다는 영적 특성을 가진 아이라고 생각하는 것이 더 낫지 않을까요?" 그녀는 그렇다고 동의했습니다. 그날 밤, 그들이 저녁을 먹기 위하여 식탁을 차릴 때, 그 아이가 어머니에게 말하였습니다. "어머니, 오늘 밤 내가 촛불을 켜도 되겠어요?" 어머니는 매우 놀랐습니다. 아이는 성냥을 가져와서 조금도 두려워하지 않고 촛불을 켰습니다.

여기에서 무슨 일이 일어났을까요? 말은 불을 두려워한다고 합니다. 어머니가 아이를 영적인 관점에서 보기 시작했을 때, 말을 좋아하는 특성은 그녀의 생각에서 사라지고, 그 자리를 진리가 차지하게 되었습니다. 진리가 드러날 때마다, 진리는 우리를 자유하게 하는 것입니다.

언제나 치유의 근원은 내담자가 자기-정체성에 대하여 갖고 있는 의식적이고 무의식적 개념입니다. 이것이 핵심입니다. "대저 그 마음의 생각이 어떠하면, 그 위인도 그러한즉"(잠언 23:7) 자기-정체성에 대하여 실존적으로 타당한 개념을 갖는 것이 중요합니다. 특히 부모들은 자녀들에 대하여 그들이 어떻게 생각하고 있는가를 매우 신중하게 생각해야 합니다.

나는 대학을 졸업한 젊은 남녀 두 사람을 알고 있습니다. 그 두 사람은 이상한 방법으로 고통을 겪고 있습니다. 그들은 상황을 망쳐 놓고는 그것에 대하여 스스로 조롱을 하는 경향이 있습니다. 그들은 직장에서 해고당하고, 과제를 망쳐 놓았으며, 그리고는 자기를 조롱하는 방식으로 그것에 대하여 말합니다. 또 다른 사람들을 조롱하는 경향도 있습니다. 자, 그러면 문제는 무엇인가요? 그것은 매우 단순합니다. 그들은 성장하면서 자기-정체성에 대하여 비난하는 생각을 받아들였습니다. 아마도 그들은 어린 시절에 중요한 타자들로부터 놀림받고 조롱당했으며, 그들은 그것을 생각 없이 받아들였을 것입니다. 이제 그들은 그러한 자기-개념을 갖고 인생을 살고 있습니다. 이런 사람들을 돕기 위하여, 그들 자신과 다른 사람들에 대하여 그들이 갖고 있는 실존적으로 무가치한 개념으로부터 그들을 해방시켜서, 그들은 하나님의 온전한 영적 자녀들이며, 모두 다 '용납(acceptation)'될 가치가 있다는 것을 깨닫도록 그들을 도울 필요가 있습니다.

사례 발표

그녀는 36세이고, 파트타임 편집보조원으로 일하고 있다. 그녀의 외모는 보기 좋았고, 우호적이며 말을 잘한다. 그녀는 여러 종류의 두려움(폭력, 강도, 강간)을 호소하고, 그리고 사회와 가족생활에 어려움을 겪고 있다. 이런 것들은 그녀의 먼젓번 정신건강의학과 의사가 30세의 나이에 갑자기 죽은 후에 악화되었다.

사례 발표에 대한 설명

우리가 사례를 발표할 때, 사례의 역동에 대한 우리의 생각을 잠시 옆으로 치워 놓는 것이 도움이 됩니다. 우리들에게 보이는 사실 그대로를 순수하게 발표합시다. 그리고 어떻게 이해되는가를 기다려 봅시다. 그렇지 않고 만일 발표자의 해석이 섞이면, 우리는 혼동되어서 내담자의 생각은 어디가 끝이고 치료사의 생각은 어디가 시작인가를 알지 못하게 됩니다.

여기에서 우리가 얻은 것은 불안한 젊은 여자가 많은 두려움에 시달리고, 그녀의 어머니가 그녀에게 도움이 되지 않는다는 것입니다.

여기에서 역전이에 대한 말을 조금 하는 것이 바람직할 것입니다. 역전이는 유용하게 쓰이지 않으면 보통은 치료에 부담이 큽니다. 어떻게 그것을 치료에서 유용하게 사용할 수 있을까요? 우리의 반응에 대한 의미를 이해할 때, 내담자의 세계-내-존재 양식을 갑자기 이해하게 될 것입니다. 내담자의 세계-내-존재 양식이 우리 안에서 일으키는 유혹을 충분히 자각하도록 우리 자신을 허용하는 것이 좋습니다. 이 특별한 내담자가 우리 안에 일으키는 감정, 정서, 그리고 반응을 어떻게 설명할 수 있을까요? 우리가 적대적일 때 실제로는 적대적이 아니고, 위협받는 느낌이 듭니다. 내담자가 적대적으로 보일 때 실제로는 적대적이 아니고, 단지 그는 두려워하고 있는 것입니다. 만일 우리가 그를 적대적으로 본다면, 우리는 그를 비난하는 것이고, 그를 도울 수 없을 것입니다. 우리가 어쨌든 그를 비난한다면, 어느 누구도 절대적으로 도울 수 없습니다. 그렇기 때문에 내담자를 판단이라는 관점에서 생각하지 않는 것이 매우 큰 도움이 됩니다. 우리의 목표는 이해하는 것입니다. 우리는 내담자의 세계-내-존재 양식을 이해하기를 원합니다. 우리는 내담자가 세계를 어떻게 지각하는가를 이해하기를 원합니다.

이 내담자는 세계 내에서 자신을 어떻게 지각하나요? 삶에 대하여 잘못 지각하게 된 사고 과정은 무엇인가요? 내담자의 인생관을 이해하는 것에 우리의 목표를 둘 때, 우리는 판단하도록 우리를 유혹하는 피상적 외모로 인하여 잘못 인도되지 않을 것입니다. 우리가 내담자를 판단하는 순간, 내담자는 우리가 관심을 갖는 만큼 더 멀어질 것입니다. 가장 치료적인 도구는 연민입니다. 만일 내담자에게 연민을 가질 수 없다면, 우리는 내담자를 도울 자격이 없습니다. 그것은 우리가 무자격자라는 뜻이 아닙니다. 어떤 사람이 우리들을 너무 자극하여 혼란스럽게 하는 상황 속에 들어가게 되면, 우리는 그 사람에게 연민을 가질 수 없게 될 것입니다. 그러나 이것은 일시적입니다. 우리는 언제나 기도와 명상 속으로 들어감으로써, 우리 자신을 치유할 수 있습니다. 우리는 내담자에 대하여 바른 생각을 발달시킬 수 있도록 슈퍼바이저에게 도움을 요청할 수 있습니다. 그리고 다음 회기가 돌아올 때쯤 우리는 이미 역전이 반응에서 치유받은 상태가 될 것입니다. 모든 내담자는 분명하게 자각된 연민을 갖고 만나는 것이 무엇보다도 중요합니다. 왜냐하면 그것은 새로운 자기-개념을 세울 수 있는 근거가 되기 때문입니다. 내담자가 우리에게 요구하는 것은 그의 병리가 아니라 영적 특성에 근거한 자기-정체성에 대한 새로운 개념입니다. 내담자들은 병리를 갖고 우리에게 오지만, 우리는 연민을 갖고 그들을 만나서 그들이 영적으로 완전하다고 하는 것을 알게 해 줍니다. 치유에 도움을 주는 것은 이렇게 교정된 정서 경험입니다. 그러나 그것은 단지 교정된 정서 경험 그 이상이며, 우리는 내담자들로 하여금 자신들에 대한 진리를 깨닫도록 내담자들을 돕습니다.

만일 내담자의 영적 특성들을 솔직하게, 그리고 모든 병리적 요소가 있음에도 불구하고 식별할 수 있다면, 쓰레기 더미 속에서 진주 목걸이를 꺼내는 것과 같을 것입니다. 쓰레기는 사라지고 우리가 가진 것은 아름다움, 선, 그리고 진리입니다. 모든 사람은 본질적으로 완전한 영적 존재입니다. 이것을 의식화하는 것이 우리가 해야 할 일입니다.

우리는 내담자들이 어떤 것이라도 믿거나 어떤 것이라도 받아들일 것을 요청하지 않습니다. 치료 상황에서 일어나는 일은 두 가지 개념에 직면하는 것입니다. 그 두 개념은 내담자가 자기 자신에 대하여 어떤 개념을 갖고 있는가, 그리고 치료사가 내담자에 대하여 어떤 개념을 갖고 있는가 하는 것입니다. 만일 내담자에 대한 치료사의 개념이 순수하게 사랑하는 것이라면, 만일 내담자가 자신에게서 선한 모습을 분명하게 볼 수 있다면, 내담자는 그것을 지각할 것입니다. 치료에서 문제가 되는 것은 내담자의 과거를 되돌려 놓아서, 그를 설득하거나 어떤 것이라도 믿거나 받아들이게 하는 것이 아닙니다. 그것은 내담자가 진리를 보기 시작하는 순간까지 진리에 대하여 증거하는 것입니다. "내가 소경으로 있다가 지금 보는 그것이니이다."(요한복음 9:25)

우리는 기도와 명상을 통하여 우리 자신을 돌아보아야 합니다. 그리고 계속해서 우리의 영적 완전에 관한 이해를 증진시켜 가야 합니다. 그렇지 않으면 우리는 "소경이 되어 소경을 인도하는 자"(마태복음 15:14)가 되는 것입니다.

한 가지를 분명하게 합시다. 즉, 명백하게 요청하지 않으면, 우리에게는 어느 누구의 눈도 열어 줄 권리가 전혀 없습니다. 그러나 우리 자신의 눈에 들보가 없는 만큼, 우리는 어떤 상황에서도 자연스럽게 유익한 현존이 될 것입니다. 만일 '행위의 길은 곧 존재의 길이다.'라는 중국 속담을 이해한다면, 우리는 사람들에게, 심지어는 우리의 내담자들에게도 영향을 끼치려 하지 않을 것입니다. 물론 우리는 영향력을 가지게 될 것입니다. 그러나 영향을 끼친다는 것은 침해하는 것입니다. 그것은 사실상 죄입니다. 그러나 영향력을 가진다는 것은 하나님이 우리에게 요구하는 것입니다. 우리의 목표는 사람들에게 영향을 끼치려는 것이 아니라, 우리 현존의 특성을 통하여 영향이 되는 것입니다. 그것이 우리가 알고 있는 진리입니다. 그 진리가 우리의 존재의 특성을 결정합니다. 그리고 우리가 알고 있는 그 진리는 의식 속에 존재하며, 그곳에서 활동하고, 그리고 우리의 존재의 특색을 결정합니다. 이것은 치료적 상황이든, 사회적 상황이든, 우리와 함께 있는 모든 사람에게 분명하게 그리고 암묵적으로 전달됩니다.

이제 우리는, '나는 골치 아픈 사람이고, 자칫하면 당신은 나를 책임져야 한다. 그러므로 당신은 조심해야 한다. 왜냐하면 당신이 멍청해서 나로부터 멀리 떨어져 있지 않으면, 나는 문제를 일으켜서 당신에게 망신을 주게 될 것이기 때문이다.'라고 선언하는 자기-확증 개념의 특성을 가진 이 내담자의 세계-내-존재 양식을 이해하게 되었습니다. 달리 말해서 내담자는 자신에게 파괴적일 뿐 아니라, 사람들에게 그릇된 책임감을 불러일으킴으로써 다른 사람들을 위협하는 세계-내-존재 양식을 투사합니다.

그릇된 책임감이란 무엇인가요? 내담자는 '당신은 나 대신 무엇인가를 해야 해. 그러나 당신은 그것을 수행할 능력이 없어.'라는 것을 암시합니다. 그러한 내담자는 치료사를 미치게 만들 수 있습니다. 이 내담자는 이중구속을 하는 것입니다. 이중구속이란 '만일 당신이 나를 도와주어도 쓸모없고, 만일 나를 돕지 않아도 쓸모없는 짓이야.'라고 말하는 것입니다. 그러한 내담자는, 직장에서든 사회적 모임에서든, 자신을 행동하는 사람(doers)이라고 생각하는 사람들에게 불안만을 일으킬 수 있을 뿐입니다. 그러나 만일 우리가 행동하는 사람이 아니라, 빛의 발현(manifestation of light)라면, 우리는 전전긍긍하지도, 좌절하지도, 화가 날 수도 없습니다. 이러한 것들 중 어떤 것도 우리에게 영향을 끼치지 않습니다. 역전이 반응을 일으키지도 않고 비합리적인 말을 하지도 않습니다. 따라서 그러한 내담자들을 상담하면서 우리는 계속해서 우리의 연민을 향상시키기 위하여 노력하고, 그리고 기도하면서 뚜렷한 영적 특성들을 식별해 낼 것입니다. 예를 들어, 이 내담자에게서는 지성적인 특성이 눈에 띕니다. 그녀는 직장에서 의학적 이론을 잘 알고 있습니다.

또한 이 내담자에게는 가능성도 능력도 있습니다. 내담자는 자신이 하나님의 완전한 영적 자녀이고, 다른 모든 것은 중요하지 않다는 것을 발견하고 있습니다. 우리는 다른 사람들이 생각하는 대로 사는 사람이 아니고, 실제로 하나님의 생각대로 살아가는 사람입니다. 성서는 말합니다. "나 여호와가 말하노라. 너희를 향한 나의 생각은 내가 아나니 재앙이 아니라 곧 평안이요 너희 장래에 소망을 주려 하는 생각이라."(예레미야 29:11) 우리가 기대하는 장래 소망이란 무엇인가요? 그것은 치유와 자유, restitudio ad integrum입니다. 그것은 우리가 찾고 있었던 것입니다. 그리고 그것이 우리가 끝없이 추구해 왔던 바로 그 존재가 되는 길입니다.

우리는 연민이나 사랑을 말하는 경우, 사랑을 약한 것으로 오해하기 쉽습니다. 연민과 사랑에는 약하거나 무기력한 것 같은 것은 없습니다. 우리는 매우 견고할 수 있고 사랑 안에서 큰 힘을 발견할 수 있습니다. 사랑은 부드럽기만 한 것이 아닙니다. 그것은 부드럽지만 빛의 능력을 가지고 있습니다. 빛이 어떻게 어두움을 물리치나요? 부드럽지만 매우 효과적으로. 그리고 그것이 사랑, 연민, 이해, 수용성이 하는 일입니다. 빛의 능력은, 어떤 형태의 어두움이라도, 그 어두움을 정복합니다.

신뢰와 불신
(Believing and Disbelieving)

질문: 상호작용이란 무엇입니까? 비언어적 상호작용이란 무엇입니까?

호라 박사: 정신분석에서는 우리가 자기 생각을 행동으로 옮기지 않는 한 무슨 생각을 해도 상관이 없다는 원리가 있습니다. 이것은 실제로 타당합니까? 예를 들어, 이 원칙에 따르면, 음란한 생각도 문제가 되지 않을 것입니다. 예수께서는 생각의 중요성을 매우 강조하였습니다. 만일 어떤 사람이 음란한 생각을 하기만 해도 그는 이미 음란한 행동을 한 것이라고 말하였습니다. 이것은 정신분석적 개념과 반대되는 원리입니다. 만일 우리가 정욕, 화, 증오, 편견, 악, 또는 사랑이 부재한 생각을 허용한다면, 이것을 어떻게 판단할 것입니까? 예수께서는 종종 "염려하지 말라……." 라고 말씀하였습니다. 그의 원리는 바른 사고(正思, right thinking)였습니다. 그가 강조한 삶의 방식은 모든 것은 생각으로 시작한다는 것입니다. 생각이 없으면 행동도 없으며, 마음속에서 생각하지 않고는 말로도 표현되지 않는다는 것입니다.

사고(思考)는 의식적일 수도 있고, 무의식적일 수도 있습니다. 그러나 실제로는 그것은 문제가 되지 않습니다. 문제는 그 생각이 사랑으로 하는 생각인가 아니면 사랑이 부재한 생각인가 하는 것입니다. 정신 의학에서는 생각을 너무 중요하게 보는 것에 대하여 두려움을 갖습니다. 왜냐하면 이것이 마술적 사고로 인도할 수 있다는 믿음, 즉 생각에 마술적 힘을 부여하여 그 사람이 그 생각으로 인하여 정신병자가 될 수 있거나 또는 강박적으로 사고하는 사람이 될 수 있다고 믿기 때문입니다.

그리하여 정신 의학에서는 두 가지가 동시에 진행되고 있습니다. 하나는 사고의 중요성을 강조하지 않는 것이고, 다른 하나는 그것을 지나치게 강조하는 것입니다. 정신 의학자들은 사고의 중요성을 강조하지 않고, 내담자들은 너무 지나치게 강조하는 경향이 있다고 말할 수 있습니다. 예수께서는 지성적 삶의 관점에서 볼 때, 바른 입장을 갖고 있었습니다. 예수께서는 사랑 이외에 다른 능력은 없으며, 사랑만이 유일한 능력이라고 말씀하셨습니다. 따라서 만일 당신이 건강하기를 원한다면, 그리고 세계 내에서 유익한 현존이 되기를 원한다면, 당신의 생각이 사랑으로 넘쳐나도록 당신의 생각을 훈련하는 것을 배워야 합니다. 그러나 어쩌다 사랑은 없이 더러운 생각이 넘쳐나는 상황 속으로 빠져들게 되면, 우리는 빨리 사랑이 없는 그 더러운 생각을 거부하고, 그것을 사랑이 넘치는 아름다운 생각으로 바꿀 수 있습니다. 그렇게 하여야 악한 영향을 받지 않게 될 것입니다. 그러나 그렇게 하지 않는다면, 그렇게 훈련받은 정신적 삶을 살지 않는다면, 우리는 우리 자신이 갖고 있는 그 사랑이 부재한 더러운 생각의 희생자가 될 수 있습니다.

예수께서는 매우 적절한 말씀을 하셨습니다. "사람의 원수가 자기 집안 식구니라."(마태복음 10:36) 우리가 방금 전에 말했던 것에 비추어 볼 경우, 예수가 하신 말씀은 무엇을 의미합니까? 사랑이 부재한 생각은 우리의 가까운 주변에서 가장 많이 볼 수 있을 것입니다. 우리와 가장 가까운 사람들은 사랑이 부재한 생각을 가장 잘 알고 있으며, 가장 많이 영향을 받고 있습니다. 때때로 우리는 자신의 가정보다는 바깥 세계 속에서 훨씬 더 잘 기능할 수 있습니다. 때로는 자신의 가족보다도 낯선 사람들에게 더 친절할 수 있습니다. 그러나 우리 모두는 마음을 잘 훈련하여, 사랑이 부재한 생각을 거절하고 계속하여 어떤 상황에서도 사랑의 관점을 유지하도록 노력하여야 합니다. 그것이 우리가 세계 내에서 유익한 현존이 되는 방법입니다.

우리는 분명히 병리적 오류에 빠지는 것을 원하지 않습니다. 병리적 오류에 빠지면, 우리의 생각이 유익한 것이든, 또는 그 생각이 악한 것이든, 우리 자신이 갖고 있는 생각의 힘을 과대평가하게 됩니다. 생각의 중요성을 너무 지나치게 강조하는 것과 전혀 강조하지 않는 것을 어떻게 조화시켜야 할까요? 그것이 딜레마입니다. 어떤 사람이 직접적으로 또는 은밀하게 우리를 저주하면서 소름 끼치는 일을 말하고 있다고 가정해 봅시다. 어떤 일이 일어날 수 있습니까? 우리는 그것을 거절할 수 있습니다. 그러나 어느 정도는 영향을 받을 것입니다. 저주는 태곳적부터 유행되어 왔습니다. 악한 생각은 어떤 능력을 가지고 있습니까? 오직 그것을 믿는 사람에게만 악한 생각은 힘을 가지고 있습니다. 문제는 저주 그 자체에 있는 것이 아니라 저주의 능력을 믿는 믿음과 악을 두려워하는 그 믿음에 있는 것입니다.

우리는 언어적이거나 비언어적인 상호작용과 의사소통이 태도, 제스처, 행동을 통하여 이루어진다고 생각하곤 합니다. 그러나 그 이상의 무엇이 있습니다. 아무튼 사건은 겉으로만 평가해서는 안 됩니다. 그것은 순수하게 의식 속에서 일어날 수 있고, 우리 자신에게, 사랑하는 사람에게, 또는 도움을 찾는 사람에게 유익한 영향을 끼칠 수 있음도 고려하는 것이 도움이 됩니다. 나는 자신이 갖고 있는 출혈성 위궤양에 대하여 나에게 편지를 썼던 사람을 기억하고 있습니다. 이틀 후에 나는 또 하나의 편지를 받았는데 거기에는, '내가 당신에게 편지를 보낸 순간, 출혈이 멈추었고 궤양이 치유되었습니다.' 라고 쓰여 있었습니다. 내가 그의 첫 번째 편지를 받기 바로 전에 그의 위궤양은 치유되었습니다. 편지를 쓰는 동안 그의 의식에서 무엇인가가 발생한 것입니다. 그것은 의식에서 일어난 하나의 사건이었습니다. 이것이 의식의 신비입니다. 정신분석에서는 아마도 이것을 전이 치유라고 할 것입니다. 만일 그것이 전이 치유였다면, 그것은 지속되지 않을 것입니다. 전이가 사라지거나 변하는 순간 그 병은 재발될 것입니다. 전이는 쉽게 변할 수 있습니다. 정신분석에서는 전이 치유를 진지하게 받아들이지 않고, 전이 치유는 일시적이라고 믿습니다. 이 사례에서는 치유가 지속되었습니다. 따라서 단지 전이 이상의 무엇인가가 일어났음이 틀림없습니다. 여기에서는 의식 속에서 유익한 변화가 지속되도록 했던 다른 어떤 요인이 있었을 것입니다. 그것이 무엇일 수 있을까요? 분명히 고려해야 할 세 번째 부분이 있습니다. 전이 관계에서는, 그것이 유익하든 해롭든, 자기와 타자, 내담자와 치료사만 있습니다. 당신은 우리가 그것을 수평적 양식, 곧 얄팍한 사고를 나타내는 것이라고 말했던 것을 기억할 것입니다. 그러나 실재의 삶 속에서는 그 이상의 것이 있습니다. 영의 차원, 초월자, 하나님(God)이라 불리는 제삼의 영역이 있습니다. 그 제삼의 영역은 현존합니다.

대인 관계 치료가 아닌 초개인적 치료에서 바람직한 의식의 변화가 생길 때 어떤 일이 발생합니까? 이 바람직한 변화는 사고의 전이적 변화가 아닙니다. 그것은 의식 속으로 들어와서 두려움과, 사랑의 부재, 그리고 병리적인 사고를 중화시키는 거룩한 사랑(divine love)의 능력입니다. 거룩한 사랑이나 영적 사랑을 대인 관계적 공감이나 긍정적 전이 사고와 어떻게 구별하나요? 선이 원과 다른 것과 같이, 마찬가지로 그것들도 서로 다릅니다. 선과 원은 어떻게 다른가요? 차원이 다른 것입니다. 그것처럼 의식 속에서 일어나는 그러한 사건의 결과는 질적으로 다른 것입니다.

단지 시각적으로만 전달되는 제스처, 태도, 행동을 통한 대인 관계 의사소통보다는 의식의 특성이라는 관점에서 생각하는 것을 배우는 것이 도움이 됩니다. 삶은 표면적으로 보이는 것보다 훨씬 더 심원합니다. 치료의 전체 과정은 표면적인 대인 관계 상호작용으로부터 의식의 차원 문제로 옮겨 갈 수 있습니다. 인간은 우주적 의식이 개별화된 하나의 발현입니다. 그러므로 그 사람의 건강 상태를 결정하는 것은 의식의 질입니다. 우리가 사람들의 삶을 향상시키도록 돕는 일을 할 때마다, 그들의 행동이나 활동보다는 또는 그들의 대인 관계보다는 그들의 의식에 관심을 갖는 것이 가장 좋은 길입니다.

이상적으로는, 우리가 실존주의 심리치료를 잘 향상시킨다면, 전이가 발생되는 경우는 없을 것입니다. 이것이 가능할 수 있을까요? 전이를 발생시키지 않은 채 심리치료 과정에 집중할 수 있을까요? 우리가 전이를 발생시키지 않고 심리치료를 수행할 수 있다면, 모든 에너지는 우리 자신만의 것이 아닌 다른 가치 체계로 흘러갈 것입니다. 왜냐하면 그것은 초월적 가치 체계이기 때문입니다. 그러므로 내담자는 우리 자신보다도 더 큰 무엇을 지향하게 됩니다. 그러면 치료는 선이 아닌 원의 특징을 갖게 됩니다. 거기에 전이는 없고, 단지 어두운 사고 영역을 밝혀 가는 지속적인 과정만 있을 뿐입니다. 그러한 치료는 해석학적입니다.

질문: 악은 힘을 갖고 있지 않습니까? 우리는 그것을 고려해야 하지 않습니까? 예수도 사탄을 믿지 않았습니까?

호라 박사: 악을 믿는 그 믿음(belief)이 문제입니다. 사랑은 빛과 같고 악은 어두움과 같습니다. 빛은 어두움을 소멸합니다. 그러나 인류에게 존재하는 큰 비극들 중의 하나는 악의 세력을 믿는 그 믿음입니다. 예를 들어, 우리가 사고를 당하기 쉽다고 믿으면, 사고를 당하기 쉽게 됩니다. 그러나 사랑으로 의식을 가득 채우면, 그것이 우리를 도와서 악의 세력을 믿는 믿음을 몰아냅니다. 악의 본성은 본질적으로 최면입니다. 사람들이 위험을 믿으면 믿을수록, 그것은 더 현실로 나타날 것이고 더 많은 힘을 가진 것같이 보일 것입니다. 최면술사들은 집단 속에 있는 사람을 최면에 걸리게 하는 것이 더 쉽다는 것을 알고 있습니다. 최면술사의 능력은 특별한 능력이 아닙니다. 최면술사는 능력을 갖고 있지 않습니다. 최면 현상은 그 주제에 대한 믿음으로부터 나타납니다. 믿음은 전염성이 있습니다. 더 많은 사람이 믿음에 참여할수록, 믿음은 더 강해 보입니다. 이것은 대중적 히스테리, 집단 공황, 폭력, 유행, 강탈, 포르노, 그리고 나타났다 사라지곤 하는 다양한 모든 사건을 설명해줍니다. 우리 사회와 같은 자유로운 사회는 때때로 나라를 휩쓸고 지나가는 수많

은 일시적인 유행에 노출되어 있습니다.

태곳적부터 악은 힘을 갖고 있다고 주장합니다. 그러나 오늘날 우리는 능력이 악에 있는 것이 아니고, 악의 능력은 악을 믿는 경향성에 있음을 알고 있습니다. 이 경향성을 인지하게 될 때, 악의 돛으로부터 바람은 제거되며, 악은 붕괴되고, 그 힘을 잃게 됩니다.

질문: 인간이 악을 믿는 경향성을 어떻게 설명할 수 있습니까? 악의 희생자인 어린 아이들은 어떻습니까? 그들도 악을 믿습니까?

호라 박사: 아이들은 부모 의식의 연장입니다. 부모들이 의식적으로 또는 무의식적으로 무엇을 믿든지, 어린아이들도 마찬가지로 믿습니다. 우리는 집단 신념과 같은 것들이 있음을 알고 있습니다. 유행은 집단 신념의 한 현상입니다. 때때로 집단 신념에 휩쓸리지 않기란 쉽지 않습니다. 인간에게 그러한 기질이 있다는 것을 어떻게 설명할 수 있을까요? 인간은 실제로 존재하는 것을 인지할 수 없는 무능력으로부터 유래된 매우 많은 기질을 갖고 있습니다. "육에 속한 사람은 하나님의 성령의 일을 받지 아니하나니 저희에게는 미련하게 보임이요 또 깨닫지도 못하나니 이런 일은 영적으로라야 분변함이니라."(고린도전서 2:14)

질문: 우리가 만일 악을 믿지 않는다면 아무 일도 일어날 수 없다는 말씀입니까?

호라 박사: 믿는 것이나 믿지 않는 것은 같은 것입니다. 또다시 이원론적 함정에 빠지지 말도록 하십시오. 악을 믿는 믿음의 대안은 악을 믿지 않는 것이 아닙니다.

질문: 만일 믿음과 불신이 같은 것이라면, 달리 무엇이 있다는 것입니까?

호라 박사: 매우 단순한 것을 말해 보도록 합시다. 2 더하기 2는 5라고 믿는

어떤 사람을 가정합시다. 산수에 관한 한 그는 문제가 있습니다. 그러나 그 사람이 2 더하기 2는 5를 믿지 않았다고 가정하십시다. 그것이 그에게 도움이 되겠습니까? 불신은 믿음의 문제를 해결하는 것이 아닙니다. 해결책은 무엇입니까? 해결책은 언제나 진리를 아는 데 있습니다. '너희가 진리를 알면 그 진리가 너희를 자유케 하리라.' 이원론, 즉 믿음과 불신의 속박으로부터 자유로워야 합니다.

우리들에게 발생하는 악의 가능성들을 최소화할 수 있도록 세계-내-존재 양식을 증진시키는 방법이 있나요? 우리가 바른 사고를 배우고, 바른 질문을 할 때, 이해한다는 소망이 있고, 보다 조화로운 세계-내-존재 양식으로 성장할 소망이 있을 것입니다.

실수를 저지를 경향성이 있는 것들은 다음과 같습니다.

- 이원론적 사고
- 인과율적 사고
- 비난하기
- 수평적 사고
- 얄팍한 사고
- 편협한 사고
- 계산적 사고

이것들 중 어떤 것도 도움이 안 됩니다. 우리가 의미에 관하여 물을 때, 그것은 무엇을 뜻하나요? 우리에게 불쾌한 일이 일어난다고 가정해 봅시다. 예를 들어, 한 남자가 넘어져서 다리가 부러졌다고 가정합시다. 그리고 그 남자가 그것을 이해하도록 도울 수 있는 누군가가 있다고 가정합시다. 그 사고를 당하기 바로 전에 그의 마음을 스쳐 간 생각을 돌아보는 것은 도움이 될 것입니다. 언제나 우리는 그 사람이 두렵고, 화가 나 있거나 질투하고 있었다는 것을, 그리고 그의 의식에서 사랑을 생각하는 일이 없었다는 것을 발견할 것입니다. 그러면 그 사람이 자신을 비난해야 한다고 말할 것입니까? 그것은 공정하지 않을 것이고, 그 사람에게 그렇게 말하는 것은 가장 불친절하고 사랑이 부재한 일이 될 것입니다. 그렇다면 우리는 무엇을 말할 수 있습니까? 생각은 일반적으로 외부에 경험으로 드러나는 경향이 있습니다.

우리는 자신의 생각대로 움직이지 않습니다. 누가 우리의 생각을 움직입니까? 생각이 움직입니다(Thoughts obtain). 그것은 흥미로운 말입니다. 생각은 의식 안에서 움직입니다. 만일 우리가 어느 한 방향을 보고 있다면, 우리는 다른 방향을 보고 있을 때와는 다른 생각을 하게 됩니다. 달리 말하면, 자극이 우리를 깨닫게 하여, 우리가 소유할 수도 있고 상실할 수도 있는 어떤 생각을 만들어 내는 것입니다. 우리가 생각을 수용하여 의지로까지 확대시킨 생각은 그 생각 자체를 행동, 활동, 증상, 또는 경험으로 외면화시키는 경향성이 있습니다. 중국의 한 현자는 "우리는 새가 우리 머리 위를 날지 못하게 할 수는 없지만, 그 새가 우리 머릿속에 둥지를 틀게 해서는 안 된다."라고 말하였습니다. 모든 생각은 계속해서 의식 안에서 움직이지만, 그것들을 즐길 것인가 거절할 것인가를 선택할 힘을 우리는 갖고 있습니다.

질문: 생각을 거절하는 것과 억압하는 것의 차이는 무엇입니까?

호라 박사: 만일 생각을 억압한다면, 생각을 수용하기는 하지만, 그 생각을 벽장 속에 가두게 될 것입니다. 의식 안에 있는 것은 무엇이든지 행동, 활동, 말, 증상이나 경험으로 외면화하는 경향이 있습니다. 따라서 우리는 새로운 생각에 매우 주의하는 것이 당연합니다. 우리가 즐겨야 할 그 생각들을 아주 잘 선별하여 받아들여야 합니다.

의식 속에서 즐기는 분은 진리 그 자체이십니다. 그분은 치유자(healer)이지 치료사(therapist)가 아닙니다. 진리를 어렴풋이 안다는 것은 내담자가 더 건강하게 되도록 그리고 내담자의 선입견에 있는 어떤 문제라도 해결하도록 도움을 줍니다. 우리는 단지 진리를 보다 분명하게 하기 위하여 문제를 명료화할 뿐입니다. 예를 들어, 한 남자가 부담스럽고, 자기-연민이나 화나는 생각을 즐기기로 했다면, 아마도 그에게는 희생자가 되려는 환상이 있을 것입니다. 그 사람은 이러한 생각이 위험하다는 것을 깨달아야 합니다. 그는 맑은 정신으로 경계해야 하며, 그러한 생각을 실존적으로 타당한 것, 즉 용서, 사랑, 친절, 관용, 소망, 기도와 같은 것으로 대체시킬 필요가 있습니다. 우리는 분노, 증오 혹은 자기-연민과 같은 생각이 우리 자신에게 머무르지 않도록 해야 합니다. 기도가 그렇게 중요한 이유도 그 때문입니다. 기도는 실존적으로 타당한 개념에 따라 살 수 있게 하는 하나의 방법입니다. 우리의 의식이 사랑으로 가득 찰 때 우리는 가장 안전합니다.

질문: 사랑이 유일한 능력이라는 것을 어떻게 압니까?

호라 박사: 우리는 영적이고 초개인적 사랑이 유일한 능력이라는 것을 자세히 설명해야 합니다. 하나님은 사랑이고, 그분 외에 다른 어떤 능력은 존재하지 않습니다. 비개인적 또는 초개인적 사랑이란 무슨 의미입니까? 그것은 사랑 그 자체를 나누는 사랑입니다. 우리는 개인적으로 사랑을 나누는 것이 아니라, 이 사랑의 도구가 되는 것입니다. 우리는 사랑을 생산하지 못하고, 사랑으로 하여금 우리를 통하여 사랑 자체가 나타나도록 합니다. 그것은 어떻게 하는 것입니까? 그것이 행동으로 드리는 기도(prayer in action)입니다. 어떻게 하면 이런 일이 일어날 수 있습니까? 그것을 즐김으로써 가능합니다(By being interested in it). 우리는 이렇게 말할 수 있습니다. '깨달음에 이르는 것은 쉽지만, 그러나 그것을 즐기는 것은 무척 어렵습니다.' 'interest(관심 또는 흥미)'라는 단어는 inter-esse라는 두 낱말로 이루어져 있습니다. 그것은 사이에 존재하다(to be between), 즉 얽혀 있다, 빠져 있다(to be involved)라는 뜻입니다. 무엇인가에 관심 또는 흥미를 갖는다는 것은 정신적으로 그것에 얽혀 있다 또는 빠져 있다는 뜻입니다.

사랑-지성
(Love-Intelligence)

질문: 당신은 의미를 어떻게 식별하십니까?

호라 박사: 우리는 의미를 현상이라는 말과 정신적 동의어라고 정의하였습니다. 우리가 내담자와 함께 앉아 있을 때, 내담자는 우리들에게 어떤 문제를 말합니다. 만일 우리가 물어야 할 바른 질문을 알고 있다면 의미는 그 자체를 우리에게 드러낼 것입니다. 우리에게 그 자체를 드러내는(revealing) 바로 그 점이 강조되어야 합니다. 때때로 삶을 조작적으로, 그리고 계산적으로 생각하며, 이해하는 방식에서 아직 자유롭지 못한 경험이 부족한 치료사들은 그것을 설명하려고 노력하는 경향이 있습니다. 의미는 설명될 수 없습니다. 현상의 의미는 그 자체를 우리에게 드러냅니다. 만일 우리가 탁구공을 물속에 넣고 그냥 놓아 버린다면, 그것은 갑자기 표면으로 튀어 오를 것입니다. 의미도 그것과 유사합니다. 만일 우리가 의미를 설명하지 않고 내버려(let go of) 둔다면, 그것은 자연적으로 우리에게 그 자체를 드러낼 것입니다.

질문: 당신은 이러한 문제를 어떻게 치료하십니까?

호라 박사: 앞에서도 말했듯이, 치료사도 내담자도 그것을 할 수 없습니다. 사랑-지성(love-intelligence)이 치료하는 것입니다. 사랑-지성이라고 일컫는 이 인격은 누구입니까? 그 사랑-지성이 실제로 치료한다는 것을 우리는 어떻게 확신할 수 있습니까? 상담이 진행되는 과정 속에서 치료사와 내담자 사이에 좋은 관계가 이루어져야 한다는 것은 전통적 심리치료가 갖고 있는 자명한 하나의 원칙입니다. 그러나 그것은 사랑-지성이 갖고 있는 능력의 어렴풋한 그림자에 불과할 뿐입니다. 그 사랑-지성은 현존하면서, 실제로 그 작업을 수행하고 있습니다. 사랑-지성은 그 작업을 어떻게 수행합니까?

질문: 사랑-지성이 무엇을 의미하는지 설명해 주십시오.

호라 박사: 사랑-지성은 하나님의 기본적인 속성으로서, 거룩한 실재의 가장 근원적인 국면입니다. 그것은 우리가 그냥 내버려 두는 매 순간마다 드러납니다. 하나님은 하나님이 하시도록 내버려 두는 사람을 돕는다(God helps those who let Him)! 우리가 사랑-지성의 본성, 전능, 편재, 전지를 이해하지 못할 때, 우리는 그것을 깨닫지 못할 것이고, 그리고 조작적 방식의 상담으로 빠져들게 될 것입니다. 그것은 부력(buoyancy)처럼, 눈에 보이지 않는 능력입니다. 부력을 본 사람이 있습니까? 아무도 부력을 볼 수 없습니다. 분명한 것은 우리는 그것에 의지할 수 있을 뿐입니다. 그렇지 않습니까?

수영을 하나의 비유로 들어 봅시다. 수영에 관한 질문에서 어떤 것이 올바른 질문일까요? 어떤 사람들은 "수영을 어떻게 하나요?"라는 질문을 하기 때문에, 수영을 배우는 시간이 어렵습니다. 만일 우리가 잘못된 질문을 한다면, 배우기가 어려울 것입니다. 수영을 배우는 데 어려움을 겪는 사람들은, 아마도 그들의 마음속에 잘못된 질문을 하고 있을 것입니다. '그것을 어떻게 하는가?' '어떤 것이 바른 질문인가?' '수영이 무엇인가?' 수영은 떠 있는 것

(floating)입니다. 수영의 본질은 떠 있는 것입니다. 일단 우리가 그것을 이해하면, 수영을 배우는 것이 더 쉽지 않겠습니까?

그러면 질문 하나가 생깁니다. '떠 있는 것(floating)은 수동적인가요?' 우리가 물에 떠 있을 때, 우리 자신을 물에다 내어 맡긴다는 것이 옳은 말입니까? 만일에 우리가 물에 뛰어든다면, 우리는 물에 빠질 것입니다. 물에 떠 있기 위하여 우리는 무엇이 필요한가요? 물에 떠 있기 위하여 어떤 활동이 필요한가요? 주의를 집중하는 일이 필요합니다. 물에 떠 있는 것은 의식 속에서 일어나는 하나의 행위입니다. 물에 떠 있는 것은 수동적인 행위가 아니고, 물에 자신을 복종시키는 것도 아니며, 그렇게 하여 편안해지는 것도 아닙니다. 그것은 부력(浮力, buoyancy)이라고 하는 힘, 즉 물의 **보이지 않는** 힘에 정신을 바짝 차리고, 주의를 기울여서 반응하는 의식의 특성입니다. 만일 우리가 겉모습만 보고 판단한다면, 물에 뜨는 것은 수동적인 것으로 보일 것입니다.

그러나 우리는 겉모습을 보고 판단하지 말아야 합니다. 우리는 그 안에 들어 있는 것이 무엇인지, 그 실재를 이해하여야 할 필요가 있습니다. 그것이 주의력(attention)이 갖는 특성입니다. 성공적으로 물 위에 떠 있기 위하여 필요한 주의력이 갖는 특성을 어떻게 설명해야 하나요? 일차적으로 필요한 것은 물위에 떠 있는 것을 사랑하는(to love floating) 것 입니다. 우리는 그것을 사랑해야 하고, 그것에 반응해야 합니다. 달리 말하면, 물 위에 떠 있기 위하여 요구되는 의식의 본질적 특성은 **우리가 의지하려는 보이지 않는 바로 그 힘에 사랑으로 반응하는 것입니다.**

무엇이 물 위에 뜨는 것을 가능하게 합니까? 부력을 이해하는 것이 중요합니다. 믿음(faith)에서 깨달음(realization)으로 움직여 가야 합니다. 그것은 하나님 또는 사랑-지성에 적용되듯이 삶에도 똑같이 적용됩니다. 처음에는 의심(doubt)합니다. 그다음에는 신뢰(believe)합니다. 그다음에는 믿음을 갖게(get faith) 됩니다. 그 후에 믿음에서 깨달음으로(faith to realization) 움직여 갑니다. 우리가 깨달음에 이르렀을 때, 우리는 확실하게 그것을 획득하게 됩니다. 사랑-지성이라 불리는 이 능력은 우리들에게 현상의 의미를 이해하는 데 필요한 것을 계속해서 제공해 줍니다. 그것은 우리에게 현상을 명료화할 지성을 제공하고, 현상의 문제가 무엇이든지, 그것에 대한 바른 해결책을 갖도록 영감을 줍니다.

심리치료는 어떤 사람에 의하여 수행되는(done) 무엇이 아니라는 것을 알게 되었습니다. 치료는 발생하도록 허용되는 것입니다. 그것은 수동적인 것도 아니고 능동적인 것도 아닙니다. 순간순간 존재(is)하는 그것에 대하여 경건한 자세를 갖고 사랑으로 반응하는 것입니다.

어떤 사람은 힘들여서 수영하지만, 어떤 사람은 지치지도 않고, 심지어는 숨이 차지도 않으면서, 몇 시간씩 힘들이지 않고 수영을 한다는 사실을 생각하는 것은 흥미로운 일입니다. 삶이나 심리치료에서도 그와 꼭 같습니다. 그 차이는 자각(awareness)의 특성에 있습니다. 만일 우리가 우리 자신만의 힘으로 수영을 해야 한다고 믿는다면, 그것은 매우 격렬하고 지치는 운동이 될 것입니다. 그리고 우리는 수영을 잘 못하는 사람이 되고 말 것입니다. 그러나 만일 우리를 지지하는 능력이 존재한다는 것을 이해한다면, 그것은 점점 더 쉬워질 것입니다. 마찬가지로, 우리가 심리치료에서 어떤 사람을 낫게 해야 한다고, 그 사람을 치유해야 한다고, 그 사람을 인격적으로 변화시켜야 한다고 믿는다면, 우리는 매우 열심히 그 일을 수행하려고 노력할 것입니다. 그러면서 지치고 좌절할 것입니다.

정신건강의학과 병동에서 일했던 두 명의 정신건강의학과 의사에 대한 이야기 하나가 생각납니다. 그들은 일과를 끝내고, 함께 엘리베이터를 타고 내려오곤 했습니다. 한 사람은 나이가 지긋한 신사로 매우 날씬하고 깔끔하게 보였고, 다른 한 사람은 젊은 남자로 지치고 피곤해 보였습니다. 어느 날 젊은 남자가 말했습니다. “나는 선생님께서 그 일을 어떻게 하시는지 모르겠어요. 하루 종일 일하시면서, 한 내담자 다음에 또 다른 내담자를 보고 있지만, 전혀 피곤해 보이시지 않는군요. 나는 내담자들 이야기 듣는 것에 지쳐 있습니다. 선생님께서는 어떻게 하시는지 말씀해 주시겠습니까?” 나이가 지긋한 분께서 대답했습니다. “누가 듣습니까(Who listens)?” 물론 우리가 힘써 노력하려는 것이 이것은 아닙니다. 사랑-지성으로 하여금 일하게 내버려 둠으로써 능동적으로, 효율적으로, 힘들이지 않고 일하는 방법이 있습니다. 성서에는 다음과 같은 신비스러운 말씀이 있다. "내 아버지께서 이제까지 일하시니 나도 일한다."(요한복음 5:17) 그 의미는 다음과 같습니다. 사랑-지성이 그 일을 하고 있고 나는 계속해서 그것을 의식하고 있습니다. 그 안에서 나도 그 일에 참여하고 있습니다. 이 원리는 보편적으로 적용됩니다. 우리는 어떤 종류의 일도—심지어는 육체적인 노동도—지성과 사랑으로 최소한의 노력을 들여서—배울 수 있습니다.

때때로 다음과 같은 질문을 하게 됩니다. 당신은 언제나 성공하십니까? 아니면 다른 누군가에게 내담자들을 보내야 하나요? 글쎄요, 치료사는 결코 성공하지 못합니다. 그러나 사랑-지성은 언제나 성공합니다. 그리고 우리가 사랑-지성이 그 일을 하도록 허용하는 정도까지 유익한 결과가 나온다는 것을 알게 될 것입니다. 그러나 무슨 일이 일어날 것인지, 또는 그것이 어떻게 일어날 것인지, 또는 언제 그것이 일어날 것인지를 결정하는 것은 우리가 아닙니다.

사례 발표

내담자는 28세의 백인 남자이고 초보 수도사이다. 그는 깔끔하고, 연약하고, 소심하고, 나이에 비하여 훨씬 어려 보이지만, 약간 점잔 빼며 걷는다. 자신을 '귀여운 어린 소년'이라고 말한다.

그는 수도원 공동체에서 다른 사람들과 관계 맺는 것에 어려움을 겪고 있기 때문에 초보 수도사 담당 지도자에게 의뢰되었다. 문제는 정체성 부족, 환상 속에 사는 경향성, 여성 정체성, 그리고 적대감이다.

사례 발표에 대한 설명

이 사례는 많은 질문을 하도록 우리를 자극합니다. 이 젊은 남자의 세계-내-존재 양식은 무엇입니까? 실존적 관점에서 여성다움은 무엇이고 남성다움은 무엇입니까?

여기에서 수동성과 능동성의 범주는 도움이 되지 않습니다. 실존적 관점에서는 단지 죽은 사람만이 수동적입니다. 여성다움이란 무엇입니까? 그것은 행복에 대한 하나의 개념입니다. 어떤 사람들은 그들이 여성의 역할을 할 때 더 행복할 수 있다고 믿습니다. 어떤 사람들은 남성의 역할에서 더 행복할 수 있다고 믿습니다. 그것은 단지 하나의 개념에 불과합니다. 어떤 개념은 다른 개념보다 더 사회적으로 받아들여지고 있습니다. 만일 어떤 남자가 여성적 방식에서 더 행복할 수 있다는 생각을 갖고 있지만, 이 생각이 사회적으로 받아들여지지 않는다고 본다면, 그는 그렇게 받아들여지지 않는 생각을 정당화하기 위하여 그 이유를 찾으려 할 것입니다. 그는 종종 그것에 대하여 누군가를 비난할 것입니다. 이 내담자는, "나의 아버지가 나에게 크리스마스 선물로 인형을 주었어요. 그래서 나는 여성스럽게 되었어요."라고 말합니다. 그것은 그럴듯해 보입니다. 그러나 그래서 어쨌다는 것입니까? 일단 그 사람이 원인을 찾으면, 그는 변명거리를 갖게 된 것입니다. 그는 실제로 아무것도 이해하지 못했고, 단지 자신에게 구실을 줄 뿐입니다. 이유를 찾는 그 사람은 단지 변명만을 찾습니다. 여성다움에는 원인이 없습니다. 단지 하나의 의미만 있을 뿐입니다.

이 사례에서 여성다움의 의미는 자신의 환상에 따라 삶을 자유롭게 즐기고, 그리고 어느 정도는 그것을 환경과 화해시키고 싶은 하나의 바람으로 보입니다. 따라서 문제는 우리가 삶 속에서 행복을 찾으려는 특별한 방식에 직면하는 것입니다. 이 젊은 남자는 3중의 위험에 처해 있습니다. 왜냐하면 그 사람이 행복을 찾는 방식은 사회 규정과 종교적 금기와 일치하지 않으며, 실존적으로도 타당하지 않기 때문입니다.

질문: 그 남자가 남성적으로 되는 것이 치료적으로 바람직합니까?

호라 박사: 절대 그렇지 않습니다. 행복은 남성성에서도 여성성에서도, 심지어는 양성성이나 괴팍한 다형성에서도 찾을 수 없습니다. 사람들이 행복을 찾으려고 노력하고 있는 다섯 가지 잘못된 방법들이 있습니다. 우리는 이미 그것들을 논의한 바 있습니다. 그것들을 지옥에 이르는 다섯 개의 문이라고 일컫습니다. ① 감각주의, ② 감정주의, ③ 지성주의, ④ 물질주의, ⑤ 개인주의. 어떤 지옥의 문이 우리 내담자가 거주하고 있는 곳입니까? 감각주의입니다. 이 젊은 남자가 삶에 불만스러울 때가 반드시 올 것입니다. 그러면 그는 실존적으로 타당한 것을 잘못된 행복 추구 양식으로 바꿀 준비가 되어 있을 것입니다. 행복 추구에서 실존적으로 타당한 방법이란 무엇입니까? 치료사가 이것을 이해하면 도움이 될 것입니다. 우리들에게 유용하고 권위 있는 정보가 있습니까? 성서는 그것을 매우 분명하게 말하고 있습니다. "영생은 곧 유일하신 참 하나님과 그의 보내신 자 예수 그리스도를 아는 것이니이다."(요한복음 17:3) 이제 어떤 방법으로 이것을 행복과 관련지을 수 있습니까? 하나님을 아는 것이 그렇게 행복한가요? 보통 우리는 하나님을 아는 것이 종교적인 것이라고 생각합니다. 그것은 종교의 영역에 속한 것처럼 보입니다. 그러나 여기에서는 감각주의 여성성, 그리고 동성애의 쾌락과 흥분을 하나님에 대한 지식으로 바꾸는 것에 대하여 말하고 있습니다.

질문: 이 내담자는 수도원에 살고 있기 때문에, 하나님을 찾는 것 아닙니까?

호라 박사: 수도원에 들어간다고 해서 누구나 하나님을 찾는 것이 아닙니다. 또한 심리치료를 받으러 온다고 해서 누구나 도움을 구하는 것도 아닙니다. 다시 말하면, 우리는 겉모습으로 판단하지 말아야 합니다. 그러나 어떻게 하나님이, 예를 들어 성(sex) 보다도 더 큰 행복을 우리에게 제공해 주시는가를 아는 것은 매우 도움이 될 것입니다.

우리는 쾌락과 행복의 차이를 알아야 합니다. 쾌락과 행복의 차이는 무엇입니까? 쾌락은 고통과 분리할 수 없는 망상적 경험입니다. 고통 없는 쾌락은 없습니다. 행복은 영적이고 실존의 근원적 질서와 조화를 이루는 의식적 국면입니다. 행복이 있는 곳에서는, 쾌락은 별 특별한 의미 없이 생기는 부산물에 불과합니다. 우리가 쾌락에 별 특별한 의미를 부여하지 않으면 않을수록, 우리의 삶에 고통도 없을 것입니다. 반대로 우리가 쾌락을 강조하면 할수록, 더 많은 고통과 질병 그리고 투쟁을 겪게 될 것입니다. 쾌락은 죄나 범죄가 아닙니다. 그러나 쾌락은 행복의 부산물일 때에만 가치가 있습니다. 성은 사랑의 부차적인 국면일 때에만 가치가 있습니다. 그렇지 않으면 그것은 단지 자위행위일 뿐입니다. 자위행위란 무엇인가요? 그것은 변함없이 불쾌한 뒷맛이 따르는 감각적 쾌락을 추구하는 것입니다. 인간이 감각주의를 통하여 행복을 추구하는 일에 몰두하면, 더 좋은 것을 얻을 수 있다고 생각하는 지점까지 이르는 데에는 잠깐이면 될 것입니다. 이 내담자가 이 메시지를 받아들일 준비가 되어 있을 때, 그는 여성성과 동성애에 대한 스릴에 관심을 갖지 않게 될 것입니다. 그리고 그러한 스릴은 유치할 뿐이라는 것을 알게 될 것입니다.

그러나 한편, 특별하게 쾌락을 추구하는 것을 선택하기 때문에 다른 누군가를 비난할 수 없다는 것을 알게 되면, 그는 도움을 받을 수 있게 됩니다. 비난은 적절하지도 않고 도움도 되지 않습니다. 만일 우리가 삶에서 실존적으로 타당하지 않은 목표를 추구한다면, 계속해서 문제가 발생할 것이고 하나의 위기에서 또 다른 위기를 맞게 될 것입니다. 물론 하나의 위기는 언제나 하나의 기회입니다. 내담자가 위기에 처해 있을 때, 이것은 그를 돕기 위한 기회입니다. 내담자가 편안하게 여기는 한, 무언가를 진지하게 생각하지 않을 것이고 문제도 생기지 않을 것입니다.

'책임(responsibility)'이라는 낱말은 비난을 암시하고 있습니다. 우선 내담자를 비난할 수 없고, 그의 아버지도 비난할 수 없습니다. 성서에 제자들이 예수에게 날 때부터 소경인 아이는 누구 때문이냐고 물었던 이야기를 기억하십시오. 우리는 비난하지 않도록 매우 주의하여야 합니다. 범죄자는 언제나 무지합니다. 내담자가 개인적으로 비난할 수 없다는 것을 이해한다면, 다른 누구도 비난할 수 없다는 것을 더 쉽게 이해할 수 있을 것입니다. 누구도 비난할 수 없을 때, 우리는 무지의 원인을 직면하게 됩니다. 무지는 우리를 곤란한 상태에 이르게 합니다. 즉, 사람들은 오히려 누군가를 비난하거나 자신을 비난하거나 또는 죄책감을 갖게 됩니다. 그렇게 되도록 허용되고 있는 한, 변화의 가능성은 없게 됩니다. 만일 어떤 사람이 누군가를 비난한다면, 거기에는 어떤 변명이 있을 것입니다. 무언가를 변명한다면, 거기에 변화는 없을 것입니다. 우리가 얼마나 본의 아니게 무지를 허용하고 있는지, 그것은 놀랄 만한 일입니다. 우리는 모른다는 것을 알고 싶어 하지 않습니다.

무화

(無化, Nihilation)

'책임'이라는 단어는 신중하게 적용해야 합니다. 책임은 비난과 동의어가 아닙니다. 이것을 내담자에게 분명하게 해 주어야 합니다. 특히 우리 자신에게 분명하게 해야 합니다. 책임은 응답할 수 있는 능력을 의미합니다. 인간은 선, 진리, 아름다움, 그리고 가치에 응답할 수 있는 능력을 갖고 있습니다. 이것은 하나님이 주신 능력, 즉 응답하는 능력(response-ability)입니다. 비난은 전적으로 다른 문제입니다. 일반적으로 비난이라는 낱말과 책임이라는 낱말은 종종 서로 바꾸어 가면서 사용되지만, 여기에서부터 많은 혼란이 생깁니다.

선택은 반드시 책임과 연관된 것은 아닙니다. 우리는 무지(無知)하기 때문에 선택할 수도 있습니다. 우리는 응답할 수 있는 능력을 갖고 있다는 사실을 모를 수 있기 때문에, 이중으로 어두움 속에 있을 수 있습니다. 어두움이 있는 곳이 어디든 그곳에 빛을 비추는 것이 치료사의 과제입니다. 치료사는 사랑-지성에 의지하여 그것을 할 수 있습니다. 왜냐하면 사랑-지성은 계속해서 현존하면서, 현상의 의미에 대한 하나의 이해로서 치료사에게 그 자체를 드러내기 때문입니다.

심리치료와 삶은 분리될 수 없습니다. 왜냐하면 심리치료는 삶의 한 부분이고, 삶의 한 국면이기 때문입니다. 우리는 심리치료의 기술자가 아닙니다. 우리는 치료적으로 유익한 세계-내-현존입니다. 우리의 유익은 자연적이고 지속적이어서 전문 직업적 삶에 국한되지 않습니다. 치료사는 삶의 모든 면에서 타인에게 유익을 끼쳐야 합니다. 그렇지 않으면 그는 단지 치료사인 척할 뿐입니다.

'허세'(pretentiousness)란 무엇입니까? 전문적인 직업에서 가장 불행한 특성들 중 하나는 허세입니다. 허세란 그렇지 아닌 것을 그럴듯하게 꾸미는 것입니다. 더 건강하게, 더 남성적으로, 더 여성적으로, 모르는 것을 아는 것처럼, 사랑하지 않으면서 사랑하는 것처럼 꾸미는 것입니다. '꾸밈(pretending)'이라는 말은 어떤 것을 앞에 내세우는 것입니다. 허세를 부리는 것입니다. 꾸밈은 삶을 힘들게 만듭니다. 사회적 불안 중 많은 것은 우리가 아직 이루지 않은 것을 무의식적으로 그런 것처럼 꾸미는 것과 관련이 있습니다. 우리가 무엇이 되어야 한다고 생각하면, 그것이 된 것처럼 꾸미는 것입니다.

'치료사가 책상 뒤에 앉아야 하는가, 아니면 책상 옆에 앉아야 하는가? 카우치가 이곳에 있어야 하는가, 아니면 저곳에 있어야 하는가?'에 대하여 많은 논쟁이 있었던 때가 있었습니다. 모든 종류의 기술적 고찰과 인위적 요소들이 논의되었습니다. 물론 이것은 단순히 조작주의였습니다. 조작주의는 행위가 곧 존재라는 신념입니다. '나의 행위가 곧 나이다(I am what I do)…….'

우리는 치료 상황에서, 교실에서와 마찬가지로, 무언가를 배우는 것을 피할 수 있는 세 가지 방법이 있습니다. 하나는 우리가 동의하는 것이고, 다른 하나는 우리가 동의하지 않는 것입니다. 세 번째는 우리가 백일몽을 꾸는 것입니다. 가능한 한 빨리 내담자가 이것을 깨닫도록 하는 것이 중요합니다. 상담에서나 강의에서나 무언가 배울 수 있는 유일한 방법은, 우리가 무엇인가를 이해하는 것에 관심을 갖는 것이라고 하는 점을 내담자에게 분명하게 할 수 있습니다.

처음부터 내담자에게 유익하게 되기 위하여 그리고 내담자가 알기 위하여 요구되는 것이 무엇인지를 분명하게 할 필요가 있습니다. 그것을 위하여 내담자에게 미리 주의를 줍니다. 내담자에게 분명하게 할 필요가 있는 또 다른 함정은 정보가 되는 지식과 변화를 주는 지식이 다르다는 것입니다. 예를 들어, 상담 내용을 적어도 되는가를 묻는 내담자가 있습니다. 어떤 내담자들은 심지어 상담 회기를 기록해도 되는가를 묻습니다. 만일 내담자가 들은 것을 기록한다면, 그는 정보를 수집하는 것입니다. 그러나 그것은 도움이 되지 않는다는 것은 너무나 당연합니다. 그것이 책을 읽음으로써 치유받을 수 없는 이유이며, 정보를 얻는 것으로 변화될 수 없는 이유입니다. 무엇인가를 기록하는 목적은 우리가 잊어버리는 것을 돕는 것입니다. 만일 우리가 종이에 그것을 적는다면, 그것을 우리의 마음속에 간직할 필요가 없습니다. 치료는 변화(transformation)입니다. 지식의 특성은 근본적으로 다릅니다. 정보는 지적 지식이지만, 변화는 실존적 지식입니다. 그것은 우리의 지각과 동기를 변화시키고, 우리의 세계-내-존재 양식을 향상시킵니다.

백일몽을 꾸는 세 번째 유형의 사람은 치료적 상담이나 강의에서 얻는 것이 거의 없습니다. 왜냐하면 그는 변화에도 정보에도 관심이 없고, 좋은 느낌(feeling good)에만 관심이 있기 때문입니다. 그의 세계-내-존재 양식은 자기 멋대로 하는 것(self-indulgence)입니다. 자기 멋대로 하는 것에는—감각적, 정서적, 그리고 지성적—세 가지 형태가 있습니다. 내담자가 늦게 와서 말했습니다. "나는 오늘 제시간에 오지 못했습니다." 치료사가 "당신은 이미 도착했습니다. 계속 여기에 있으시겠습니까?"라고 말하였습니다. 내담자가 실제로 주의를 기울이지 않고 있음을 깨닫도록 하는 것이 중요합니다. 그 후에 내담자의 집중 능력을 발달시키고 주의를 기울이도록 돕는 것이 상담의 일시적인 목적이 됩니다. 보통 치료사가 내담자에게 주의를 기울이고 있음을 깨달을 때, 내담자는 관심을 갖게 됩니다.

그러나 우리가 내담자를 이해하는 것 외에 우리 자신에 대하여는 특별한 관심을 갖지 않는 것이 중요합니다. 때때로 치료사는 자신의 과제에 정신적으로 연루되기도 하여, '다음 사례 발표 때 이 사례를 어떻게 발표할 것인가?'

또는 '어떻게 이 사례에서 좋은 결과를 낼 수 있을 것인가?'라고 생각하기도 합니다. 우리가 자신의 과제를 가질 때, 내담자는 내담자 자신의 과제를 갖습니다. 그러나 우리가 전심으로 하나의 문제에 집중할 때, 즉 내담자를 이해하고, 내담자의 세계-내-존재 양식을 이해할 때, 내담자는 주의를 기울일 것입니다. 치료사가 기울이는 관심의 질이 내담자의 관심의 질을 향상시킬 수 있습니다.

내담자와 이야기할 때, 한 번에 하나의 문제를 다루는 것이 중요합니다. 예를 들어, 내담자와 의미 있는 의사소통을 유지하는 것이 어렵다는 것에 대하여 말하다가, 곧 그의 역동을 말하기 시작하였다면, 그 두 가지는 다른 문제입니다. 역동이 하나의 문제이고, 의사소통은 또 다른 문제입니다. 두 가지 문제가 관련은 있지만 반드시 그런 것만은 아닙니다.

치료나 강의에서 그것에 동의함으로써, 동의하지 않음으로써, 또는 '거기에 있지 않음'으로써, 유익을 얻지 못하는 방법 세 가지에 대하여 언급하였습니다. 치료사는 의사소통을 잘하기 위하여 무엇을 해야 할까요? 치료사에게 의사소통의 문제가 없다는 말은 무슨 뜻인가요? 정신병원을 방문한 어떤 사람들이 몇 년 동안 누구하고도 말하지 않았던 내담자와 앉자, 곧 그 내담자가 말하기 시작하지만, 어떤 사람들은 이 내담자와 몇 년 동안 말하려고 노력해도 내담자에게 가까이 갈 때마다 내담자가 말을 더 안 할 수 있습니다. 이 신비한 일이 어떻게 일어났을까요? 마술인가요? 아닙니다. 그것은 동기 때문입니다. 치료사는 바른 동기를 가져야 합니다. 의미 있고 치료적으로 유익이 있는 의사소통을 하기 위하여 요구되는 것들이 있습니다. 첫 번째로 요구되는 것은 치료사가 치료하려는 욕망으로부터 자유로워야 한다는 것입니다. 이것은 쉽지 않습니다. 치료하려는 욕망은 내담자가 강요당하고 조작당하고 있다는 느낌을 갖게 할 것입니다. 우리 각자의 현존의 특성은 다릅니다. 그리고 그것은 우리의 가치 체계와 동기에 의하여 결정됩니다.

심리치료사가 가장 자주 갖는 동기들 중의 하나는 치료하려는 것입니다. 이것은 특히 삶에 조작적으로 접근하는 치료사들에게는 불가피합니다. 만일 치료사의 세계-내-존재 양식이 조작적인 것이라면, 그의 내담자들은 매우 많은 저항을 나타낼 것입니다. 아무도 치료를 강요당하는 것을 원하지 않습니다. 그러면 무엇이 의사소통을 촉진할 수 있나요? 내버려-두기(letting-be)의 특성이 있어야 합니다. 많은 사람은 내버려-두기를 홀로 남겨 두는 것으로 오해합니다. 내버려-두기와 홀로-두기(leaving alone) 사이에는 매우 미묘하면서도 근본적인 차이가 있습니다. 내버려-두기는 경건한 형태의 영적 사랑이고, 홀로-두기는 방임하는 것입니다. 내버려-두기를 배우는 것은 비교적 어렵습니다.

'용납(acceptance)'이라는 단어에 대하여 간략히 설명해 보겠습니다. 누군가를 용납하거나 용납하지 않는 우리는 누구입니까? 우리가 내담자를 용납한다는 식으로 생각하는 순간, 즉시 분명한 구조를 세워서, 그 안에서 우리가 내담자보다 우위에 있게 됩니다. 용납이라는 범주는 자유롭게 내버려 두는 것입니다. 우리는 용납하는 사람도 아니고 거절하는 사람도 아닙니다. 우리는 순간순간 드러나는 것은 무엇이나 이해하기 위하여 있는 것이고, 누군가가 관심을 가지는 경우에 그것을 설명해 줄 수 있습니다. 그렇지 않으면 순간순간 존재(is)하는 것을 조용히 받아들이면서 앉아 있을 것입니다. 그것은 사랑의 정신으로 전혀 강요하지 않는 것입니다. 우리는 내담자가 필요로 하면 언제나 그와 함께합니다. 우리는 그런 마음을 갖고 내담자가 알고 싶어 하거나 이해하고 싶어 하는 것은 무엇이든지 명료화하도록 돕습니다.

앞에서 우리는 영향을 끼치는 것에 대하여 말하였습니다. 영향을 끼치는 것은 삶에서-우정, 가정생활, 사업, 그리고 직업에서-하나의 커다란 저주입니다. 그리고 그것은 치료에 절대적으로 해롭습니다. 우리에게는 분명히 어떤 식으로든 내담자에게 영향을 끼칠 권리가 없습니다. 그러나 우리의 현존의 특성에 의하여, 그리고 우리가 이해한 것과 질문 받은 것을 명료화함으로써, 우리는 하나의 영향이 될 수는 있습니다. 우리가 그러한 정신으로 내담자와 함께 앉아 있을 때, 의사소통에 일상적인 어려움은 없을 것입니다. 내담자는 곧 질문을 하기 시작하고, 점점 더 많은 질문을 하게 됩니다. 내담자가 질문할 때마다, 우리는 가장 잘 이해한 대로 그것을 설명하기 위하여 그곳에 있는 것입니다. 만일 우리가 무엇(what)에 대하여 이해하게 된다면, '어떻게?(how)'라는 질문은 생기지 않을 것입니다. 치료는 명료화를 필요로 하는 것은 무엇이든지 명료화하는 해석학적 과정입니다. 그리고 내담자를 치유할 힘을 갖고 있는 것은 문제를 명료하게 이해하는 것입니다. 치유하는 힘은 치료사에게 있지 않고, 치료사의 정확한 명료화에 있습니다. 치유하는 것은 진리이지, 진리를 증언하는 사람이 아닙니다. "달을 가리키는 손가락이 달은 아니다."라고 선사들은 말합니다. 우리가 아무것도 하지 않으면, 내담자도 아무것도 하지 않습니다. 치료는 행하여지는(done) 어떤 무엇이 아닙니다. 그것은 명료화의 점진적 과정으로서 자연적으로 새벽이 열리는 것과 같은 것입니다.

질문: 만일 당신이 인간이 아니라면, 당신은 무엇입니까?

호라 박사: 안회(顔回, Yen-Hui)의 이야기를 아는 사람이 있습니까? 안회는 고대 중국에서 유명한 공자(孔子)의 제자입니다. 도교의 현자인 장자(莊子)는 이 안회와 공자의 대화를 중심으로 하나의 이야기를 전해 주고 있습니다. 어느 날 안회는 당시 위나라의 황제의 책사로 일해 줄 것을 부탁받았습니다. 그러나 그 황제는 누구든지 만일에 실수를 하면 그들의 목을 베는 고약한 취미를 갖고 있었습니다. 따라서 그것은 위험한 직책이었습니다. 안회는 이 부탁을 받아들이기 전에 그의 스승에게 조언을 들으러 왔습니다. 그는 스승에게, "나는 이 고귀한 자리에서 안전하게 있을 만큼 충분히 깨어 있다고 생각하지 않습니다."라고 말했습니다. 스승 공자는 "그러면 너는 물러나서 마음-비우기(心齋, mind-fasting)를 해야 한다."라고 제자에게 말했습니다. 안회는 "마음-비우기가 무엇입니까?"라고 물었습니다. 공자는 그에게 다음과 같은 설명해 주었습니다. "귀로 듣고 싶을 때, 귀로 듣지 말라. 눈으로 보고 싶을 때, 눈으로 보지 말라. 마음으로 이해하고 싶을 때, 마음으로 생각하지 마라. 영(spirit)으로 듣고, 보고, 이해하라." 안회는 물러나서 이 훈련을 3년 동안 실행

하였습니다. 3년 후에 그는 스승에게 돌아와서, "스승님, 이제 준비되었다고 생각합니다."라고 말하였다. 공자는 "그러면 증명해 보아라."라고 말했습니다. 안회는 "마음-비우기를 하기 전에 저는 안회라는 확신이 들었습니다. 그러나 이제 내가 마음-비우기를 수련하고 난 후에는, 안회는 없었다는 것을 깨닫게 되었습니다."라고 말하였습니다. 그의 스승은 "이제 너는 준비되었느니라."라고 말하였습니다.

그가 이렇게 한 것은 무엇을 의미할까요? 만일 그 사람이 안회가 아니었다면, 그는 누구였을까요? 그리고 만일 안회가 결코 존재한 적이 없다면 그는 누구입니까? 안회는, 그는 자기의 자아, 자기의 마음, 자기의 의견만을 가진 한 사람이 아니라, 그는 독특한 신(神)의 의식(divine consciousness)의 하나이며, 그리고 사랑-지성의 하나의 발현(a manifestation)이라는 사실을 발견하였습니다. 그는 개인의 의견에 의존하지 않고, 신령한 지혜에 의존하는 세계 속의 유익한 현존이 되었습니다. 그러한 사람은 안전함 가운데 삽니다. 성서는 그와 비슷한 상황 속에 살았던 한 사람을 말해 주고 있습니다. 그의 이름은 다니엘이었습니다.

사례 발표

34세의 결혼한 여성이 있었다. 그녀는 깔끔하고 수수한 차림이었으며, 다섯 명의 자녀가 있었다. 그녀는 지루함, 외로움, 아이들과 남편에 대한 무관심 때문에 치료를 받으러 왔다. 그녀는 잠을 많이 자면서도, 더 오래 자기 위하여 술을 마신다. 또한 일을 게을리 하여 직업을 유지할 수 없지만 그럼에도 불구하고 밖에 나가서 사람들을 만나곤 하였다. 새로운 회원 환영단체(Welcome Wagon)에 가입하고, 전국여성단체(National Organization of Women: NOW) 모임에 참가하였다. 그녀는 "그들은 모두 도망가고 싶어 해요. 재미있죠? 단체 이름은 '환영(welcome)'인데." 1회기 상담에서 이런 말을 하고, 상담을 마친 후에 그녀는 상담료를 지불하고 "다시는 오지 않겠다."고 말했다.

사례 발표에 대한 설명

이 내담자는 흥미롭게도 감별 진단(differential diagnosis)을 하도록 우리에게 도전을 줍니다. 그녀의 세계-내-존재 양식은 무엇입니까? 그녀는 조현병 환자인가요? 우울증인가요? 그 어떤 것도 아닙니다. 분열증 내담자는 새로운 회원 환영단체에 결코 가입하지 않습니다. 우울증 내담자는 이 내담자처럼 의사소통할 수 없을 것입니다. 그러면 그녀의 이상한 행동이 갖는 의미는 무엇일까요? 그녀는 치료사에게 어떻게 하였습니까? 첫 회기에는 그녀는 치료사를 좌절시켰습니다. 첫 회기를 마치고 그녀가 다시는 오지 않겠다고 말한 것은 무화(無化, nihilation)의 한 형태입니다. 그것은 그녀의 생활양식이 어떠한가, 그 의미를 보여 주는 것입니다. 내담자는 무화라는 세계-내-존재 양식을 갖고 있습니다. 그것이 의미하는 것은 그녀가 긍정적 삶의 가치를 부정하거나 파괴하려는 것입니다. 이것은 심각한 상태로 보입니다.

여기에서 위험한 것은 자살의 가능성입니다. 자살을 함으로써 우리는 세계를 소멸시킬 수 있습니다. 자살은 자기-확증의 극단적 형태입니다. 이것은 또한 어려운 치료적 문제입니다. 그러한 세계-내-존재 양식은 발전할 수 있습니다. 누가 무엇을 원하든지, 이 내담자는 그것을 원하지 않을 것입니다. 치료사가 열심히 도우려 한다고 합시다. 그러면 이 내담자는 치료사의 성공적으로 돕는 기쁨을 그에게서 빼앗고 싶을 것입니다. 어느 누구든 그가 소중하게 여기는 것은 무엇이든지, 이 내담자는 소멸시키고 싶을 것입니다. 치료사는 그러한 상황에서 개인적인 어떤 욕망도 보여 주어서는 안 됩니다. 만일 우리가 어떤 것도 원하지 않는다면, 소멸시킬 것이 없을 것입니다. 그러한 내담자와는 이러한 기초 위에서 시작할 수 있습니다. 만일 소멸시킬 것이 없으면, 의사소통이 가능해집니다.

때때로 우리가 삶에 대하여 너무 고통당하고 있을 때, 만일 누군가가 그가 소중하게 여기는 무엇을 가지고 있다면, 그것이 우리를 괴롭힐 것입니다. 만일 한 아이가 불행한데, 다른 아이는 장난감을 갖고 있다면, 불행한 아이는 그 인형을 파괴하고 싶을 것입니다. 만일 치료사가 자기가 치료사라는 사실을 행복하게 생각하고 있으면, 그러한 내담자는 치료사를 치료사가 되지 못하게 만들고 싶을 것입니다. 치료사를 치료사가 되지 못하게 만드는 하나의 방법은 다시는 치료받으러 오지 않는 것입니다.

내담자는 열정(enthusiasm)이 없다고 말했습니다. 이 내담자에게 가장 필요한 것은 열정입니다. 이 내담자가 열정을 갖게 하려면, 열정이 무엇인가를 알아야 합니다. 때때로 열정은 야망과 혼동됩니다. 열정과 야망의 차이는 무엇인가요? 야망은 자신의 힘으로 이루려는 욕망이고, 개인적 노력을 통하여 어떤 목적을 이루려는 욕망입니다. 그러나 열정은 완전히 다른 것입니다. 그 낱말은 무슨 뜻을 갖고 있습니까? En-theos는 하나님과 함께한다(to be with God)는 의미입니다. 열정은 하나님이 우리와 함께한다는 것을 의식적으로 깨닫는 것입니다. 만일 하나님을 사랑하는 자들에게는 모든 것이 합력하여 선을 이룬다는 것을 깨닫는다면, 우리는 열정을 갖게 될 것입니다. 이것이 바로 이 내담자에게 절대적으로 필요한 것입니다. 초월적 힘에 의하여 사랑받고, 지지받고, 인도받고, 보호받고, 무한한 에너지를 제공받는다는 느낌이 필요합니다. 우리가 그것을 깨달을 때, 열정적으로 건강하게 될 것입니다.

이제 문제는, 그녀가 치료사에게 다시 돌아올 것을 가정해서—그런 일은 일어날 수 있습니다.—'그녀가 열정을 갖도록 어떻게 도울 수 있을까?'입니다. 무엇보다도 먼저, 그 내담자는 사랑받고 있다는 것을 알아야 할 것입니다. 남자든 여자든, 결혼을 했든 안 했든, 혼자 살든 가족과 함께 살든, 우리의 삶은 의미가 있고 목적을 갖고 있으며, 누구나 선을 행할 수 있는 무한한 가능성을 갖고 있다는 것을 알 필요가 있습니다. 이런 일들 중 어떤 것도, 사랑-지성이 갖고 있는 무한한 가능성을 성찰할 때, 인간이 무한한 가능성을 갖고 있다는 사실을 바꾸지 못합니다.

질문: 치료사가 내담자에게 애정을 보여 주어야 한다는 말입니까?

호라 박사: 우리는 사랑과 애정의 차이를 이해해야 합니다. '애정(affect)'이란 말은 무슨 뜻입니까? 애정은 감정이고, 긍정적 감정을 표현한 것입니다. 우리는 거의 감정과 정서를 인간적 수준에서 표현합니다. 우호적인 환경에서 서로에게 좋은 감정을 갖습니다. 그러나 사랑은 그 이상입니다. 그 둘을 혼동하지 말아야 합니다. 우리에게 좋은 느낌을 주는 사람들에게는 애정을 갖지만, 우리의 애정은 만일 누군가가 좋은 느낌을 주지 않는다면, 빠르게 메말라 버립니다. 내담자가 "나는 느낌이 좋지 않으면 기분이 매우 나빠요."라고 말한 적이 있었습니다. 애정은 언제나 불안정하고 불확실합니다. 앞에서 사랑을 어떻게 정의했습니까? 사랑은 하나님의 선을 반영하려는 욕구라고 말하였습니다. 사랑은 언제나 하나님으로부터 유래됩니다. 그것은 우리가 만들어 내는 것이 아니고, 존재(is)하는 어떤 것입니다. 우리는 내담자로 하여금, 이 사랑이 실제로 모든 사람에게 가능하고, 우주를 가득 채우고 있으며, 그리고 우리가 살아 움직이게 하고, 우리를 존재하게 하는 매개체라는 사실을 깨닫도록 도울 수 있습니다. 정신적으로 사랑이 현존함을 확인하여 그것을 의식하려고 수고를 아끼지 않고 노력할 때마다, 우리의 인생관은 즉시 변화되고 향상될 것입니다. 우리의 문제는 줄어들 것입니다. 우리가 이것을 능숙하게 하면, 대부분의 시간을 열정적으로 살 것입니다. 이것이 내담자로 하여금 열정을 가질 수 있도록 돕는 것이며, 심지어는 영원히 치유되도록 돕는 것입니다.

질문: 무화(nihilation)라는 것과 허무주의(nihilism)의 차이는 무엇입니까?

호라 박사: 허무주의는 실재는 없다(nothing is real)고 주장하는 철학입니다. 만일 아무것도 없다면, 소멸시킬 것도 없는 것입니다. 그러나 무화하는 사람은 "다른 사람들이 소중하게 여기는 많은 것, 나는 그것들을 소멸시켜 버리고

싫어."라고 말합니다. 선사 혜능(Hui-neng)은 다음과 같은 놀라운 말을 하였습니다. "태초에 아무것도 존재하지 않았다(From the beginning nothing is.)." 그 말은 무슨 뜻입니까? 그리스도가 태어나기 수백 년 전에 나온 이 말은 나중에 하이데거와 사르트르에 의하여 정교화되었습니다. 이 철학자들은 아무것도 없음(nothing)을 '물질이 아니다(no thing).'라는 의미로 말하고 있습니다. 즉, 태초부터 물질이 아닌 것(no thing)이 존재하였다는 것입니다. 그 의미는 창조가 영적이라는 것입니다. 그 말은 창조는 영적이라는 것을 의미합니다. 하이데거는 그것을 다음과 같이 말하였습니다. "존재하는 것처럼 보이는 모든 것과는 대조적으로 무(nothingness)는 존재의 베일입니다." 사르트르는 그의 주요 저서의 제목을 『존재와 무(Being and Nothingness)』라고 이름 붙였습니다. 혜능도 하이데거도 사르트르도 허무주의자는 아닙니다. 그들은 궁극적 실재를 탐구하는 사람들입니다. 그들은 겉으로 보이는 것(현상)과는 대조적으로 실제로 존재(is)하는 것(실재)의 중요성을 인정하였습니다.

사랑은 비록 겉으로는 존재하지 않는 것 같아도, 실제로 존재합니다(is). 그리고 겉으로 보이는 많은 것은, 실제로는 존재하지 않습니다. 그것들은 단지 현상입니다. 겉모습이라는 뜻입니다. 세계는 현상적 세계입니다. 실제로 존재하는 것은 소멸될 수 없습니다. 실재(reality)를 정의하는 기본 전제는 불변성이고, 불멸성입니다.

질문: 이 내담자의 예후는 매우 나쁘다는 말입니까?

호라 박사: 맞습니다. 이 내담자가 기도할 줄 아는 치료사를 만날 수 있기 전에는 그렇습니다. 치료사들이 그들의 내담자를 위하여 기도해야 한다는 말은 정신 의학이나 정신분석 교과서에는 없습니다. 그럼에도 불구하고 이것은 매우 도움이 됩니다. 우리가 내담자를 위하여 기도하는 방법을 더 많이 배울수록, 내담자들은 더 좋은 치유를 받을 것입니다. 이 특별한 내담자에게는 자신을 위하여 기도해 줄 누군가가 절대로 필요합니다.

질문: 어떻게 내담자를 위하여 기도합니까?

호라 박사: 이 내담자를 위하여 나와 함께 기도하고 싶으십니까? 그것은 하나님은 결코 소멸시켜야 할 사람을 창조하지 않았다는 사실을 단순하게 고찰하는 것입니다. 이런 종류의 하나님의 자녀를 우리는 부인합니다. 그리고 이 내담자는 영적 존재라는 사실을 인정합니다. 비록 이 내담자가 하나님에 대하여 아무것도 모른다 하여도, 하나님은 그녀를 사랑하고 있으며, 그녀와 함께하고 있으며, 그리고 그녀를 보호하고 있습니다. 우리는 하나님께서 사랑으로 그녀를 끌어안고 있다는 그 사실을 견성(見性, behold)하도록 노력하여야 합니다. 그리고 우리가 이 견성을 보다 더 명료하게 하면 할수록, 이 내담자는 더 우호적으로 반응할 것입니다. 우리는 어떻게 하는지, 언제 하는지 모르지만, 우리의 경험은 그것은 언제나 도움을 베푼다고 말해 줍니다.

경쟁
(Competition)

만일 기도하는 방법을 안다면, 치료사로서 그리고 개인으로서, 우리는 삶에서 큰 유익을 얻게 될 것입니다. 기도는 우리가 배울 수 있는 가장 중요한 것입니다. 많은 심리치료사가 기도하는 것을 공개적으로 허용하지 않는 것 같습니다. 사람들이 기도를 그렇게 당황스러워하는 이유는 무엇입니까? 하나님이 당황스럽게 하는 것처럼, 기도도 당황스럽습니다. 왜냐하면 그것은 믿을 수도 없고 이해할 수도 없기 때문입니다. 우리가 기도에 대하여 말하고 하나님이라는 낱말을 말할 때, 사람들은 즉시, 우리가 종교적 광신주의자거나, 전도자거나, 또는 어리석은 미신을 믿는 사람이고, 들을 가치조차 없다는 결론을 내립니다. 대부분의 치료사는, 비록 그들이 개인적 삶에서는 기도를 한다 하더라도, 그것에 대하여 감히 알리고 싶지 않을 것이고, 내담자에게도 그것을 말하지 않을 것입니다.

성서는 말합니다. "건축자들의 버린 돌이 모퉁이의 머릿돌이 되었나니"(마가복음 12:10) 소위 뭘 좀 배웠다는 사람들은 기도에 대한 개념, 하나님에 대한 개념, 종교에 대한 개념을 거부합니다. 영적 실재와 관계가 있는 모든 것을 초자연적이거나 또는 어리석은 미신으로 분류합니다. 모퉁이의 머리가 되는 돌은 어떤 것입니까? 모퉁잇돌은 활모양의 통로, 건축, 돌로 건축되는 어떤 구조에서도 가장 중요한 돌입니다. 그것은 다른 모든 돌을 지탱해 줍니다. 하나님과 기도에 대한 올바른 이해가 모퉁잇돌이 될 수 있습니다. 그 위에 우리의 모든 삶과 과업이 세워지고, 안정하게 되며, 견고해집니다. 그리고 그것은 우리들에게 커다란 확신과 효율성의 감각을 줄 수 있습니다.

전 세계에서 수천만 명의 사람들이 교회를 다니고, 성서를 읽고, 그리고 기도를 해도 여전히 세상은 혼란에 빠져 있다면, 어떻게 기도가 그렇게 견고한 기반이 될 수 있겠습니까? 기도는 효과가 없는 것과 같이 여겨집니다. 그러나 이렇게 봅시다. 만일 오천만 명의 사람들이 2 더하기 2는 5라고 믿어도 그것은 사실이 될 수 없습니다. 그러나 만일 한 사람이 2 더하기 2는 4라는 것을 안다면, 그것이 모든 것을 다르게 만들 것입니다. 마찬가지로 비록 수천만 명의 사람들이 기도하고, 교회에 나가고 하나님을 믿지만, 그것을 거의 드러내지 않는다 하더라도, 그것은 하나님이 없다거나, 기도가 어리석은 짓이라거나, 또는 건강, 건전함, 자유, 평화, 확신, 지성과 사랑의 기초가 되는 그 돌(원리)을 거절해야 한다는 것을 의미하는 것은 아닙니다.

정말로 필요한 것은 기도가 무엇이고, 하나님이 누구인가를 더 잘 이해하는 것입니다. 만일 오천만 명의 사람들이 수학은 제대로 풀리지 않기 때문에 소용이 없다고 말한다고 해서, 우리가 수학을 거절해야 한다거나, 수학은 쓸데없는 학문이라는 것을 의미하는 것은 아닙니다. 정말로 필요한 것은 수학의 원리를 더 잘 이해하는 것입니다. 기도도 마찬가지입니다. 일단 효과적인 기도의 근거가 되는 원리를 이해하게 되면, 거부되었던 '돌'은 '모퉁이의 머리'가 될 것입니다. 우리의 삶은 기도에 기초하고 있습니다. 나는 그것을 **실존적 예배(existential worshiping)**라고 부르고 싶습니다.

실존적 예배란 무엇입니까? 성서에서는 실존적 예배를 '쉬지 않고 기도하는 것(ceaseless prayer)'이라고 합니다. 그것은 기도하는 세계-내-존재 양식입니다. 그것은 모든 사람과 모든 사물을 지속적으로 거룩한 실재의 맥락에서 보려는 하나의 노력입니다. 우리는 바라보고, 생각하고, 아는 모든 것을, 깨닫든지 깨닫지 못하든지, 어떤 맥락에서 보고 평가하고 있습니다. 그것에는 프로이트, 융, 아들러, 설리반의 맥락이 있습니다. 우리를 어떻게 조건 짓고 있느냐에 따라서, 우리는 일정한 맥락 안에 있는 모든 것을 보고 해석합니다. 어떤 것도 맥락과 상관없이 저절로 보일 수는 없습니다. 예를 들어, 만일 배경이 없다면, 전경에는 아무것도 보이지 않고, 그 자체로 보이는 것은 아무것도 없습니다. 전경을 보는 것을 가능하게 하는 것은 배경입니다. 우리가 무엇을 보든지, 일정한 맥락에서 봅니다. 어떤 맥락은 다른 맥락보다 실존적으로 보다 더 타당합니다. 실존주의는 내담자를 다른 사람들과의 관계라는 맥락에서 보지 않습니다. 그뿐만 아니라 내담자의 개인적 과거사나 가족 배경의 맥락에서도 보지 않습니다. 단지 실존의 근원적 질서에 대한 내담자의 관계라는 맥락에서 볼 뿐입니다.

실존주의 심리치료의 목표는 실존의 근원적 질서와 더 조화를 잘 이루도록 돕는 것입니다. 기도는 실존이나 거룩한 실재의 맥락에서 개인, 상황, 그리고 자신을 마주하여 견성하도록 하는 노력입니다. 실재의 맥락에서 만물은 질서를 이루고 있으며, 모든 사람은 건강하고 선하고 지성적이고 사랑스럽습니다. 우리의 내담자들, 사랑하는 사람들, 우리 자신을 위하여, 우리가 기도하는 법을 배우는 그만큼, 우리는 완전한 영적 실재의 맥락에서 그들을 견성할 수 있는 능력을 발달시킬 것입니다. 그렇게 할 때마다, 선한 무언가가 발생합니다. 그리고 병리는 사라지는 경향이 있습니다. 어떻게 병리가 사라지는 것이 가능할 수 있습니까? 우리가 그것에 그렇게 몰두하고 있는 것은 그저 소망사고일 뿐 아닌가요? 아니면 마술적 사고인가요?

다음과 같은 질문을 해 봅시다. 병리란 무엇입니까? 병리는 하나의 현상입니다. 병리는 실존적으로 타당하지 못한 생각이 겉으로 드러난 것입니다. 그것은 사고, 언어, 행동, 신체화 즉, 신체 증상으로 나타날 수 있습니다. 겉으로 드러난 것은 사라질 가능성도 갖고 있습니다. 겉으로 나타난 것이 어떻게 사라질 수 있을까요? 치료 상황에서 일어나는 일은, 실재에 대한 치료사의 타당한 견해가 내담자의 관점에 충격을 주는 것입니다. 그리하여 내담자는 삶을 자신에게 익숙했던 것과는 다른 방식으로 볼 수 있다는 것을 깨닫게 됩니다. 달리 말하면 치료사는 내담자와는 다른 세계에 살고 있는 것입니다. 아마도 치료사의 세계는 실존적으로 보다 더 타당할 수 있을 것입니다. 치료적 만남에서 그 두 세계가 충돌하는 것입니다.

내담자들은 보통 대인 관계적 맥락에 심하게 연루되어 있는 것을 가지고 치료 상황에 들어옵니다. 대부분의 병리는 혼란스러운 대인 관계적 사고에서 생깁니다. 이것은 삶을 대인 관계의 과정으로 해석하기 때문입니다. 따라서 내담자는 삶을 대인 관계의 맥락에서 보는 한, 한 사람의 내담자일 뿐입니다. 이러한 대인 관계가 좋을 때는 기분 좋지만, 그 관계가 불안해지면, 기분이 나빠집니다. 대인 관계적 맥락에서는—자기와 타인—이라고 하는 수평적 사고에 얽혀 듭니다.

만일 병리와 고통이 잘못된 대인 관계에서 나온 것이라면, 치료는 이 대인 관계를 개선하는 데 목표를 두어야 한다는 가정의 근거가 되는 순진한 생각을 하게 되고, 그것은 재미있는 일입니다. 그것은 마치 수도꼭지에서 나오는 물이 마시기에 좋지 않다면, 수도꼭지를 고치라고 말하는 것과 같습니다. 의학에서는 이것을 '원인과 결과(post hoc ergo propter hoc)'라고 합니다. 이러한 오류는 두 가지 잘못된 사고 양식, 즉 인과율적 사고와 이원론적 사고를 담고 있습니다. 이것들은 편협한 사고를 적나라하게 보여 주는 징조들입니다.

우리는 치료사의 인생관이 일차원적이 아니라 전-차원적인 것이 되기를 바랍니다. 즉, 치료사는 자신의 삶을 실존의 상황 안에서 봅니다. 그리고 거기에는 실재에 대한 하나의 다른 지각이 존재합니다. 실재를 다르게 지각하는 것으로부터 내담자는, 삶이란 반드시 내담자 자신이 생각했던 방식대로가 아니라는 것을 발견할 기회를 얻게 됩니다. 내담자가 삶을 다른 맥락에서 보는데 흥미를 갖게 되면서, 병리는 사라지기 시작합니다.

오늘은 기도에 대하여 말하는 것으로 시작하였습니다. 기도는 내담자가 자신의 맥락을 포기하고 상담사의 맥락을 받아들이도록 영향을 끼치려고 노력하는 심리치료의 기술이 아닙니다. 그렇게 오해하지 말아야 합니다. 그것은 기도가 아닙니다. 우리는 기도할 때, 언제나 우리 자신의 의식을 정화하려고 합니다. 그것은 매우 이기적으로 보이지 않나요? 우리는 명료하게 볼 수 있기 위하여 기도합니다. 기도는 우리가 오직 실존적으로 타당한 맥락, 즉 거룩한 실재의 맥락을 의식하도록 돕습니다. 삶이나 텔레비전이나 신문, 또는 내담자 때문에 혼란을 겪게 되기 쉽습니다. 내담자가 치료사에 의하여 좋은 영향을 받는 대신에, 치료사가 내담자에 의하여 좋지 않은 영향을 받게 되는 일이 생깁니다. 이것을 전통적으로 다루는 방법은 슈퍼비전을 요청하여 역전이를 정리하는 것입니다. 그러나 우리가 쉬지 않고 기도하는 삶을 산다면 그렇게 할 필요가 없습니다. 왜냐하면 기도의 도움으로 우리는 영적 인생관을 유지할 수 있기 때문입니다. 이 영적 관점, 그리고 이 의식의 특성이, 내담자에게 치료적 영향을 끼칩니다.

치료사의 의식이 심지어는 내담자가 떠난 후에도 유익한 영향을 끼칠 수 있다는 것은 흥미롭고, 그리고 마술처럼 보이기도 합니다. 만일 거룩한 실재의 맥락에서 내담자의 내면을 견성하게 된다면, 우리가 내린 진단적 편견으로부터—즉, 내담자에 대한 판단, 아마도 내담자를 진단하면서 하게 되는 모든 판단으로부터, 우리는 치유를 받게 될 것입니다. 우리는 진단할 때마다, 판단할 수밖에 없습니다. 우리는 판단하는 자리에 앉아 있습니다. 그리고 그것은 그 자체로 매우 해롭습니다. 우리는 기도의 도움을 받아 우리의 의식을 빠르게 정화할 수 있습니다. 내담자를 진단적 범주로 생각하는 한, 내담자는 치유받을 수 없습니다. 이것이 입원환자의 비극입니다. 누군가가 병원에 입원하면, 그는 필연적으로 하나의 진단적 범주가 됩니다. 그를 사랑-지성을 드러내는 영적 존재로 보지 않게 되고, 진단적 범주로 보는 것입니다. 그리고 그는 꼬리표를 단 죄수가 됩니다. 내담자가 병원에서 치유받기는 매우 어렵습니다. 만일 우리가 진단을 잊어버리고, 기도하면서 내담자를 하나님의 선을 드러내는 영적 존재로 보려고 노력한다면, 우리는 내담자들에게 큰 유익을 끼칠 수 있을 것입니다.

우리가 피아노 치는 법을 배울 때, 피아노 치는 기술을 배우는 것입니다. 그러나 피아노 치는 방법을 다 배우고 난 후에 그것은 더 이상 '피아노를 치는 것'이 아니고, 음악을 연주하는 것입니다. 그것이 피아노이든 정신역동이든 언어학이든, 우리가 배운 것은 무엇이든지 기술을 넘어섭니다. 그렇지 않으면 우리는 치유하는 것이 아니라, 단지 병리를 진단하고 연구하는 것입니다.

지금까지 말해 왔던 모든 것은 잘못된 질문을 삼가고, 바른 질문을 해야 한다는 것으로 요약됩니다.

질문: 의미를 식별하는 것과 이해하는 것의 차이는 무엇입니까?

호라 박사: 우리가 열린 마음으로, 판단하지 않고, 선입견 없이 상황을 직면하게 될 때, 의미는 그 자체를 우리에게 드러냅니다. 만일 우리가 어떤 것을 이해하려고 할 경우, 선입견에 기초하여 누군가에게 책임을 지우게 될 것입니다. 그렇게 되면 언제나 잘못을 저지르게 됩니다. 여기에서 요청되는 것은 만남의 상황 안에서 드러나는 것을 열린 마음으로, 정중하게, 그리고 사랑으로 지각하는 것입니다. 드러나는 것은 실제로 존재(is)하는 것이 아닙니다. 그것은 겉으로 보이는 것의 의미입니다. 예를 들어, 앞에서 말했던 내담자는 다른 사람을 무시하는 사람으로 보입니다. 이것은 겉으로 보이는 것이지만, 실제로 그런 것은 아닙니다. 실제로 존재하는 것은 하나님의 영적인 자녀이고, 사랑–지성의 발현인 것입니다.

우리에게 나타나는 의미에 대하여 말할 때, 그것은 현상학적 지각에 대하여 말하고 있는 것입니다. 그것은 현상에 대하여 열린 마음으로, 선입견 없이, 판단하지 않고, 식별하는 것을 의미합니다. 현상은 하나의 지각으로서 그 자체를 발현하는 하나의 생각입니다. 우리가 내담자와 함께 앉아 있을 때, 여러 가지 현상이 나타날 것입니다. 만일 선입견도 없고 판단도 하지 않으면서 열린 마음으로 이 현상들에 직면한다면, 그 현상들의 의미를 지각할 수 있을 것입니다. 예를 들어, '소멸적 사고를 지니고 있는' 내담자가 "나는 다시 오지 않을 것이기 때문에 상담을 종결하고 싶어요."라고 말했다면, 그것은 '나는 치료사로서의 당신을 소멸시키고 싶어요.'라는 의미를 지닌 현상입니다. 그러나 보통 누군가가 우리를 소멸시키려고 한다면 우리는 상처를 받을 것입니다. 물론 치료사나 깨어 있는 사람은 상처를 받지 않을 수 있습니다. 사람들은 자신들이 원하는 만큼 우리들을 '소멸할' 권리를 갖고 있지만, 우리는 그것을 개인적으로 받아들일 수 없습니다.

이 사례에서 필요한 모든 것은 그녀에게 정중하고 우호적으로 대하여 그녀로 하여금 있는 그대로 존재하게 하는 것입니다. 그 내담자가 떠난 후 우리는 신경이 쓰여서 약간 혼란스럽고 심지어는 걱정하고 있는 자신을 발견할 것입니다. 왜냐하면 이 내담자가 자살의 위험에 있기 때문입니다. 만일 그 내담자에 대하여 걱정하고 있거나 그녀의 거절 때문에 개인적으로 상처를 받았다면, 우리는 신속하게 기도하여, 그녀의 걱정과 상처, 심지어는 비난으로부터도 우리 자신을 치유해야 합니다. 이것들 중 어떤 것도 우리의 의식 속에서 악화되도록 허용해서는 안 됩니다. 우리는 신속하게 기도함으로써 내담자에 대하여 사랑하는 마음과 동정심을 갖도록 해야 합니다. 우리는 내담자의 병리에 영향을 받지 않도록 자유로워야 합니다. 그리고 그 병리에 영향을 받지 않는 우리의 자유로움이 비록 내담자가 다시 돌아오지 않는다 해도, 내담자에게 치료적 영향을 끼칠 수 있습니다. 흥미롭게도 내담자는 만일 우리가 성공적으로 우리 자신을 위하여 기도하였다면, 돌아올 수도 있습니다.

치료사의 치유적 특성은 그리스도 의식(Christ consciousness)이라고 부를 수 있습니다. 이 의식은 치유를 필요로 하는 모든 사람에게 영향을 끼칩니다. 우리는 내담자에게 치료를 위한 동기를 갖게 할 필요가 없습니다. 이 분야에서 잘 알려진 오해가 있는데, 그것은 내담자가 다시 돌아와서 치료를 받도록 동기를 부여해야 한다는 것입니다. 내담자에게 동기를 부여한다는 말은 실제로 무슨 뜻입니까? 동기부여는 영향을 끼치는 것입니다. 우리에게는 어느 누구에게도 영향을 끼칠 권리가 없습니다. 영향을 끼치고 치유하는 능력을 갖고 있는 것은 그리스도 의식입니다. 우리는 실제로 아무것도 할 수 없습니다. 기도는 그리스도 의식을 유지하도록 우리를 돕습니다. 그리고 그것이 치유하는 능력입니다. 그것은 사랑으로, 자유로, 필요한 모든 것으로 전해집니다. 심리치료는 완전할 수 없습니다. 심리치료는 우리가 치유에 참여하는 하나의 과정이 아닙니다. 기도는 모퉁잇돌이며, 치유효과가 의존하고 있는 근거입니다.

사례 발표

24세의 백인으로 강건해 보이고, 멋지게 차려입은 남학생이다. 파트타임으로 경호원 일을 하고 있으며 치료를 원하였다. 그는 조용해 보이고, 약간 수줍어하는 태도였으나, 접수 담당자가 이름에 사인을 하라고 요청했을 때 그는 욕설을 퍼붓는 행동을 하였다. 겉으로는 말수가 적어 보였지만, 그의 행동은 종종 퉁명스럽고 적대적이었다. 약혼녀가 결혼하겠다는 마음을 바꾸었기 때문에 당황스럽다고 말하는 그는 우울함, 고립감, 때로는 자살하고 싶은 생각을 호소하였다.

사례 발표에 대한 설명

이 내담자의 세계-내-존재 양식은 무엇인가요? 본질적으로 이 내담자의 세계-내-존재 양식은 경쟁적인 것으로 보입니다. 그는 일등을 하지 않으면, 견딜 수 없었습니다. 그는 여자 친구와 결혼하고 싶었으나, 그 여자가 거절하자 자신이 실패자라고 느꼈습니다. 그녀가 결혼하겠다고 해도, 그는 여전히 실패자입니다. 왜냐하면 그녀가 그 남자보다 더 많은 돈을 벌기 때문입니다. 그는 계속해서 다른 사람들과 비교해서 그들보다 우위에 있기를 원합니다. 그는 여자 친구보다 그리고 치료사보다 우위에 있기를 원합니다. 치료사는 판단하기 위하여 여기에 있는 것이 아니라 깨닫게 하기 위하여 있는 것이라고 그에게 말합니다. 이것은 그를 불편하게 했고, 그로 하여금 열등감을 갖게 해 주었습니다. '여기에 이 여자가 있다. 그녀는 나로 하여금 깨달음에 이르기를 원한다!' 그는 이것을 받아들일 수가 없습니다. 경쟁적인 세계-내-존재 양식에서 도움을 구해야 한다는 바로 그 사실은 패배로 해석됩니다. 경쟁적인 세계-내-존재 양식에서 모든 경험은 일종의 타인을 깎아내리는 행위입니다. 내담자는 삶을 우월이나 열등으로 해석합니다. 그는 자신의 삶을 우월한 수준으로 살지 못하였습니다. 기본 가정은 이것입니다. 즉, 그가 우월할 수 있다면, 아마도 행복할 수 있을 것이라는 것입니다. 그러나 만약 그의 여자 친구보다 우월할 수 있다면, 그는 그녀에게 흥미를 잃을 것입니다. 그녀가 안 된다고 말하면, 그는 거절당했다고 느낄 것입니다. 그녀가 좋다고 말하면, 그는 열정을 잃을 것입니다. 이것은—삶을 누가 위에 있느냐는 관점으로 보는 것은—잘못된 세계-내-존재 양식 중에서 일반적인 형태들 중의 하나입니다.

다음과 같은 질문을 하고 싶은 유혹을 물리쳐 봅시다. '왜 그는 이렇게 할까요? 이렇게 된 것에 대한 책임은 누구에게 있나요? 우리는 그것에 대하여 무엇을 해야 하나요? 그것을 어떻게 해야 하나요?' 이러한 질문들을 잊어버리고, 그 질문들을 넘어서, 다음과 같이 질문해야 합니다. '현상의 의미는 무엇입니까?' 이것은 남보다 한 수 앞서 가야 한다는 관점에서 삶을 오해하고 있는 것입니다. 이제 우리는 그의 세계-내-존재 양식을 알았습니다. 그러면 두 번째 질문을 하게 됩니다. '실제로 존재하는(is) 것은 무엇입니까(What is what really is)?' 실제로 존재하는 것은 내담자는 사랑-지성을 나타내는 고유한 사람으로서, 전적으로 다른 사람들과 비교될 수 없다는 것입니다. 전 우주에서 그 내담자와 비교될 수 있는 사람은 아무도 없습니다. 왜냐하면 우리는 모두 똑같은 신성의 원리(God-principle)를 표명하는 고유한 사람들이기 때문입니다. 우리와 똑같은 사람은 한 사람도 없기 때문에, 우리는 결코 다른 사람과 비교될 수 없습니다. 그 내담자는 한 개인으로서 자신의 고유한 가치로서 이해되어야 할 필요가 있습니다. 그 사람에게 질문할 수 있습니다. "여기를 보십시오. 수학에서 어떤 숫자가 더 중요합니까? 6입니까, 아니면 7입니까?" (설명: 이 내담자는 7이 더 높기 때문에 7이라고 말할 수 있을 것이다.) 그러나 6은 7만큼 중요합니다. 다른 것과 비교하여 평가해서는 안 됩니다. 모든 사람은 만물을 향한 총체적 계획 가운데서 그 나름대로 고유하고 중요한 존재입니다.

질문: 그러나 우리는 현실적이어야 하며, 그러므로 이 내담자가 가진 직업의 상태를 고려해야 하지 않습니까?

호라 박사: 현실적(realistic)이어야 한다는 것과 실재(being real)의 차이를 생각해 봅시다. 예를 들어, 현대 가구와 현대적 가구가 있다 합시다. 실제적인 것은 실재(the real)의 모조품입니다. 그것은 '실재와 같은 것(like real)'을 의미합니다. 현대적이라는 말은 '현대와 같은'이라는 뜻입니다. 디트로이트에서는 다음과 같은 광고가 났습니다. '이 자동차는 저렴하지만 고가의 자동차와 거의 같습니다.'

우리는 현실적인 것에서 실재로 변화될 수 있습니다. 현실적인 것은 실재가 아닙니다. 그것은 실재를 흉내 낸 것입니다. 그것은 삶이 아니고 삶의 위조품입니다. 만일 우리가 현실적으로 살고자 한다면, 삶은 한 문제가 지나고 나면 다른 문제가 나타나는 지속적인 시련의 과정이 됩니다. 그리하여 조화, 평화, 그리고 확신에 이를 수 없습니다. 따라서 현실적인 것에 안주하지 말고, 실재에 이르도록 노력해야 합니다.

질문: 하나님을 믿어야 합니까?

호라 박사: 우리는 치료의 바람직한 목표로서, 하나님을 믿으라고 절대 말하지 않았습니다. 우리가 말하려고 하였던 것은 신적 실재, 실제로 존재하는 것, 곧 실재를 알도록(know) 하는 것입니다. 여기에서는 누구도 실재에 대한 신조를 주장하지 않았습니다. 신조(belief)에는 치료적 가치가 없지만, 바르게 아는 것(right knowing)에는 치료적 가치가 있습니다. 부력을 믿는 것은 수영하는 데 도움이 안 되지만, 부력을 잘 아는 것(being acquainted)은 우리가

물에 떠서 수영하는 것을 가능하게 할 것입니다. "너는 하나님과 화목하고, 평안하라."(욥기 22:21)

질문: 호라 박사님, 당신이 떠나기 전에, 내담자를 위하여 기도하는 법을 다시 한 번 가르쳐 주십시오.

호라 박사: 좋습니다. 우리는 현상을 부인함으로 기도를 시작합니다. 하나님 나라에서는 절대로 경쟁은 없습니다. 거룩한 실재에서는 하나님을 드러내는 모든 표명은 살아서, 움직이며, 완전한 조화 가운데서 존재하게 됩니다. 우리는 거룩한 실재의 맥락에서 내담자를 견성합니다. 그리고 그가 실재를 있는 그대로 알게 됩니다.

법과 원칙

(Laws and Principles)

생명, 우주, 그리고 실존은 아무렇게나 무질서하게, 또는 우연에 의하여 지배를 받지 않습니다. 생명, 우주 그리고 실재는 궁극적인 의미가 있으며 법칙에 의하여 지배받습니다. 실존을 지배하는 법칙이 있습니다. 우리는 물리적 우주를 지배하는 법칙에 대하여 알도록 교육을 받습니다. 중력의 법칙, 천체의 움직임을 지배하는 법칙, 서로의 관계 속에서 원자와 분자를 지배하는 법칙, 자연의 법칙, 그리고 생리학의 법칙을 알고 있습니다. 만물은 법칙에 의하여 움직이고 있는 것 같습니다. 실존도 법칙의 지배를 받습니다. 삶은 우연이 아니며, 원시적인 혼돈도 아닙니다.

실존을 지배하는 법칙을 영적 법칙이라고 합니다. 인간은 실존이 개인적 형태로 구체화된 것입니다. 인간은 실존의 실존을 드러냅니다. 인간은 건강하기 위하여 그리고 삶을 실현하기 위하여 실존을 지배하는 법칙을 이해할 필요가 있습니다. 그러면 인간은 법칙과 조화를 이룰 수 있을 것입니다. 우리는 운전할 때 교통 규칙을 지켜야 합니다. 그렇지 않으면 사고가 납니다. 대부분의 사람은 그 사실을 잘 알고 있습니다.

실존주의 심리치료는 실존의 법칙을 진지하게 받아들입니다. 그 법칙을 연구하고, 그것을 이해하려고 노력합니다. 그리고 법칙과 더 잘 조화를 이루도록 사람들을 돕습니다. 그러면 그들은 안전하고, 건강하고, 행복하게 삶을 성취할 수 있을 것입니다. 이것은 정신역동 이론, 대인 관계 이론, 리비도 이론, 적응이론, 또는 인간 조건에 관한 다른 어떤 이론보다도 훨씬 더 광범위한 접근 방법입니다. 이것은 궁극적 실재라고 하는 맥락 속에서 본 인간에 대한 포괄적인 관점입니다.

자기-이해에 관한 한, 만일 우리가 우리 자신을 실존이 구체화한 것으로 이해한다면, 그리고 만물의 전체 계획 속에 우리가 있음을 이해한다면, 우리는 거의 완벽하게 자기를 이해할 수 있는 가능성이 있습니다. 자기 자신을 이해한다는 말은 무엇을 의미하나요? 자신을 이해한다는 것은 우리가 누구이며, 무엇을 하여야 하며, 우리의 목적은 무엇인지, 그리고 우리가 경험하는 모든 것은 무슨 의미가 있는가를 아는 것입니다.

태곳적부터 인간은 자신을 이해하기 위하여 노력하여 왔다는 사실을 상상하는 것은 흥미로운 일입니다. 인간은 다음과 같은 방법으로 노력하였습니다. 인간은 자신의 신체 구조를 이해하기 위하여 시체를 해부하였습니다. 그는 생리학, 생물학, 그리고 사회학을 연구하였습니다. 언제나 인간 자신을 이해하기 위하여 인간을 연구의 일차 목표로 설정하였지만, 그러나 언제나 실패하였습니다.

우리가 아무리 과학적이라 해도, 아무리 많은 탐구를 해도, 심지어 세포의 분자 구조까지 탐구한다 해도, 인간을 연구하는 것으로는 인간을 이해하지 못할 것입니다. 이것은 전문가에 대한 재미있는 정의를 생각나게 합니다. 전문가는 아무것도 없는 무(無, nothing)에 대하여 알기 위하여 모든 것을 알게 될 때까지, 점점 작아지는 것(less and less)에 대하여 알기 위하여 점점 더 많이(more and more) 배우는 사람입니다. 인간에 대하여 알면 알수록 우리 자신에 대하여 더욱 신비스러워집니다. 그러므로 인간을 연구함으로써 우리 자신에 대하여 충분히 배울 수 있는 방법은 없는 것 같습니다. 어디에선가 걸리는 곳이 있습니다. 그것은 다음과 같습니다. 인간은 혼자서 스스로 존재할 수 없습니다. 바다 없는 파도와 같은 것은 존재하지 않습니다. 바다 없는 파도를 연구하기 위하여 정부의 연구비를 받은 과학자를 상상할 수 있나요? 그것이 우리가 인간 자체를 연구할 때 하는 일입니다. 파도를 바다와 떼어서 별도로 이해할 수 없듯이, 인간도 하나님과 떼어서 별도로 이해할 수 없습니다. 따라서 우리가 누구인가를 알기 위하여, 하나님을 연구해야 합니다.

지금쯤 당신은 실존이 하나님과 동의어라는 것을 짐작했을 것입니다. 존재의 근원적 질서를 구성하는 실존 법칙은 하나님의 법칙이고, 모든 삶의 기초에 있는 영적 법칙입니다. 우리가 하나님을 더 많이 이해하면 할수록, 인간과 우주 안에 존재하는 다른 모든 것을 더 많이 이해하게 됩니다.

나는 '이해'라는 말을 강조할 것입니다. 그것은 실존적 의미에서 이해되어야지, 어떤 것에 대한 지식과 혼동해서는 안 됩니다. 신학은 하나님에 대하여 많은 정보를 줄 수 있지만, 단지 신학을 연구하는 것으로는 하나님을 이해할 수 없습니다. 지식에는 두 종류가 있습니다. 정보를 주는 지식과 변화를 가져다주는 참 지식이 있습니다. 실존적 의미에서 진실로 타당한 것을 이해할 때마다, 어떤 일이 우리에게 발생해서, 우리는 어느 정도의 변화를 경험합니다. 정보에는 그러한 실존적 영향력이 없습니다. 정보는 단지 어떤 것에 대한 지적 지식일 뿐입니다. 실존주의 심리치료는 하나님에 대하여, 자신에 대하여, 삶에 대하여 정보를 주는 데 관심을 갖지 않습니다. 우리는 변화를 일으키는 이해가 발생하도록 노력합니다.

우리가 어렴풋하게라도 신성한 실재를 알게 될 때, 그것은 건강, 자유 그리고 이해에 대하여 엄청나게 중요한 일이 될 것입니다. 우리는 새로운 빛 아래서 성서의 어떤 구절들과 국면들을 매우 유용하고 적절하게 이해하기 시작하게 될 것입니다. 사실 성서는 지성적 삶을 위한 교과서가 될 수 있습니다. 그러나 그것을 종교적 교리나 또는 신학적 논쟁의 맥락에서가 아니라, 보다 실존의 맥락에서 읽는 법을 배워야 합니다.

질문: 논쟁의 여지가 있는 낱말인 '하나님(God)'에 대하여 자세히 설명해 주십시오.

호라 박사: 하나님은 사실 논쟁의 여지가 많은 낱말입니다. 많은 사람은 그 말을 꺼립니다. 훨씬 더 많은 사람이 종교적 광신자라는 꼬리표가 붙을까 보아서 그 낱말을 사용하기를 두려워합니다. 어떤 사람들은 심지어 그 낱말을 들으면 화를 낼 수도 있습니다. 가장 오용되고, 신뢰를 상실하고, 음해되고 있는 낱말이 세 개가 있습니다. 하나는 하나님(God), 다른 하나는 사랑(love), 세 번째는 진리(truth)입니다. 이 세 낱말은 너무 많이 왜곡되고 신뢰를 잃어서 사람들은 그 낱말들을 사용하기를 두려워합니다. 그 낱말들은 특히 심리치료 분야에서 회피합니다. 그럼에도 불구하고 그것들은 모든 지성적 삶의 기초가 되어야 할 근원적 실재를 구성합니다. 그렇지 않으면 우리는 어두움 속에 있게 됩니다. 하나님 없이, 사랑 없이, 진리 없이, 가치 있는 실존도 의미 있는 실존도 가능하지 않습니다.

논의를 더 전개하기 전에, 우리는 삶의 모든 것을 평가하기 위하여 기준이 되는 두 가지의 기본 개념에 익숙해져야 합니다. 그것은 실존적으로 타당한 가치와 실존적으로 부당한 가치입니다. 가치란 무엇을 의미하나요? 성서는, "네 보물이 있는 그곳에는 네 마음도 있느니라."(마태복음 6:21; 누가복음 12:34)라고 말합니다. 삶에서 우리의 보물이 되는 것은 무엇이든, 우리에게 중요한 것은 무엇이든 우리의 가치를 형성합니다. 에머슨(Emerson)은 다음과 같이 말했습니다. "너의 마음이 가는 것을 조심하라. 그것을 이룰 것이기 때문이다."

어떤 가치를 지지하고 소중하게 여기는가를 아는 것이 중요합니다. 만일 잘못된 가치를 소중하게 여긴다면, 어려움을 겪을 수 있습니다. 어떤 가치가 올바른지 어떤 가치가 잘못되었는지 어떻게 알 수 있습니까? 너무 많은 가치가 있고, 가치에 대한 주장이 너무 많습니다. 우리의 문화에서 가장 자주 권장되는 가치들 중의 하나는 감각적 쾌락입니다. 거의 한결같이, 매체는 감각적 쾌락의 중요성을 주장하고 있습니다. 이것은 섹스, 옷, 음식, 음료수와 같은 것들일 수 있습니다. 그것들이 기본적으로 말하는 것은 감각적 쾌락이 최고의 가치라는 것입니다.

의견: 그것들은 보다 편리하게 기능하도록 우리들을 돕습니다.

호라 박사: 여기에서 두 가지—기능과 편리라는—가치에 대하여 들었습니다. 그것은 우리 안에 깊이 배어 있어서, 문화가 제공하는 가치를 받아들였다는 것조차 깨닫지 못합니다. 이것들은 실존적으로 타당한 가치인가요, 아니면 타당하지 않은 가치인가요? 예를 들어, 만일 삶에서 편리하게 기능한다면, 그것은 우리가 건강하거나 깨달음에 이르렀다는 것을 의미할까요? 반드시 그런 것은 아닙니다. 좋은 기계는 편리하게 기능합니다. 실존적으로 타당한 가치는 건강, 조화, 자유, 평화, 확신, 감사와 사랑과 같은 삶의 특성과 관련이 있습니다. 우리가 이러한 의식의 특성들을 구현하게 하는 가치는 무엇이나 실존적으로 타당하다고 생각해도 좋을 것입니다.

질문: 갈등은 실존적 가치를 갖고 있지 않나요?

호라 박사: 갈등에는 어떤 유익이 있나요? 갈등에 대한 요점은 다음과 같습니다. 갈등이 혼란과 고통을 초래하는 한, 그것은 우리로 하여금 조화를 추구하도록 돕습니다. 그 안에 갈등의 가치가 있습니다. 그러나 갈등 자체는 실존적으로 타당한 가치가 아닙니다.

질문: 행복은 기쁨이나 쾌락과 같은 것입니까?

호라 박사: 행복이 기쁨과 관련되어 있다고 생각되는 한, 기쁨은 참된 행복의 기초가 되는 의식의 특성이라는 것을 아는 것이 좋습니다. 그러나 행복을 흥분이나 감정주의와 혼동해서는 안 됩니다. 기쁨은 감정이 아니라, 의식의

특성입니다.

쾌락에 대한 핵심은 우리가 자주 초보적인 오해의 희생자가 된다는 것입니다. 즉, 우리 모두가 행복을 원하면서 쾌락에 안주한다는 것입니다. 우리가 쾌락을 행복으로 잘못 알고 있을 때, 무엇엔가 사로잡히게 됩니다. 그것은 약물 중독의 비극이고, 다양한 형태의 잘못된 세계-내-존재 양식들이 가져다주는 비극입니다. 우리는 행복과 쾌락의 차이를 알지 못한 채, 행복을 원하지만, 쾌락을 추구합니다. 감각주의는 일시적인 쾌락, 그리고 변함없이 불쾌한 뒷맛이 뒤따르는 쾌락을 가져다줍니다. 우리의 문화는 삶의 모든 분야에서 감각적 쾌락을 강조합니다. 그 이유는 악의가 있어서가 아니라, 단지 행복의 주제에 관하여 충분히 명쾌하게 이해하지 못하고 있기 때문입니다.

바른 질문

(The Right Question)

질문: 메타실존치료는 얼마나 널리 알려져 있나요?

호라 박사: 그리 널리 알려지지는 않았지만, 진리를 추구하는 영역에서 통계 자료가 무슨 가치가 있나요? 우리가 진리에 더 가까이 갈수록 대중성은 더 줄어든다는 통계는 흥미로운 일입니다. 우리의 문화에서 나타나 들불처럼 퍼져 나가는 여러 가지 유행을 생각해 보십시오. 우리는 다음과 같은 질문을 할 수 있습니다. 타당성이 없는 개념이 어떻게 그렇게 빠르게 받아들여질 수 있는가? 새로운 개념과 새로운 유행이 그렇게 빨리 나타날 수 있는가? 어떻게 사람들은 그러한 시류에 열심히 편승하다가 반복적으로 실망하고 사라질 수 있는가?

예수께서 하신 말씀을 떠올리는 것은 흥미로운 일입니다. "천지는 없어지겠으나 내 말은 없어지지 아니하리라."(마가복음 13:31; 누가복음 21:33) 이것은 건방진 말인가요? 어떻게 그는 그런 말을 할 수 있었을까? 그가 말하려는 것은 무엇이었을까요? 그는 현상의 세계는 왔다 가지만, 진리는 영원하다는 것을 말씀하신 것입니다. 진리는 대중적이지 않습니다. 그러나 그 자체로 실존적 타당성을 입증합니다. 우리는 실존적으로 타당한가, 아닌가를 어떻게 알 수 있나요? 진리는 건강을 증진시키고, 삶을 고양하고, 조화롭게 하며, 자유와 치유, 그리고 행복을 가져다줍니다.

홍분은 대중적입니다. 홍분은 거짓 행복입니다. 대부분의 사람은 홍분되는 삶을 원하고 있습니다. 그러나 홍분은 현상학적인 관점에서 보면 하나의 혼란입니다. 그것은 항상성을 유지하는 데 혼란을 주는 무엇입니다. 항상성을 유지한다는 것은 유기체의 생리학적 과정이 조화로운 질서를 유지하는 것을 의미합니다. 홍분이란 행복한 삶의 한 국면이라고 믿고 있지만, 실제로는 하나의 혼란에 불과합니다.

진리는 어떻게 증명되고, 이해될 수 있을까요? 그 결과로 가능합니다. 진리가 가져다주는 가장 결정적인 실존적 충격은 자유입니다. 자유는 실존과 건강의 근원적 질서의 본질적 요소입니다. 다시 말하면, 예수는 진리가 인간을 자유롭게 한다고, 멋지게 정의를 내렸습니다. 무엇으로부터의 자유인가요? 진리는 무슨 종류의 자유를 가져다주나요? 우리가 참으로 우리 자신이 되는 자유를 가져다줍니다. 무엇이 우리로 하여금 참으로 우리 자신이 되지 못하게 하나요? 일상생활 속에서 참으로 자기 자신의 존재가 갖고 있는 진리를 실현하고 있다고 명쾌하게 말할 수 있는 사람이 누가 있나요?

우리는 다음과 같은 자유에 함축되어 있는 정의를 들어 왔습니다. 그것은 우리가 느끼는 대로 행동할 수 있다는 것입니다. 그러나 느끼는 대로 행동하는 것은 자유가 아닙니다. 그것은 방종입니다. 이것이 만남 집단(encounter groups)이 근거로 삼았던 바로 그 오류였습니다. 그 집단들도 아주 유행하였지만 사라지고 말았습니다. 어떤 사람들은 자유를 선택의 자유라고 정의합니다. 그러나 자유롭게 선택하기 위하여, 우리는 올바르게 인지할 수 있어야 할 것입니다. 그러나 올바르게 인지할 수 있는 기능을 갖고 있나요? 우리의 지각들은 신뢰할 만한가요? 만일 그 지각들이 신뢰할 만하지 못하다면, 자유로운 선택을 말하는 것은 하나의 환상에 불가합니다. 우리는 또한 실재에 함축되어 있는 정의도 들었습니다. 사회가 말하는 것, 그것이 실재라는 정의입니다. 그것은 진실인가요? 사회는 실재도 아니며, 또한 실재의 조정자도 아닙니다. 그것은 단지 문화의 요구를 대변하는 것일 뿐입니다. 사회는 단지 실재라고 우리에게 요구할 뿐입니다. 그러나 사회는 실재하는 것이 무엇인가를 안다고 천명하지 못합니다. 실제적인 사람이 되라는 것은 단지 실재하는 척 행세하라는 것일 뿐입니다. 소위 실제적인 사람은 단지 실재의 삶을 모방할 뿐입니다.

인간이란 무엇입니까? 우리는 인간입니까? '인간(person)'은 우리의 겉모습이 아닙니다. 우리가 그렇게 보이려는 모습이 아닙니다. 그러면 '우리는 정말 무엇입니까?' 이것이 실존 심리치료의 핵심적인 질문입니다. 우리 모두는 그 질문에 대한 답을 찾아야 합니다. 그 답을 찾을 때 우리는 깨달은 사람이 됩니다.

만일 '인간'이 우리가 그런 척하고 흉내 내는 어떤 것이라면, 그리고 그렇게 우리가 대인 관계를 맺는다면, 어떤 일이 일어날까요? 그런 대인 관계 안에서는 어떤 일이 일어날까요? 마찰이 일어날 것입니다. 허구적인 두 성격들이 서로서로 상호작용을 할 것입니다. 만일 우리가 대인 관계에 대한 이러한 사실을 숙고한다면, 많은 사람이 치료적 목적을 위하여 대인 관계 상담에 시간과 에너지를 쓰고 있다는 것을 생각할 때 놀랄 것입니다. 어떻게 하나의 허구적 존재가 또 다른 허구적 존재의 건강을 증진시킬 수 있을까요? 대인 관계는 사람들의 건강이 아니라, 단지 가식적 주장을 증진시킬 수 있을 뿐입니다.

대인 관계적 상황에서 진짜 문제는, 기능이나 적응 또는 관계, 연계 또는 조정이라 불리는, 가식적 주장을 바꾸는 것입니다. 적응한다는 것은 무엇입니까? 우리는 얼마나 그러한 게임을 잘하고 있습니까? 우리는 사회적으로 수용되는 방식으로 게임하는 방법을 배우지만, 우리의 자기-정체성이라고 하는 진리와는 여전히 거리가 멉니다. 우리 자신을 믿는 허구를 발달시키는 데 우리의 관심을 집중함으로써, 그리고 거기에 에너지를 씀으로써 자기-정체성이라는 진리를 발견할 희망이 없다는 것은 당연합니다.

진리가 자유의 근원적 요소라는 것을 고려할 때, 그리고 참된 자기-정체성의 실현을 실존주의 심리치료의 목표라고 생각할 때, 우리는 겉모습을 발달시키는 것보다 진리를 추구하는 것이 얼마나 귀하고 중요한가를 알게 될 것입니다.

본래성(authenticity)이라는 목표를 달성하기 위하여 어떤 방법으로 노력할 것입니까? 사실 그것은 매우 단순합니다. 우리가 해야 할 모든 것은 올바른 질문을 배우는 것입니다. 모든 심리치료는 질문을 부당하게 선택하므로 생긴 희생제물입니다. 이 분야에서 가장 자주 하는 질문은 무엇인가요?

첫 번째 질문은, '그 일은 왜 일어났는가?'입니다. 이것은 원인과 결과를(cause-and-effect) 묻는 질문입니다. 어떤 일이 일어났다는 것은 분명히 원인이나 이유가 있을 것이라고 가정하는 것입니다. 이것은 매우 논리적으로 보이지만, 불행하게도 그것은 더 넓은 맥락에서 보면 정당하지 않습니다.

두 번째 질문은, '발생한 일의 책임은 누구에게 있는가?'입니다. 이것은 개인주의적(personalistic) 질문입니다. 실제로 누구에게도 책임이 없습니다. 원인도 없고 죄인도 없습니다.

세 번째 질문은, '우리는 무엇을 해야 하는가?'입니다. 이것은 조작적(operational) 질문입니다. 우리가 잘못된 것은 무엇이든 고칠 수 있다고 가정하는 것입니다. 인간은 실제로 조작하는 사람이 아닙니다.

네 번째 질문은, '어떻게 해야 하는가?'입니다. 이것은 과정(process)에 관한 질문입니다. 고칠 필요가 있는 것은 과정을 수반한다고 가정하는 것입니다.

이러한 질문들은 비극적이며 잘못된 것입니다. 우리가 성공적으로 이 질문들에 답을 할 때마다, 아무런 유익한 희망이 없는, '야생 거위 사냥'을 시작하게 됩니다.

진리를 실현하려는 목표에 빨리 도달하기 위하여, 질문할 수 있는 두 가지 적절한 질문이 있습니다.

• 첫 번째, 겉으로 보이는 것(현상)의 의미는 무엇인가?

• 두 번째, 실제로 존재(is)하는 것(실재)은 무엇인가?

이러한 질문들은 우리가 이해하는 데 어떤 도움을 주나요? 우선 우리가 진리를 알 수 있으려면, 어떤 것이 진리가 아닌가를 알아야 합니다. 겉으로 보이는 현상의 의미를 이해할 필요가 있습니다. 그러면 이것은 실제로 존재하는 것이 무엇인지 깨닫도록 우리를 도울 것입니다.

우리가 알고 있는 것처럼, 현상은 겉모습으로서, 사실은 존재하지 않지만, 존재하는 것같이 보이는 것입니다. 현상은 지각이 가능한 징후가 외면화된 사고입니다. 우리가 '겉으로 보이는 것의 의미는 무엇인가?'라는 질문을 할 때, 그것은 현상의 정신적인 의미를 묻고 있는 것입니다. 아내에게 화를 내고 있는 사람을 가정해 봅시다. 그의 얼굴은 붉어지고 혈압이 올라가며 사납게 고함을 지르면서 당황할 것입니다. 그 사람에 대하여 순진하게 말한다면, 그는 아내에게 화가 나서 울화통이 난 것 같다고 할 것입니다. 그러나 이것은 단지 겉으로 드러난 것만 보고 판단한 것입니다. '그가 왜 화가 났는가?'라고 묻고 싶을 것입니다. 그러나 앞에서도 말했듯이, 그것은 잘못된 질문입니다. 그것은 그 사람을 실제로 이해하는 데 도움이 되지 않을 것입니다. 두 번째 질문은, '그 사람을 화나게 한 책임은 누구에게 있는가?'입니다. 그러나 이것도 도움이 되지 않습니다. 그것은 단지 더 많은 비난을 하게 할 뿐입니다. 그러면 다음과 같이 질문할 수도 있습니다. '어떻게 그를 진정시킬 수 있는가? 어떻게 해야 그 사람이 그렇게 화나지 않을 수 있는가?' 이것은 당연한 질문인 것 같지만, 이것도 역시 이해하는 데 도움이 되지 않을 것입니다.

그러나 '그 사람이 화가 난 것처럼 보이는 것은 무엇을 의미하는가?'라고 묻는다면, 그러면 우리는 이 현상의 정신적인 의미를 이해하려고 노력하는 것입니다. 우리는 실제로 질문합니다. '이렇게 화내는 특정한 모습의 근거가 되는 사고 과정은 무엇인가?' 만일 우리가 진지하게 알고자 하여, 그리하여 사고 과정을 설명하려는 유혹을 물리치려 한다면, 그러면 사고 과정을 알게 될 것입니다. 이 남자는 자신의 아내가 무엇은 했어야 했고, 무엇은 하지 말았어야 했다고 생각했다는 어떤 정신적 가정을 하였다는 것을 알게 될 것입니다. 그는 어떠해야 하거나 어떠하지 말아야 한다는 정신적 가정을 받아들이고 있었습니다. 이 가정이 좌절되었을 때 그는 그렇게 반응하였습니다. 그것은 실제로 그의 가정이 실현되기를 고집하는 것일 뿐입니다.

우리가 좌절하는 대부분의 이유는 다른 누군가가 무엇을 했거나 하지 않았기 때문이 아닙니다. 거기에는 아무런 이유가 없습니다. 그것은 단지 어떠해야 한다거나 어떠하지 말아야 한다는 방식으로 생각하는 버릇이 있음을 나타낼 뿐입니다.

현상의 의미를 탐구할 때, 그 현상의 기초가 되는 정신적 과정이 우리들에게 드러납니다. 일단 현상의 의미를 이해하게 되면, 마지막 질문을 할 수 있습니다.

질문: 실제로 존재(is)하는 것은 무엇인가?

궁극적 질문에 대한 해답을 얻기 위하여, 실제로 참사람(the real man)이 살고 있는 상황에 대하여 이해할 필요가 있습니다. 지금까지 우리가 말해 왔던 것을 통하여, 참 그 사람은 대인 관계의 맥락에서 살고 있지 않다는 것과, 사회적 맥락 속에서 살고 있지 않다는 것을 알 수 있습니다. 참 그 사람은 실재, 곧 절대적 실재의 맥락 속에 살고 있습니다. 절대적 실재(absolute reality)란 무엇입니까? 파도는 바다의 맥락 속에 존재합니다. 참사람은 신적 실재의 맥락 속에 존재합니다. 참사람은 파도가 바다와 분리될 수 없듯이 신적 실재와 분리될 수 없습니다. 신성한 실재는 인간의 실존적 맥락입니다. "우리가 그를 힘입어 살며 기동하며 있느니라."(사도행전 17:28)

비-이원성의 영역

(The Realm of the Non-Dual)

질문: 다음과 같은 개념을 분명하게 말씀해 주십시오. 실재(real)란 무엇인가? 선(good)이란 무엇인가? 사랑(love)이란 무엇인가? 가치(value)란 무엇인가?

호라 박사: 이 개념들은 우리가 현상이란 개념이 무엇을 의미하는가를 기억한다면 그리 어렵지 않게 보일 것입니다. 현상은 겉모습이고, 사고 과정이 밖으로 드러난 것(外面化, externalization)입니다. 사고가 경험, 사건, 또는 증상으로 나타날 때, 이것을 현상이라 합니다. 현상은 실재가 아니고, 단지 겉으로 드러난 모습입니다. 모든 겉모습은 사라지는 경향이 있습니다. 실재는 변하지 않는 그 무엇입니다. 실재는 사라질 수 없고, 겉모습만이 사라질 수 있습니다. 변하지 않는 것은 무엇이든 실재입니다. 우리는 현상의 세계에 살고 있습니다. 내담자들은 그들의 삶을 가득 채우고, 나타났다가 사라지는 증상, 경험, 사건, 그리고 문제가 되는 여러 가지 현상을 갖고 계속해서 우리들을 찾아옵니다.

실존주의 심리치료의 목표는 내담자로 하여금 현상의 세계로부터 깨어나 실재와 접목된 의식을 획득하도록 돕는 것입니다. 이러한 관점에서 '선(善,

good)이란 무엇인가?'라는 두 번째 개념을 생각해볼 수 있습니다. 우리로 하여금 실재와의 접목 가능성을 증진시키는 것이 무엇이든지 그것이 곧 선이라는 것이 분명합니다. 선이란 실재와의 만남을 강화시키는 것입니다.

사랑은 우리를 위하여 이것을 할 수 있습니다. 따라서 사랑은 선의 패러다임입니다. 사랑은 선이지만, 참사랑만이 선입니다. 거짓 사랑도 많습니다. 참사랑과 거짓 사랑을 어떻게 구별할 수 있을까요? 거짓 사랑은 우리를 실재로부터 멀어지게 하지만, 참사랑은 실재를 지향하는 우리의 움직임을 강화시켜 줍니다.

이제 가치란 무엇인가? 라는 질문에서 네 번째 개념을 생각할 수 있습니다. 가치의 문제는 매우 중요합니다. 앞에서 그것을 간단히 언급하였습니다. 가치란 우리가 소중하게 여기는 무엇입니다. 모든 사람은 무언가를 귀중하게 여깁니다. 무엇을 고민하나요? 고민이란 우리가 비밀스럽고 소중하게 여기는 무엇입니다. 그것은 가장 평범한 것이거나 매우 색다른 것일 수 있습니다. 우리가 소중하게 여길 수 있는 가치에는 무한히 많은 종류가 있습니다. 실존주의 심리치료는 실존적으로 타당하지 않은 가치와 실존적으로 타당한 가치를 구별합니다.

어떤 사람이 성공 개념을 소중하게 여긴다고 가정합시다. 이것은 실존적으로 타당한 가치인가요, 아니면 실존적으로 타당하지 않은 가치인가요? 무엇을 성공이라고 생각하느냐에 대하여 아는 것은 중요합니다. 내담자가 어느 지방 검사로부터 조사를 받으면서, 그 검사로부터 끊임없이 내사를 받는 것 때문에 매우 절망하고 있다고 가정해 봅시다. 일생 동안 그는 명성을 소중하게 여기고 있었습니다. 그에게 성공은 유명해지는 것을 의미했습니다. 실존적으로 타당하지 않은 가치는 이원론적이라는 것을 지적할 필요가 있습니다. 동전은 언제나 양면을 갖고 있습니다. 만일 어떤 사람이 많은 명성을 갖는 것을 소중하게 여긴다면, 그것은 좋은 명성이거나 나쁜 명성일 수 있습니다. 그것이 바로 이 남자에게 일어나고 있는 일입니다. 오랫동안 그는 좋은 명성을 많이 얻고 있었지만, 비록 아직은 그가 좋은 명성을 많이 얻고 있을지라도, 지금은 그것이 나쁘게 변하고 있습니다.

명성은 실존적으로 타당한 가치가 아닙니다. 그러나 실존적으로 타당한 성공은 있습니다. 평화, 사랑, 그리고 확신은 실존적으로 타당한 성공의 열매들입니다. 만일 우리가 가장 소중하게 여기는 것을 가치라고 정의를 내린다면, 그것은 실재와 의식적으로 조화(at-one-ment)를 성취하는 것이라고 말해야만 합니다.

질문: 최고의 가치를 공(空, emptiness)이라고 보는 불교 개념에 대하여 말씀해 주세요.

호라 박사: 선불교의 최고 가치는 불성(佛性)을 실현하는 것입니다. 불성은 sunyata라고 부르는 공(空, emptiness)을 경험함으로써 얻어지는 것입니다. 공, 곧 비움이 실현될 때 불성은 수련생의 의식 안에 나타납니다. 그것은 갑자기 올 수도 있고, 천천히 점진적으로 올 수도 있습니다. 만일 갑자기 오면, 그것을 깨달음(satori) 이라 하고, 천천히 오면, 견성(見性, kensho)이라고 합니다. 무엇이 불성인가요? 그것은 그리스도 의식(Christ-consciousness)과 다를 바가 없습니다. 그리스도 의식이란 무엇인가요? 그리스도 의식은 절대적 실재를 식별할 수 있는 깨달음의 특성입니다. 절대적 실재의 본성은 무엇인가요? 그것은 사랑, 진리, 지성, 조화, 평화, 확신, 감사, 기쁨, 완전한 건강, 자유, 무한한 연민, 영감을 받은 지혜입니다. 우리는 물리적 용어로 건강을 생각해 왔지만, 건강은 그 이상의 것입니다. 우리가 설명하려는 것은 의식의 특성입니다.

실존주의 심리치료의 목표는 이러한 종류의 건강을 얻도록 돕는 것이며, 그러한 건강을 영적 건강이라고 합니다. 그것은 모든 것을 포함하는 건강입니다.

질문: 실존 치료사는 상담할 때, 로저스나 융처럼 상담하나요?

호라 박사: 치료 회기의 기법에 관한 한, 그것은 정신분석적인 것도, 전이적

기법도, 비지시적으로 반영하는 로저스의 인간중심상담도, 원형과 같은 것을 탐구하는 융(Jung) 심리치료도 아닙니다. 그것은 단순하게 내담자가 보여 주는 잘못된 세계-내-존재 양식을 발견하여, 내담자에게 실재의 참된 본성을 명료화해 주며, 그것을 어떻게 만나는가를 명료화하는 것입니다. 그것은 본질적으로 현상학적이며, 해석학적입니다. 치료사의 활동은 실재하는 존재에 빛을 비추는 것입니다. 치료사는 내담자가 이 실재를 만나도록 돕기 위하여 실재의 참된 본성에 빛을 비추려고 노력합니다. 내담자를 치유하는 것은 실재에 관한 진리입니다. 치유하는 힘은 치료사에게 있지 않고, 내담자와 치료사 사이의 관계에 있지도 않습니다. 치유하는 힘은 진리의 본성에 있습니다.

예를 들어, 만일 우리가 계산할 때 수학적 오류를 알아서 그것을 고쳤다면, 고치는 힘은 우리 안에 있지 않고 수학적 진리에 있는 것입니다. 우리는 단지 진리를 증언할 뿐입니다. 이것을 아는 것이 중요합니다. 왜냐하면 그것은 치료사에 의하여 꾸며지거나 또는 가식적이 될 수 없는 겸손의 본질적 특성을 제공하기 때문입니다. 치유력이 사람에게 있지 않고, 진리에 있다는 것을 실제로 이해하지 않으면, 우리는 참으로 겸손할 수 없습니다.

증언과 성찰(witnessing and reflecting)이라는 두 낱말을 고찰하는 것은 매력적인 일입니다. 그것들은 수동적이면서 동시에 능동적입니다. 우리가 무엇인가를 목격하고 있을 때, 그것은 우리가 무엇인가를 지켜보고 있으며, 무엇인가를 바라보고 있다는 것을 의미할 것입니다. 무엇인가를 증언할 때, 그것은 우리가 무엇인가를 입증한다는 것을 의미합니다. 마찬가지로 성찰하는 의식의 어떤 내용에 관심을 집중한다는 것을 의미할 것입니다. 우리에게 들어오는 생각을 성찰할 수 있습니다. 또한 이 생각을 누군가에게 반영할 수도 있습니다. 그것은 의미론적으로 재미있는 호기심을 갖게 합니다. 이것을 고찰함으로써 어떤 의미를 이끌어 낼 수 있을까요? 이 낱말들은 행위도 비행위도 아닌 무엇인가를 의미합니다.

이것들은 중요한 단어들입니다. 이상하게도 그것들은 우리가 능동성과 수동성에 관하여 생각해 왔던 모든 것을 초월합니다. 이 두 단어는 능동적이면서 동시에 수동적이지만, 능동적인 것도 아니고 수동적인 것도 아닙니다. 예를 들어, 행동하느냐 행동하지 않느냐에 대한 개념은 이 낱말에 적용되지 않습니다. 우리가 증언할 때, 능동적인 또는 수동적인 의미에서 무엇인가를 하는 것이 아닙니다. 그리고 성찰할 때, 우리는 어떤 무언가 행위를 하고 있는 것이 아닙니다. 도가(道家)의 현인들, 최소한 도교 경전을 해석한 사람들은, 중국어에는 있지만 이원론적 언어인 우리의 언어에는 없는 낱말의 의미를 전달하기 어려웠습니다. 도교의 경전에는 '그것은 작용하지 않는 작용이다.' '그것은 행동하지 않는 행동이다.'와 같은 말이 있습니다. 이 말들은 우리의 이원론적 언어를 초월하는 것입니다.

이러한 언어 분석에 시간을 쓰는 것이 가치 있는 일일까요? 그렇습니다. 만일 우리가 이 두 낱말을 깊이 생각한다면, 그리고 이원론적 언어가 비-이원론적 낱말의 뜻을 어떻게 담아낼 수 있을까를 깊이 생각한다면, 우리는 실재의 근원적 본성을 깨닫게 될 것입니다. 아시다시피 실재는 비-이원론적이지만, 인간 경험은 이원론적입니다.

실재의 영역에는 행동도 비-행동도 없습니다. 실재 속에서, 행위와 비-행위는 의식에서 일어나는 사건에 융합됩니다. 증언과 성찰은 의식에서 일어나는 사건들입니다. 실재는 그 자체를 의식하는 의식입니다.

이제 아마도 '이 치료는 어떻게 하는 것인가?'라는 질문이 조금 더 분명해졌을 것입니다. 그 대답은 '정확하게 말하면 우리는 치료하지 않는다.'입니다. 그것은 분명히 우리가 행하는 어떤 무엇이 아닙니다. 우리는 단지 참여할 뿐입니다. 즉, 실제로 존재하는 것과 겉으로 보이는 것이 드러나도록 허용하는 일에 참여하는 것입니다. 드러난 그 자체는 명료화 과정을 통하여 성찰됩니다. 실재는 비-이원론적이고 무시간적입니다.

아마도 지금은 무시간성(timelessness)에 대하여 몇 마디 하기에 적절한 때인 것입니다. 깨달음을 얻지 못한 사람은 시간의 포로입니다. 그는 시간에 굴종하는 노예이거나, 또는 시간과 계속해서 갈등하는 존재입니다. 그 두 경우에서 그의 생각은 시간의 제약을 받습니다. 시간에는 세 가지 실존적 차원이 있습니다. 그것은 과거와 현재와 미래입니다. 메타실존치료에서는 이것을 시간성(temporality)이라고 말합니다.

흥미롭게도 시간의 제약을 받는 사람은 세 가지 성격적 약점을 드러냅니다. 그것은 자만, 야망, 그리고 허영입니다.

- 자만(pride)은 언제나 과거와 관계되어 있습니다. 예를 들어, 나는 내가 성취한 모든 것이 자랑스럽습니다. 나의 저지른 행위가 수치스럽습니다. 나의 조상이 자랑스럽습니다. 자만과 수치심은 동전의 양면이고, 그것들은 모두 과거의 일입니다.
- 야망(ambition)은 언제나 미래와 관계되어 있습니다. 야망이 있는 사람은 어떻게 되어야 하고, 어떻게 되지 말아야 한다는 것에 대하여 생각합니다. 두려움은 야망의 절친한 친구입니다.
- 현재는 허영(vanity)의 영역입니다. 허영은 당황과 결합됩니다. 아시다시피, 수치심과 당황의 차이는 그 시간성에 있습니다.

- 자만 – 수치심
- 야망 – 두려움
- 허영 – 당황

이것들은 깨달음을 얻지 못한 실존의 시간성으로부터 나오는 인간 성격의 이중성입니다.

태곳적부터 사람들은 이러한 인간의 약점을 극복하려고 노력했지만 거의 성공하지 못했습니다. 메타실존치료는 인간의 성품을 치유할 수 있는 가능성을 제공하고, 인간이 시간에 얽매이는 것으로부터 자유롭게 합니다.

깨달음을 얻은 사람은 비–이원론적 실재와 의식적인 접촉을 함으로써 완전히 자유로운 존재입니다. 하나님은 과거에 존재하지 않습니다. 미래에 존재하는 것도 아니고 현재에 존재하는 것도 아닙니다. 하나님은 무시간성의 영역에 존재합니다. 무시간성이 깨달아질 때, 인간 성격의 약점들은 사라질 것입니다. 인간은 그의 삶을 다스리는 사랑-지성과의 의식적인 조화를 통하여 존재합니다. 그러면 흥미롭게도 인간은 시간을 지배하는 권리를 획득하게 되며, 시간은 더 이상 인간의 문제가 되지 않습니다.

Existential Metapsychiatry

인격
(Personhood)

질문: 신경증적 불안과 실존적 불안의 차이는 무엇인가요?

호라 박사: 신경증적 불안은 사회적 불안이라고 말할 수 있습니다. 실존적 불안은 자신의 삶에 대한 불안입니다. 신경증적 불안은 단순하게 사회, 집단, 또는 가족 내에서 자신의 위치를 불안해하는 것입니다. 실존적 불안에서 문제가 되는 것은 생존입니다.

만일 우리가 신경증적 불안에 대하여 말하려면, 그것은 가식(pretending)에 관한 것이고 가식은 신경증적 불안과 관련이 많습니다. 가식이란 무엇인가요? 가식은 삶 속에서 조작하는 대표적이고 공통적인 방법입니다. 자기 자신을 한 인간으로 생각하는 사람은 누구나 필연적이고도 자동적으로 실제로 존재하는 사람이 아닌 다른 무엇인가로 자신을 그런 척 가식하고 있는 존재입니다.

질문: 이러한 가식이 비슷하게 일치할 수는 없을까요?

호라 박사: 이 질문은 한 내담자를 생각나게 합니다. 젊은 여성인 그녀는 조금 이상야릇하게 보였습니다. 갑자기 그녀가 여자인 척 가식하고 있다는 생각이 들었습니다. 내가 나의 느낌을 그녀에게 말했을 때 그녀는 약간 충격을 받았지만, 조금 후에 그녀는 은밀하게 자신을 남자로 생각하고 있다고 털어놓았습니다. 이 비밀스런 욕망을 감추기 위하여, 그녀는 여성인 척 가식하는 게임을 한 것입니다. 그래서 그 여자는 자신의 삶이 여성의 역할을 맡은 자라고 생각하고 살았습니다. 그녀의 가식은 해부학적으로 사실과 일치하고 있었습니다.

실존주의 심리치료의 목표는 사람들이 존재의 본래성(authenticity of being)를 획득하도록 돕는 것입니다. 진리가 무엇인가를 알기 위하여, 우리는 진리가 아닌 것에 직면해야 합니다. 인간 실존에 대하여 이상한 일은, 검토된 것은 아니지만, 실존은 참되지 않으려는 경향이 있다는 것입니다. 인간이란 낱말은 어디에서 유래한 것인가요? 그것은 per-sona(가면)에서 온 것입니다. 그리스 비극에서 배우들은 얼굴에 적절한 가면을 썼습니다. 그들은 말 그대로 얼굴에 가면을 썼습니다. 실제로는 인간처럼 가면을 쓰는 존재는 없습니다. 그러나 우리는 삶 속에서 특별한 사람들인 것처럼 행동하고 있습니다. 우리는 인격을 꾸미는 것에 대하여 말하고 그리고 그것을 연구하여 발달시키려 노력합니다. 꾸밈(make-up)이라는 것은 무엇인가요? 그것은 존재하지 않는 것을 존재하는 것처럼 속이는 것 아닌가요? 꾸밈은 한 사람의 외모를 변형시켜서 그 사람을 왜곡하거나 그 사람의 가치를 떨어뜨립니다. 우리는 그것이 어떠해야 한다거나 어떠하지 말아야 한다고 말하려는 것이 아닙니다. 우리는 존재하는 것은 무엇이며, 그리고 실제로 존재하는 것은 무엇인가를 이해하도록 하여야 합니다.

불안의 문제는 오랫동안 심리치료사들을 곤혹스럽게 하였습니다. 그 문제에 대한 많은 이론과 연구가 있어 왔습니다. 사람들이 그것을 직면할 수 있도록 돕는 여러 가지 방법과 기술을 발달시켰습니다. 그러나 우리가 무의식적으로 또는 무지해서 참되지 않은 삶을 살고 그리고 실제로 나의 존재 자체가 아닌 다른 모습으로 가식하고 있는 한 언제나 불안은 존재합니다. 불안은 우리가 겉으로 보이는 그런 사람이 아니라는 것이 발견되는 것에 대한 두려움입니다.

신경증적 불안은 억제할 수 있고, 통제할 수 있고, 억압할 수 있고, 감출 수 있고, 마약으로 잊을 수 있지만 그러나 그 사람이 참된 존재가 되지 않는 한 치유될 수 없습니다. 인간이 무엇인가를 아는 것은 쉽습니다. 그러나 실제로 존재(is)하는 것은 무엇입니까? 실제로 가면 아래에 있는 우리는 누구입니까? 그것은 우리가 감추어야 할 만큼 무서운 것입니까? 우리는 동료 인간에게 받아들여지도록 인격을 꾸며야 할 만큼 그렇게 무서운 존재인가요? 일생 동안 우리가 하고 있는 이 숨바꼭질 놀이의 의미는 무엇입니까? 우리는 무엇을 숨기고 있는 건가요?

실존적 불안은 하이데거가 말한 '무에 대한 두려움(dread of nothingness)'입니다. 하이데거가 말한 주요 주제는 특별히 여기에서 우리가 잠시 언급했던 맥락에서 고려해 볼 만한 가치가 있습니다. 그는 "겉으로 보이는 모든 것과는 반대로 무(無)는 존재의 베일이다."라고 말하였습니다. 이 말은 무슨 뜻인가요? 우리는 무에 대한 두려움에 대하여 말했습니다. 어린이들은 종종 위대한 사람이 되려는 야망을 말합니다. '나는 커서 위대한 사람이 되고 싶다.' 이 말의 의미는 무엇인가요? 이 말은 내가 위대한 존재라는 것을 느끼고 싶어 한다는 것을 뜻할 것입니다. 심리학에서 우리는 역할놀이(role-playing)와 기능놀이(functioning)에 대하여 말합니다. 그러나 우리가 참으로 존재하는 그때는 언제인가요? 그리고 참으로 존재한다는 것은 무엇인가요? 우리는 평생 동안 우리 자신과 만나지 못한 채 살아갈 수도 있습니다. 그리고 우리 자신의 존재가 갖고 있는 진리를 발견하지 못할 수도 있습니다. 그것은 중요한 것입니까? 그것은 무슨 유익이 있습니까?

실존주의 문학은 자주 소외(alienation)에 대하여 말합니다. 소외란 무엇입니까? 대부분 그것은 우리가 실제로 무엇인가에 대한 진리로부터 분리되어 있음을 의미합니다. 우리는 가식(pretensions)과 너무 많이 얽혀 있고, 가면을 강화시키는 데 너무 많은 에너지를 씁니다. 즉, 기능놀이, 역할놀이, 영향 미치기와 영향 받기에 너무 많은 관심을 기울여서 시간이 흐를수록 우리 자신의 참된 자기-정체성을 자각하는 것으로부터 점점 더 소외되어 갑니다.

의견: 때때로 나는 아무것도 아닌 것(nothing)처럼 느끼기도 하고 때때로 대단한 존재(everything)인 것처럼 느끼기도 합니다.

호라 박사: 불행하게도 우리는 우리의 감정을 믿을 수 없습니다. 사도 바울은 "만일 누가 아무것도 되지 못하고 된 줄로 생각하면 스스로 속임이니라."(갈라디아서 6:3)라고 말하였습니다. '하나님은 무(無, nothing)다.'라는 그렇게 불경스런 말을 어떻게 할 수 있습니까? 우리가 '무(無, nothingness)'를 '물질이 아님(no thing)'으로 이해한다면 그럴 수 있습니다. 그것은 무엇을 의미하나요? 사물은 물질입니다. 우리가 '하나님은 물질이 아닙니다.'라고 말할 때, 그것은 하나님이 물질적이고, 육체적으로, 의인화된 사람이 아니라는 말입니다. 하이데거가 무(無)에 대하여 말할 때, 그는 우리를 속이는 것이 아니라 심오한 사상을 말해 주고 있는 것입니다. 그는 물질이 아닌 것(no-thingness)에 대하여 말하고 있습니다. 물질이 아닌 것은 비물질적 실재입니다. 하나님은 물질이 아닙니다. 예수께서는 "하나님은 영이시니, 예배하는 자가 신령과 진정으로 예배할지니라."(요한복음 4:24)라고 말했습니다.

만일 사람이 물질적으로 가식, 거짓, 위조품이라면, 어떻게 하나님을 예배할 수 있겠습니까? 분명히 예수께서는 그런 사람은 예배할 수 없다고 믿었습니다. '인간(person)'이 하는 것은 무엇이나 결코 참되지 않습니다. 그것은 언제나 거짓입니다. 왜냐하면 거짓을 말하는 사람은 결코 진리를 말할 수 없기 때문입니다. 만일 인격이 사회적 가식(a social pretension)이라면, 모든 사람은 거짓말쟁이이고 동시에 하나의 거짓입니다. 예수께서 이것에 대하여 다음과 같이 말했습니다. "이는 저가 거짓말쟁이요 거짓의 아비가 되었음이니라."(요한복음 8:44) 이것은 부정적인 말들 중의 하나인 것 같습니다. 그러나 만일 우리가 지금까지 들어 왔던 것을 이해하였다면, 예수께서 포장된 가짜와 거짓 인격에 대하여 말하고 있다는 것을 알 수 있습니다. 인간(personhood)은 거짓이고 모든 사람은 거짓말쟁이입니다. 사도 바울은 말했습니다. "사람은 다 거짓되되 오직 하나님은 참되시다."(로마서 3:4)

질문: 이 종교적 개념들을 받아들여야 하나요?

호라 박사: 그것을 다시 한 번 명백하게 합시다. 우리는 종교적 개념에 대하여 말하고 있지 않습니다. 그러면 우리는 무엇에 대하여 말하고 있는 걸까요? 우리는 실재에 대하여 말하고 있습니다. 그것은 성서를 인용하기 때문에 종교적으로 보이지만, 우리는 인간과 관련되어 있는 실재의 본성을 인간이 실존하고 있는 맥락 안에서 탐색하고 있는 것입니다. 사회적 삶은 가식의 영역인 사회라는 맥락 안에서 일어나지만 실존은 실재입니다.

가식은 실제로 더 잘 살 수 있도록 우리를 돕지 못하고 불안으로 짐만 더해줍니다. 의식적으로 참된 존재의 위대한 가치는 우리의 참된 잠재력을 자유롭게 실현하는 것입니다. 그러나 그 잠재력은 억압되어 있어서 꽃을 피우지 못하고 있습니다. 예수께서는 다음과 같이 말했습니다. "너희는 너희 아비 마귀에게서 났으니…… 그는 처음부터 살인한 자요. 진리가 그 속에 없으므로 진리에 서지 못하고"(요한복음 8:44) 이 말씀을 종교적으로 해석한다면 예수께서는 마귀에 대하여 말하고 있는 것입니다. 그러나 오늘날 그 마귀는 새로운 이름을 갖고 있습니다. 이 새로운 이름이 무엇인가요? 참되지 않은 자기(selfhood)입니다. 이 마귀가 무엇을 죽인다는 것인가요? 여기에서 누가 살해당한다는 것인가요? 우리의 참된 자기가 살해당하는 것입니다. 불멸하는 것이 살해당할 수 있나요? 단지 일시적으로 그럴 수 있습니다. 곧 실존은 실현되기를 요구합니다. 그것을 실존적 위기라고 말합니다. 우리는 영원히 그

련 체할 수 없습니다. 진리는 살인당할 수 없고 단지 부활할 뿐입니다. 진리는 성취를 요구하고, 세계 속에서 발현되어야 할 권리를 주장합니다.

단테(Dante Alighieri)는 그의 나이 40세에 이르러, 이해할 수 없었던 내면의 격변을 깨닫게 되었다고 말했습니다. 그때 그는 그 압력에 복종하여, 이 내면의 격변이 그의 삶속에서 나타나도록 허용하였습니다. 그 결과 그는 참된 자기-정체성으로 변형되었습니다. 그리고 지금까지 인류에게 주어졌던 가장 위대한 문학 작품인 「신곡(神曲, The Divine Comedy)」을 탄생시켰습니다.

실존주의 심리치료는 인간의 사회적 가식이라는 감옥으로부터 그를 벗어나도록 도우려고 노력합니다. 그러면 그는 언제나 존재하였고, 지금도 참으로 존재하는 또 다른 사람(person)이 아닌 또 다른 자기(self)로 될 것입니다.

무지
(Ignorance)

질문: 죄, 죄책감, 그리고 악의 문제에 대하여 말씀해 주십시오.

호라 박사: 이 문제는 신학적으로 보이지만, 그것들이 실존주의 심리치료에서 중요한 역할을 하기 때문에 그것들에 대하여 말하게 되어 기쁩니다. 이 문제를 가진 사람들을 돕기 위하여, 그것들이 실제로 무엇인가에 대하여 분명하게 이해할 필요가 있습니다. 인간 경험에서 이들의 범주는 소위 정상적 실존의 일부분일 수 있습니다. 물론 그것들은 과장된 부분을 차지할 수도 있기 때문에 정신 병리 체계에 관계됩니다.

악, 죄, 그리고 죄책감은 무지라는 공통분모를 갖습니다. 무엇에 대한 무지인가요? 실재에 대한 무지입니다. 실존적 실재에 대한 무지입니다. 그러면 죄란 무엇입니까? Sine Deo(하나님 없이)는 하나님 없이 존재하는 것을 의미합니다. 의도적으로 또는 우연히 우리가 하나님 없이 존재할 수 있을까요? 그런가요? 실제로는 그렇지 않습니다. 단지 그렇게 보일 뿐입니다. 실제로 죄인으로 계획된 죄인은 존재하지 않습니다. 사람이 실존의 근원적 원리와 완전하게 조화됨(at-one-ment)이라는 사실을 참으로 이해한다면, 그는 죄인이 될 수 없을 것입니다. 그것은 마치 파도가 바다와 떨어져서 존재할 수 없는 것과 같습니다.

종교에서 사용하는 용어는 단순한 죄인, 상습적 죄인, 고의적인 죄인, 그리고 온갖 종류의 죄인을 구별합니다. 그러나 죄인이 되는 것이 실재의 죄는 아닙니다. 그것은 인간이 무지 속에서 태어나서 점점 더 무지해지도록 교육받은 인간 조건의 한 국면일 뿐입니다. "아버지여 저희를 사하여 주옵소서. 자기의 하는 것을 알지 못함이니이다."(누가복음 23:34). 일반적인 교육은 실존적으로 잘못된 교육입니다. 평범한 죄인 또는 상습적 죄인은 긍정적이든 부정적이든 단지 무지의 희생자들입니다.

긍정적 무지와 부정적 무지의 차이는 무엇인가요? 어떤 것이 더 나은가요? 선사(禪師)는, "앎(knowing)은 무지(無知, not-knowing)로부터 온다."라고 말합니다. 사실 그는 소극적으로 무지한 사람이 적극적으로 무지한 사람보다 구원받을 기회가 더 많다는 것을 말하고 있는 것입니다.

앞에서 나는 선(禪, Zen)을 공부하기 위하여 일본에 왔던 교수에 대한 이야기를 하였습니다. 한 선사가 그에게 같이 차를 마실 것을 요청하였습니다. 선사가 손님 컵에 차를 따를 때, 컵이 이미 가득 차서 차가 넘쳐흐르고 있는데도 불구하고 그는 계속 차를 따랐습니다. 손님은 "차가 넘치고 있어요."라고 말했습니다. 선사는 "맞습니다. 그렇습니다. 당신은 이제 선의 첫 번째 교훈을 배웠습니다. 당신은 선을 공부하고 싶다고 말했지만, 당신의 머리는 온갖 종류의 쓸모없는 정보들로 가득차서 어떤 것도 받아들일 공간이 없습니다."라고 말하였습니다. 이 말은 우리가 무엇인가를 배우기 위하여 열려 있고 정리되어 있는 마음으로 그것에 접근해야 한다는 것을 의미합니다. 선사는 즉시 손님이 적극적으로 무지한 사람이라는 것을 알았습니다. 그런 사람은 가르치기에 가장 어려운 학생입니다. 그러므로 죄인은 그를 창조한 원리인 하나님과 완전히 조화를 이루고 있음을 충분히 이해하지 못하므로, 희생당한 사람입니다.

그러면 죄책감은 무엇인가요? 우리에게는 거의 모든 것에 대하여 죄책감을 느끼는 경향이 있습니다. 편애와 의지 그리고 심지어는 열심을 내는 것에도 죄책감을 느껴야 한다는 것은 놀랄 일이 아닙니다. 우리에게 죄책감을 갖도록 격려하는 종교 체계는 빠르게 유행할 것입니다. 우리는 정신 병리학을 공부하면서, 죄책감이 사람들을 괴롭히고 무서운 고통을 주는 것으로 생각하곤 합니다. 그러나 죄책감은 매우 왜곡되어 있습니다. 그것은 고통으로 추정되고 있지만 실제로는 하나의 열정입니다. 겉모습과는 반대로 우리는 죄책감을 느끼기를 좋아합니다. 인간에게 그렇게 매력적인 죄책감은 무엇인가요? '나는 죄책감을 느껴, 그리고 나는 나쁜 놈이야.'라고 말할 때, 그것은 '나는 대단한 사람이야.'라고 말하는 것과 다르지 않습니다. 공통분모는 무엇인가요? 공통분모는 죄책감이 갖고 있는 자기-확증 요소인, '나는 나다(I am).' 입니다. 우리가 죄책감을 느낄 때, 나는 나(selfhood)라고 하는 느낌이 증가합니다.

두 가지를 선택할 수 있다고 생각하는 것은 흥미롭습니다. 우리는 죄책감을 변론하거나 무지를 허용할 수 있습니다. 우리가 죄책감을 느낄 때, 실제로는 우리 자신에게 경의를 표하는 것입니다. '오, 나는 이 일들을 알고 있어. 나는 나쁜 사람이야. 나는 모든 것을 알고 있어. 그리고 나는 그것을 하지 말았어야 했어. 왜냐하면 나는 더 좋은 것을 알고 있기 때문이야. 나는 죄책감을 느껴.'라고 말합니다. 사람들은 죄책감을 공개적으로 고백하기를 좋아합니다. 우리는 고백하는 것을 좋아합니다. 죄책감을 느끼는 것과 그것을 고백하는 것은 감추어진 자기자랑입니다. 그것은 정신적으로 자기 자신과 관련된 자기-확증 요소입니다. 죄책감을 느끼는 것은, 비록 우리가 그것 때문에 고통을 당하는 것처럼 보일지라도, 뻔뻔스러운 일입니다.

고백할 기회가 주어질 때 무엇이 우리를 기분 좋게 만드나요? 고백을 통하여 위로를 받은 후에 어떤 일이 일어나나요? 우리는 위로를 받자마자, 또 다시 위로를 받고 싶어 합니다. 죄책감을 덜어서 정신적으로 카타르시스를 얻는 방법을 발견한 프로이트는, 카타르시스를 경험한 후에 나타나는 행복은 오래 지속되지 않는다는 것에 주목하였습니다. 얼마 가지 않아 내담자들은 고백과 카타르시스를 반복하고 싶어 합니다. 그것에는 실제로 치료적 가치가 없습니다.

죄책감을 치유할 수 있는 유일한 방법은 무지(ignorance)의 실체에 직면하는 것뿐입니다. 우리가 무엇을 잘못했든지, 또는 잘못 생각했든지, 얽혀진 문제가 무엇인지 깨닫기만 한다면, 앞으로는 그것을 피할 수 있습니다. 기분이 좋다고 느끼는 것은 치료가 아닙니다. 그것은 단지 기분을 즐겁게 해 주는 것일 뿐입니다. 치료의 목표는 기분을 좋게 하는 것이 아닙니다. 좋게 느끼고 싶다면, 술을 마시거나, 각성제를 먹거나, 휴가를 갈 수 있을 것입니다. 종종 사람들은 심리치료가 그들로 하여금 기분 좋게 느끼도록 돕고, 그리고 심리치료사의 직업이 내담자를 기분 좋게 하는 것이라는 선입견을 갖고 옵니다. 때로는 심리치료사도 그렇다고 생각합니다. 한 젊은 정신건강의학과 의사가 상담을 받으러 왔던 적이 있습니다. 그의 문제는 내담자들이 전화를 해서 괴롭다는 것이었습니다. 그들은 자신들에게 좋은 느낌이 없다는 것을 불평하였습니다. 그들이 상담실을 떠날 때는 기분이 좋았는데, 그 후에는 다시 기분이 나빠진다는 것입니다. 물론 이 의사는 자신이 연예인도 아니고 마약판매상도 아니라는 것을 금방 알았습니다.

기분이 좋아지는 것이 좋은 것이 아니라면, 치료적 작업의 목표는 무엇입니까? 치료의 목표는 무엇인가요? 무지로부터 벗어나게 하여 깨달음에 이르게 하는 것입니다. 만일 내담자가 모든 것을 알고 있다고 믿으면서 우리에게 온다면, 그를 어떻게 도울 수 있을까요? 이것은 상담 회기 동안 한마디도 묻지 않았던 한 젊은 여성을 생각나게 합니다. 그녀에게 이것을 지적해 주었을 때, 그녀는 "질문할 것이 있나요? 나는 이미 모든 것을 알고 있어요!"라고 말하였습니다. 나는 그녀에게 "'모든 것을 알고 있음을 어떻게 치유받을 수 있나요?'라는 좋은 질문이 떠오르는군요."라고 말하였습니다.

내담자가 가능한 한 빨리 부정적인 무지를 알아차리게 하는 것이 유용합니다. 왜냐하면 그래야 진행이 빠르게 이루어질 수 있기 때문입니다. 부정적인 무지를 어떻게 알아차리게 하나요? 때때로 내담자들은 부정적으로 무지하게 되는 것을 당황스러워하면서도 그것에 대하여 겸손하지 않습니다. 자신의 부정적 무지를 공개적으로 선포한 유명한 사람이 있습니다. 소크라테스는, "나는 아무것도 모른다는 것을 알고 있다(I know that I don't know anything)."라고 말하였습니다. 때때로 내담자에게 소크라테스는 부정적으로 무지했다는 것을 말해 주면, 내담자는 그것을 생각하려고 해 볼 것입니다. 종종 자신이 무지하다는 사실을 말하는 사람도 있지만 그것은 진지하게 하는 말이 아닙니다. 어떤 사람들은 실제로 알고 있다고 생각하는 것에 대하여, 아무것도 모른다고 말할 것입니다. 이것은 일종의 매너리즘으로서, 진부한 표현이 될 수 있습니다.

우리는 10대와 히피들 사이에서 널리 퍼진 매너리즘에 익숙해져 있는데, 그들은 '너는 알지(You know), 너는 알지(you know).'라고 반복해서 말합니다. 그것은 실제로는 '나는 알아(I know).'라는 뜻입니다. 그것은 하나의 자기-확증이고, 자칭 지성적이고 싶은 매너리즘입니다.

그러면 악은 어떠한가요? 악은 신학에서 하나의 커다란 도깨비입니다. 그렇지 않은가요? 나는 한때 악의 생각에 너무 도취되어서 공포 속에서 살았던 성직자와 일했던 적이 있었습니다. 그에게 악은 절대적 실재였습니다. 그는 하나님과 악이라는 두 세력을 믿고 있었습니다. 이 두 세력은 서로 겨루기를 합니다. 그리고 언제나 악이 이기는 것처럼 보입니다.

앞에서 우리는 악마의 새로운 이름이 참되지 않은 자기, 곧 자기에 대한 그릇된 느낌이라고 말하였습니다. 실재에서는 죄인도 없고, 죄책감을 갖는 사람도 없으며, 악도 없다고 말하는 것만으로도 충분합니다. 현상의 세계에는 끊임없이 무지가 드러납니다. 이렇게 드러난 무지는 개인적인 것, 집단적인 것, 국가적인 것, 그리고 국제적인 것일 수 있습니다. 베트남 전쟁의 대재앙은 국제적인 무대에서 역사적으로 무지를 행동으로 분명하게 드러낸 것입니다.

인류가 갖고 있는 단 하나의 문제가 있는데, 그것은 무지입니다. 다행히도 무지는 치료할 수 없는 것이 아닙니다. 그것은 치유될 수 있습니다. 무지를 치유할 수 있는 방법은 무엇입니까? 그것은 지식(knowledge)입니다. 그것도 바르게 아는 것입니다(right knowledge). 실제에 대한 진리를 아는 것입니다.

"내가 이를 위하여 났으며 이를 위하여 세상에 왔나니 곧 진리에 대하여 증거 하려 함이로라."(요한복음 18:37)

심리치료는 무지 때문에 받게 되는 고통을 덜기 위한 노력입니다. "영생은 곧 유일하신 참 하나님과 그의 보내신 자 예수 그리스도를 아는 것이니라." (요한복음 17:3) 삶의 목적은 궁극적 실재와 의식적인 일치를 이루는 것입니다. 우리는 찾고 구하고 두드려야 합니다. 언제나 존재의 창조적 원천과 의식적 조화(at-one-ment)를 추구해야 합니다. 지식의 체계는, 아무리 그것이 세련되고 우아하더라도, 우리가 결코 회피할 수 없는 이 실존적 명령을 대신하지는 못합니다. 창조주는 그가 창조한 피조물로부터 떠날 수 없습니다. 파도가 바다 없이 존재할 수 없듯이, 인간도 하나님 없이 존재할 수 없습니다.

질문: 성서 속에는 인간의 과실, 그리고 죄와 악에 대하여 갖는 죄책감에 대하여 명백하게 유죄를 선언하고 있지 않습니까?

호라 박사: 만일 우리가 성서를 하나의 종교 서적으로 읽는다면, 인간은 하나의 죄인이며, 그리고 악한 존재라고 비난하는 것과 같은 인상을 받게 될 것입니다. 그러나 성서를 실존 철학의 빛에 비추어서 읽는다면, 인간에 대한 모든 비난은 사라질 것입니다. 그리고 인간은 하나님께서 사랑하는 자녀이며, 하나님 아버지가 완전하고 영적인 것처럼, 인간도 영적이고 완전하기 때문에, 순수하고 완전하게 이해될 것입니다. 그러면 성서는 인간 의식의 진화에 대한 기록이 될 것입니다.

질문: 무엇이 악에게 그렇듯 강력한 힘을 주나요?

호라 박사: 악에는 힘이 없습니다. 그것은 당신이 분명하게 말했듯이, 눈에

보이는 힘입니다. '눈에 보이는(apparent)'이라는 말은 무슨 뜻인가요? 그것은 힘처럼 보입니다. 그리고 사람이 참 능력(real power)이라고 하는 것이 무엇인가를 알지 못하는 한, 그것은 하나의 힘으로 경험됩니다. 일단 인간이 참 능력을 이해한다면, 악은 모든 힘을 상실할 것입니다. 어둠은 큰 힘을 갖고 있는 것으로 보일 것입니다. 예를 들어, 어두움 속에서 우리는 넘어지고 다리가 부러지고, 그리고 또 다른 일들도 일어날 수 있습니다. 그러나 빛이 비추이면, 비록 우리가 어두움을 하나의 힘으로 경험하였음에도 불구하고, 어두움은 결코 힘이 아니었다는 사실을 알게 됩니다. 사실상 어두움은 아무것도 아닙니다. 그것은 단지 빛의 부재일 뿐입니다. 성 아우구스티누스는 악을 'privatio boni'라고 정의했는데, 그 뜻은 '선(善)의 부재(不在)'입니다. 어두움이 빛의 부재이듯이 악은 선의 부재입니다. 빛은 결코 실제로는 부재하지 않으며, 하나님의 선은 무소부재합니다. 악의 힘은 하나의 실재가 아니라, 단지 하나의 경험일 뿐입니다.

폭력의 치유

(The Healing of Violence)

질문: 폭력이란 무엇이며, 그것은 어떻게 치유될 수 있나요?

호라 박사: 어떤 문제이든 치유하기 위해서는, 그것의 의미를 이해할 필요가 있습니다. 의미는 원인과 구별되어야 합니다. 예를 들어, 폭력의 원인이 무엇인지를 다루고 싶었다면, 우리는 법률 시행 분야나 사회 공학 분야에 있는 우리 자신을 발견하게 될 것입니다. 그러면 우리가 수행한 노력의 결과는 치유가 아니라, 폭력을 억제하는 것이 될 것입니다. 그것은 그 자체로 또 하나의 폭력입니다.

치유는 불안하고, 상처입고, 침해받은 것으로 나타나는 현상을 온전하게 만드는 것입니다. 문제의 의미를 이해하는 좋은 방법은 문제를 지칭하는 낱말의 어원적 뿌리를 갖고 시작하는 것입니다. 예를 들어, 폭력은 온전함(신성함)의 상태를 침해하는 것이라고 말할 수 있습니다. 폭력은 대상의 본질적 특성을 혼란스럽게 하는 경향이 있습니다. 그것은 (간통과 같은) 불순한 행위를 하는 경향이 있습니다.

폭력에는 행동 영역에 따라서 다양한 형태가 있습니다. 인간학적 관점에서, 폭력을 네 가지의 기본적 형태로 구분하는 것이 유용할 것입니다.

- 감각적 폭력, 이것의 목표는 신체적인 것으로, 감각들을 폭행하는 것입니다.
- 정서적 폭력, 우울증, 격노 반응, 또는 정서적으로 흥분한 상태처럼, 정서적 또는 기분 장애를 일으킵니다.
- 정신적 폭력, 의식 상태를 혼란스럽게 하고, 일관되게 합리적인 생각을 할 수 있는 능력을 방해합니다.
- 화학적 폭력(마약), 내부로부터 전체 기관에 영향을 끼칩니다.

이러한 형태의 폭력은 (다른 사람들에게 끼치는) 이형물질이거나, (스스로에게 끼치는) 자가 형성 물질일 수 있습니다. 폭력은 일반적으로 변함없이 공격성과 적대감을 포함한다고 추정됩니다. 그러나 꼭 그런 것만은 아닙니다. 따라서 이 주제를 분리하는 것이 바람직합니다. 공격성은 과장된 행동 형태로서, 그 목표는 (물에 빠진 사람을 구할 때) 적극적이거나, (위험으로부터 도망할 때) 소극적일 수 있습니다. 공격성은 폭력의 인상을 주지만, 사실은 그렇지 않습니다. 적대감은 자주 폭력의 한 국면으로 생각되지만, 그것은 단지 악의적인 의도일 뿐입니다. 분노는 복수하고 싶은 욕망이라는 특징을 가진 정서적 상태입니다.

폭력은 또한 종종 범죄와 연결하여 생각됩니다. 비폭력 범죄도 많기 때문에, 폭력은 범죄, 공격성, 적대감, 분노와 분리해서 고려되어야 합니다. 정직한 많은 시민, 심지어는 종교적인 사람들도 폭력을 보이고 폭력을 초래한다는 사실은 주목할 만합니다. 성서에는 폭력에 관한 이야기가 많습니다. 성서에는 폭력이 동생 아벨을 죽인 카인 이래로 인간 경험의 일부가 되었던 인간 조건의 현상으로 나타납니다. 서구 문명사에서, 우리가 알고 있는 한, 예수는 폭력으로부터 완전한 자유를 보여 준 첫 번째 사람이었습니다. "네 검을 도로

집에 꽂으라. 검을 가진 자는 다 검으로 망하느니라."(마태복음 26:52)

폭력으로부터의 자유는 '비폭력'과 구별되어야 합니다. 비폭력(간디, 마틴 루터 킹)은 폭력에 수동적으로 참여하는 형태의 하나입니다. 여기에서 문제가 생깁니다. 십자가에 못 박는 것과 같은 처형은 어떠합니까? 예수가 폭력으로부터 완전히 자유하다면 어떻게 폭력으로 죽을 수 있었을까요? 해답은 폭력의 초월을 지향하는 부활과 승천에 있는 것 같습니다. 참 자유는 초월로 그 자체를 표현합니다. 아인슈타인은 다음과 같이 말했다고 전해집니다. "미움의 화살이 여러 번 나를 향하여 쏘았지만, 웬일인지 그 화살은 나를 맞추지 않았다. 왜냐하면 그 화살은 나와 전혀 상관이 없는 세계에서 왔기 때문이다."

폭력을 현상학적으로 진지하게 분석하면, 폭력의 진짜 문제는 흥분이라는 것입니다. 흥분은 일반적으로 긍정적인 실존 가치를 지니고 있다고 잘못 생각되어 왔지만, 사실은 그것은—고통, 박력, 활력—쾌락으로 경험되는 감각주의, 정서주의, 또는 지성주의의 한 형태입니다. 흥분은 가짜 행복입니다. 개체발생학적으로, 폭력은 유아적 자위행위의 자극에서 파생된 부산물로 보입니다. 자위행위는 감각적, 정서적, 지적, 또는 화학적(약물)으로 극도의 자위행위성 흥분을 경험하는 형태를 취할 수 있습니다. 어린 시절에는 자위행위가 악의가 없는 놀이로 보이지만, 어른이 되어서는 그것이 다양한 자기-확증 행동의 형태들로 나타납니다. 이 형태들 중에서 오늘날 마약은 인간을 가장 황폐화시키는 문제입니다. 이 문제를 완화시키기 위한 시도들이 매우 무익했던 이유는, 지금까지 접근해 왔던 인과론이 문제의 핵심을 찌르지 못하고 있기 때문이라는 것을 지적해 줍니다.

이 모든 형태의 자극의 공통분모는 그러한 것들이 인간 의식을 자기-자각의 육체적 영역에 고정시키는 경향이 있다는 사실입니다. 바울 사도는 다음과 같이 말합니다. "우리가 몸에 거할 때에는 주와 따로 거하는 줄을 아노니." "우리가 담대하여 원하는 바는 차라리 몸을 떠나 주와 함께 거하는 그것이라."(고린도후서 5:6, 8)

보통 사람(natural man)은 자연스럽게 신체에 거하는 육체를 가진 인격이라는 생각을 갖고 살고 있습니다. 따라서 계속해서 자기-확증적 개념화(self-confirmatory ideation)를 가질 것을 요구하는 정신역동을 필요로 합니다. 이 자기-확증적 개념화는 자기 자신을 육체적 실체 또는 자아로 자각하려는 보편적 욕망으로 나타납니다. 자아는 쾌락이나 고통을 통하여 계속하여 자기 자신을 자각합니다. 자아는 자기-확증적 자극, 즉 자기 수용적 자각을 쾌락이나 고통뿐만 아니라 또는 타당성을 추구하는 것도 갈망하고 열망합니다. 이러한 자극들은 그 강한 정도에 따라서 감각적, 정서적, 지적 쾌락을 주거나 또는 고통을 줄 수도 있습니다. 예를 들어, 애무는 쾌락을 주지만, 손바닥으로 때리는 것은 고통을 줍니다. 그러나 이 둘은 같은 실존적 의미를 갖습니다. 그것들은 우리가 신체적 자아라고 하는 가정을 확인해 줍니다. 슬픈 사실은 인간이 영적 가치와 영적 자기-정체성에 대하여 무지한 만큼 그 정도의 폭력을 갈망한다는 것입니다.

따라서 야만행위, 길거리 범죄, 낙서, 마약 중독, 이러한 것들은 폭력이 시각적 형태로 나타난 것으로 이해할 수도 있습니다. 우리가 스피커에서 큰 소리로 들려오는 록 음악을 들을 때 그리고 다른 소음이 우리를 급습할 때, 우리는 청각적 폭력을 경험하는 것입니다. 예를 들어, 우리가 지저분한 구내식당이나 도시 교통 속에서 배기가스 냄새를 맡을 때, 우리는 후각적 폭력의 희생자가 됩니다. 놀랍게도 많은 사람이 공격당하는 것을(자극받는 것을) 실제로 즐기고 있다는 사실 앞에서, 우리는 폭력의 경험이 전적으로 무의식중에 일어나는 일이 아님을 알 수 있습니다. 그것에는 자기-확증적 가치를 지니고 있습니다. 그것은 실재의 본성과 자신의 실존에 대하여 잘못되었지만 소중한 믿음이라고 인간을 안심시켜 줍니다. 괴상한 가학성 성애와 피학성 성애의 현상은, 성적-리비도 역동과 발생에 대하여 대체로 전통적 정신분석의 가르침에서 나온 협소하고 미심쩍은 이론을 초월한다는 맥락에서 나타납니다. 그러나 프로이트는 그의 말년에 죽음 본능(타나토스) 이론을 주장하기 시작하였습니다. 그것은 실존적 관점에서 검토한다면, 인간이 자기-확증을 추구하는 과정에서 자기 자신을 파괴하려는 이상한 경향성을 깨닫는 것으로 나타날 것입니다.

예를 들어 봅시다. 중년인 그는 훌륭한 가족 배경과 높은 문화 업적을 쌓은 재능 있는 작가였습니다. 그는 동성애 문제 때문에 정신건강의학과의 도움을 받고자 하였습니다. 상담하는 과정에서 그는 비밀스런 습관을 갖고 있다는 것을 치료사에게 털어놓았습니다. 가끔씩 그는 지갑을 집에 놓고 와서 선창가를 거닐고는 했는데, 그때 그는 쾌락을 기대하고 흥분을 많이 느꼈습니다. 변함없이 그는 육체적 폭행과 강도의 형태로 폭력의 목표가 되어 있는 자신을 발견하곤 했습니다. 이 사례는, 물론 많은 다른 사례에서도, 희생을 당하는 자와 희생을 강요하는 자 사이에는 신비하게도 관련성이 있다는 것을 암시합니다. 이 신비한 관련성의 본질은 자기-확증적 개념화와 자기-확증적 개입을 지향하는 인간의 보편적 경향성으로 나타납니다. 자기-확증(self-confirmation)은 자기-파괴이고, 자기-파괴는 자기-확증입니다.[1]

인간이 창조주와는 달리, 육체적 자아의 지배를 받는 인간, 자율적이고 독립적인 존재로서 자기-확증적인 무의식적 욕망을 갖고 있는 한, 폭력은 인간 경험의 일부라고 말하는 것이 맞을 것입니다. "육신을 좇는 자는 육신의 일을, 영을 좇는 자는 영의 일을 생각하나니"(로마서 8:5)

지금까지 말해 왔던 것으로부터, 폭력은 자기-확증적 물질주의를 초월하도록 도움으로써만 치유될 수 있다는 것이 더 분명해졌을 것입니다. 육체의 욕심을 이루지 않기 위하여 성령을 좇아 행하는(갈라디아서 5:16) 방법을 배울 필요가 있습니다. 성령을 좇아 행하는 것은 전통적 신앙이나 도덕적 정직 이상입니다. 그것은 실존을 본질적으로 영적인 것으로, 인간 개념을 영적 발현(하나님의 형상)으로, 신성한 지성과 사랑의 표현으로 깨닫는 것입니다.

그러한 깨달음은 인격의 근본적 변화 그리고 보다 조화로운 세계-내-존

---

1) Dr. Hora는 confirmation과 assurance를 약간 다른 의미로 사용한다. self-confirmation은 곧 자기-확증적 사고를 소유한 자기를 확신하는 것이고 assurance는 하나님의 형상인 자기를 확신하는 것이다. 따라서 물질적인 형태를 띠는 self-confirmation은 자기-파괴(self-destruction)에 노출되게 된다.

재 양식과 더불어 옵니다. 그는 자기 자신을 의식(가장 높은 비밀스런 장소) 안에 거주하는 것으로 압니다. 육욕적인 마음이 갖고 있는 폭력적이고 흥분시키는 방법은 더 이상 그에게 매력이 없습니다. 더 이상 '이런 일들은 어떤 것도 그를 움직이지 못합니다.' 존재의 진리에 관한 지식은 그에게 자유, 지혜 그리고 사랑을 가져다줍니다. 그는 자아-지배적 인간(ego-person)이기보다는 하나의 유익한 현존(a beneficial presence)이 됩니다. 그는 이제 세상에서 하나의 축복(a blessing) 그 자체가 되어 존재하는 것입니다.

위로자
(Comforter)

질문: 병원에서 불치병 진단을 받은 내담자가 유익한 현존(a beneficial presence)이 되는 방법이 있습니까?

호라 박사: 그 질문은 죽음의 문제에 어떻게 직면하는가, 누군가가 불치병에 걸렸다고 믿고 있는 상황에서 어떻게 그에게 유익한 현존이 될 수 있는가를 묻고 있는 것입니다. 물론 모든 위기의 경우와 마찬가지로, 소위 불치병에 걸렸을 경우에, 죽음은 없다는 것을 아는 것은 특별히 위로가 됩니다. 생명은 죽을 수 없고, 불치병 같은 것도 존재하지 않습니다. 그것을 어떻게 말할 수 있나요? 예수께서는 그것을 말할 수 있었습니다. 예수는 죽음에 대하여 어떻게 말하였나요? 그가 무엇을 말했든, 실제로 그가 말했던 것을 그는 알고 있었기 때문에, 우리는 그것을 믿는 것이 좋습니다. 그는 "나는 부활이요 생명이니 나를 믿는 자는 죽어도 살겠고" "무릇 살아서 나를 믿는 자는 영원히 죽지 아니하리니 이것을 믿느냐"(요한복음 11:25, 26)라고 말했습니다.

그가 한 말은 무엇을 의미할까요? 죽은 사람이 어떻게 살아날 수 있으며,

결코 죽음을 보지 않는 것이 어떻게 가능할 수 있나요? 그가 말하는 것을 이해하지 못하면, 우리는 결코 앞에서 질문자가 설명했던 것과 같은 상황에서는 누구에게도 위로자(comforter)가 될 수 없습니다. 일반적으로 그렇게 힘든 상황에서 어떻게 행동하는가에 관심을 갖습니다. 그것을 조작주의적 개념으로 설명하면 '가장 적절하고 가장 덜 불안하며, 가장 위로가 덜 되는 방법으로 행동하려면 어떻게 해야 하는가?'라는 질문이 될 것입니다. 그러나 우리는 행동주의나 조작주의에는 관심이 없습니다. 우리가 관심을 갖는 것은 산다는 것은 무엇인가, 그리고 죽음은 무엇인가를 이해하려는 것입니다. 그러면 우리의 현존(presence) 자체가 도움을 필요로 하는 사람에게 위로가 될 것입니다. 우리가 참으로 알고 있는 바로 그 실재만이 위로할 능력이 있는 것입니다.

선사들은 죽기 직전에 친구들을 파티에 초대하는 관습이 있다고 합니다. 그들은 미리, 아마도 며칠 전 아니면 1주일이나 2주일 전에, 그가 온전한 건강 상태에 있을 때, 자신의 죽음에 대하여 알고 있습니다. 그들은 친구들을 초대하여, 매우 평화롭고 심지어는 기쁘게, 작별 파티를 갖습니다. 한 제자가 그러한 파티에서 울면 선사는 그를 나무라며, "어찌하여 우는가? 내가 낙원에 가고 있는데 너는 울고 있느냐? 울어야 할 이유가 없다."라고 말했다고 합니다. 그들은 우리가 아직도 모르는 것을 알고 있는 것입니다. 예수께서도 자신의 죽음에 대하여 미리 알고 암시하는 것 같았습니다. 말하자면 죽는 것과 떠나는 것 사이에는 근본적 차이가 있다는 것입니다. 깨달음에 이르지 못한 사람은 여러 면에서 죽음을 두려움으로 경험할 것입니다. 깨달은 사람은 초월적 실재를 의식하고, 이해하고 있기 때문에, 의식이 또 다른 차원으로 옮겨가고 있다는 것을 평화롭게 깨닫게 됩니다.

이제 문제는 우리가 어떻게 그러한 이해에 도달할 수 있느냐는 것입니다. 여기에서 근본적인 문제는 또다시 '인간이란 무엇인가?'라는 질문이 나온다는 것입니다. 깨달음을 얻은 선사나 또는 예수 그리스도가 보통 사람들과 다른 점은 그들은 실재가 무엇이며, 그리고 인간이란 무엇인가에 대하여 알고 있다는 것입니다. 그들은 누군가가 죽어 가고 있는 것처럼 보이지만, 실제로는 죽어 가고 있는 것이 아니라는 것을 알고 있는 것입니다. 지금 일어나고 있는 일은 겉모습이 사라지고 있는 것입니다. 그들은 육체적 실존은 현상이라는 것, 인간은 하나의 현상이라는 것을 알고 있는 것입니다. 현상은 눈으로 보이는 형태라고 생각됩니다. 겉모습은 나타났다가 사라집니다. 그러나 실재는 불변합니다. 실재하는 것은 무엇이든 죽을 수 없습니다.

그러므로 우리가 인간의 실재를 알 수 있다면, 즉 인간이 겉으로 보이는 것만이 아니라, 자신이 실제로 누구인지를 알 수 있다면, 그것은 우리 모두에게 엄청난 유익과 큰 위로를 줄 것입니다.

누군가가 죽어 가는 것으로 보이는 상황에서 우리가 유익하고 위로가 되는 하나의 현존이 되려면, '실제로 존재하는 것은 무엇인가?'라는 질문에 대한 해답을 알아야 할 필요가 있습니다. 인간은 하나의 개인적 의식이라고 언급하였습니다. 의식이란 무엇입니까? 의식도 죽을 수 있나요? 의식이 무엇인지를 알 수 있나요? 육체적 인간은 하나의 현상이라는 것을 알고 있습니다. 그러면 의식은 하나의 부수현상인가요?

의학은, 특히 뇌 생리학은 의식이 뇌 구조의 부수현상이고, 그리고 뇌 속에서 일어나는 전기화학 과정이라고 주장합니다. 이러한 과정이 의식을 만들어 냅니다. 만일 우리가 이런 식으로 본다면, 의식은 부수현상일 것입니다. 그러나 그렇다고 하여 생명을 설명할 수는 없습니다. 예수께서 인간이 죽더라도 살 것이라고 말씀하셨을 때, 그는 생명이 무엇인가에 대하여 다른 개념을 염두에 두고 있었음에 틀림없습니다. 그는 뇌 생리학과는 상관없는 의식을 지적하고 있었음에 틀림없습니다.

깨닫지 못한 사람에게 가장 중요한 것은 경험하는 것이지만, 깨달은 사람에게 가장 본질적인 문제는 존재에 관한 진리입니다. 곧 죽게 될 불치병 여자 내담자에 관한 이야기를 해 봅시다. 모든 의사가 그녀의 병상에 둘러서서 회의를 하며 그녀의 죽음을 예상하고 있었습니다. 그녀는 그 모든 사람을 둘러보다가 갑자기 한 환상을 보았습니다. 그녀는 의사들과 함께 서서, 병상에 누워서 죽어 가고 있는 자기 자신을 보았습니다. 이것은 매우 이상한 경험이었고 이전에는 결코 일어난 적이 없었습니다. 환상은 몇 분간 계속되었습니다. 의사들이 떠나고 몇 시간이 지난 뒤에, 그녀는 병상에서 일어났습니다. 그리고 말하기를, "지금 여기에서 나는 뭘 하고 있는 거야? 뭐가 내게 잘못된 거야?"라고 말했습니다. 그녀는 일어나서, 옷을 입었습니다. 그리고 그녀는 치유되었습니다. 이런 일이 가능할까요?

의견: 그런 일은 매일 일어납니다.

호라 박사: 무슨 말인지 말해 주겠어요?

의견: 나는 그러한 사례들을 읽었어요.

호라 박사: 그러면 중요한 것은 의식이 무엇인가, 실제로 존재하는 것이 무엇인가에 대한 깨달음을 증가시키는 것입니다. 깨닫지 못한 사람에게는 느끼는 것이 곧 실재(is)입니다. 우리는 두려움을 느낄 수 있기 때문에 두려움이 무엇인가를 압니다. 고통을 느낄 수 있기 때문에 고통이 무엇인가를 압니다. 쾌락을 느낄 수 있기 때문에 쾌락이 무엇인가를 압니다. 우리가 깨닫지 못할수록, 실재의 기준으로서 느낌(feelings)을 더 많이 사용합니다. 그러나 최면술사가 무엇을 느끼고 있는가, 그리고 어떻게 느끼고 있는가를 사람들에게 말하는 것을 보았던 사람은 누구나, 자신이 원하는 것은 무엇이든 느낄 수 있습니다. 그리고 그것은 실재와 아무 상관이 없다는 것을 알 수 있습니다. 그것은 암시된 생각과 상관이 있는 것입니다.

질문: 감정은 유용한 기능을 하지 않나요?

호라 박사: 신체적 실존의 맥락에서 감정은, 마치 창자의 운동이 유용한 기

능을 하는 것처럼, 유용한 기능을 합니다. 감정은 사고 과정의 부산물이라는 것을 이해하는 것이 유용합니다. 많은 심리학자는 감정을 일차적으로 고려합니다. 그리고 그들은 다음과 같이 말합니다. '우선 느껴라, 그리고 느끼는 것을 생각하라. 그러면 당신이 올바른 길을 가고 있는지 아닌지를 알도록 지침을 주는 당신의 감정에 의지할 수 있다.' 그러나 난 이것이 옳지 않다고 생각합니다. 나는 감정을 사고 과정의 부산물로 여기는 것이 유용하다는 것을 알고 있습니다. 이는 마치 창자의 운동이 소화 과정의 부산물인 것과 같습니다.

홍미롭게도 어떻게 느끼는가를 중요하게 강조하는 사람들은 매우 불안하고, 쾌락주의적이고, 방종하고, 심지어는 심기증적으로 되는 경향이 있습니다. 창자 운동의 빈도, 지속성, 특성에 많은 관심을 갖는 사람들은 대장염, 회장염, 위염, 담낭염과 같은 위장 합병증을 발달시키는 경향이 있습니다. 인간의 보물이 있는 곳에 문제도 있다고 말할 수 있습니다. 우리는 앞에서 삶에 문제를 일으키는 것에는 세 가지가 있다고 말하였습니다. 그것은 우리가 소중하게 여기는 것(cherish), 미워하는 것(hate), 그리고 두려워하는 것(fear)들입니다.

질문: 육체적 감정이나 정서를 말하는 건가요?

호라 박사: 감정과 정서의 차이는 무엇인가요?

의견: 나는 '직감(gut feeling)'이라는, 정서로서의 직관을 생각했습니다. 그것도 또한 사고 과정의 부산물인가요?

호라 박사: '직감(gut feelings)'과 직관 사이에는 어떤 연관도 없습니다. '직감'이라는 말을 언어로 사용하게 되었다는 것은 재미있는 일 아닌가요? 직감이란 무엇인가요? 실재에서 직감은 경련이고, 복통이고, 위경련입니다. 직감은 불안을 나타냅니다. 우리가 두려움을 느낄 때, 위가 경련을 일으킵니다.

우리가 불안할 때, 소위 명치끝이라고 하는 위에서 '경련(butterflies)'을 일으킵니다. 그러나 직관은 전혀 다릅니다. 직관이란 무엇인가요?

의견: 직관은 이성을 초월하여 실재를 이해하는 것입니다.

호라 박사: 그것을 어떻게 설명할 수 있나요? 직관을 어떻게 이해할 수 있을까요?

의견: 나는 직관이 비합리적이라고 생각하지 않습니다.

의견: 비합리적이라는 말은 자동적이라는 뜻이죠.

의견: 합리적이라는 말도 자동적입니다.

의견: 기계는 합리적이죠.

호라 박사: 기계는 논리적이죠. 논리와 합리의 차이는 무엇인가요?

의견: 논리는 엄격하게 말하면 기계적 과정입니다.

호라 박사: 합리적인 것은 무엇인가요? 합리적인 것은 우리의 세계관의 맥락 내에 존재합니다. 우리의 세계관의 맥락에 적절하지 않은 것은 무엇이나 비합리적인 것으로 보입니다. 우리는 모두 가정이라는 특정한 맥락 안에서 생각합니다. 심리치료의 많은 학파는 인간에 대하여 특별한 가정에 기초한 이론을 주장합니다. 그것들이 다양할수록, 이성과 합리화는 다양할 것입니다. 한 사상 학파에서 합리적으로 보이는 것이 다른 학파에서는 비합리적으로 보일 것입니다. 인간이 죽었으나 살아 있다고 말하는 것은 물리적 관점에

서 보면 완전히 비합리적으로 보입니다. 예수께서 이렇게 역설적인 본성에 대하여 환상적으로 진술했을 때, 그것은 비합리적이거나 미친 것이 아닙니다. 그는 깨닫지 못한 사람에게 죽음으로 보이는 것이, 깨달은 사람에게는 단지 삶의 또 다른 국면으로 진보해 가는 것일 뿐이라는 것을 알고 있었습니다.

우리는 실재에 대하여 어떤 특정한 선입견을 갖고 있을 때마다, 다른 사람들이 비합리적인 것에 대하여 말하고 있는 것을 발견할 것입니다. 왜냐하면 그것들은 우리의 이성이 습관적으로 생각하는 맥락과는 맞지 않기 때문입니다. 직관은 비합리적인 것이 아닙니다. 그것은 창조적 지성, 영감을 받은 지혜와 같은 말입니다.

실존주의 심리치료에서는 인간을 인식의 한계로부터 해방시키는 것을 목표로 합니다. 대부분의 우리가 살고 있는 인식의 한계란 무엇인가요? 인식의 한계란 우리가 알 수 있는 것에 관한 지식을 제한하는 것입니다.

영감적인 삶

(Inspired Living)

질문: 두려움이 가지고 있는 긍정적인 면에 관하여 당신의 의견을 듣고 싶습니다. 예를 들어, 핼러윈 데이 날 밤에 어린아이들이 두려움을 즐기는 것을 보았어요. 거기에는 두려운 것을 경험하는 자기-확증 특성이 있는 것 같아요. 그들은 그것에서 스릴을 느끼고 있었고, 그것 때문에 그들은 신이 나서 노는 것 같았어요. 이것은 매우 보편적인 것 같아 보입니다. 두려움이 갖고 있는 건설적인 면에 대하여 말씀해 주십시오.

호라 박사: 두려움은 건설적인 면이 전혀 없습니다. 인간에게는 특이한 경향이 있는데, 여러 가지 중에 한 가지만 말한다면, 그것은 인간이 흥분을 활력으로 오해하고 있으며, 그리고 흥분에 대하여 이상한 취미를 갖고 있다는 것입니다. 깨달음에 이르지 못한 생각은 이원론적입니다. 그 말은 우리에게 정반대로 생각하는 경향이 있다는 말입니다. 죽음에 대한 보편적 두려움이 있는데, 그것은 우리가 죽음을 원하지 않는다는 것입니다. 우리 모두는 살아 있는 느낌(feel alive)을 갖기를 원합니다. 무의식 속에서 평화는 죽음과 동의어이고, 삶은 흥분과 동의어라고 생각합니다. 따라서 우리는 어릴 때부터 한

밤중에 호루라기를 불면서, 우리는 죽지 않았다는 것을 확증하기 위하여 대담한 척, 소란 피우기를 즐깁니다.

의견: 그것은 지하도에서 트랜지스터 라디오를 크게 켜는 것을 설명해 줄 수 있을 것 같네요.

호라 박사: 맞습니다. 록 음악과 고음의 스테레오 현상도 마찬가지로 여기에 속합니다. 원시적인 사람일수록 그 사람은 소음, 군중, 흥분, 온갖 종류의 감각적 자극을 즐깁니다. 청소년들은 심지어 숙제를 라디오 소리를 들으면서 합니다. 소리가 클수록 흥분도 커집니다. 외부의 자극이 많을수록 살아 있는 느낌이 더 많이 듭니다. 실제로는 평화와 정적에 대한 두려움이 있는 것입니다. 실존 철학자들이 우리의 관심을 끈 것은 무(無, nothingness)에 대한 두려움입니다. 심지어는 두려움에 대한 기쁨도 있습니다. 두려움 자체는 자극이 되고 환상적인 부분을 차지할 수 있습니다. 사람들은 돈을 지불하면서 재앙에 관한 영화를 보면서 긴장합니다. 최근에는 〈Towering Inferno〉[1] 〈Jaws〉[2] 〈The Exorcist〉[3]와 같은 재앙에 관한 영화가 유행입니다.

핼러윈은 두려움을 즐기기 위한 공휴일입니다. 사람들은 살아 있는 느낌(feel alive)을 가지려고 노력하지만 잘못된 방식으로 가고 있는 것입니다. 흥분은 위장된 행복입니다. 많은 사람이 불안과 두려움에 대하여 불평하고 있으면서, 실제로는 그것을 원하고 있는 것입니다.

1) 영화 〈타워링〉: 드라마/스릴러, 1974년 개봉, 세계에서 최고층 빌딩에서 일어난 화재사건으로 인한 대참사를 다루고 있다. 극한 상황에서 단지 살아남기 위해 인간들이 치열한 사투를 벌인다.

2) 영화 〈죠스〉: 드라마/미스터리, 1975년 개봉, 평화로운 바닷가 마을에서 악어나 상어에게 물어뜯긴 게 분명한 시체 때문에 해안이 폐쇄되고 이 마을은 상어의 공포에 휩싸이게 된다.

3) 영화 〈엑소시스트〉: 스릴러/미스터리, 1973년 개봉, 고급 저택에 사는 어린 소녀 리건에게 이상한 증세가 나타나자 아이의 엄마는 아이의 병이 육체적인 것이 아닌 심령적인 것에서 비롯되었다고 생각해 성직자의 도움을 받기로 한다. 리건에게 침입한 악령에 맞서기 위한 메린과 카라스의 사투는 시작된다.

침대가 안전한가를 살피기 위하여 침대 아래를 검사하는 습관을 갖고 있었던 노처녀에 대한 이야기가 있습니다. 수년 동안 그녀는 침대에 아무도 숨어 있지 않다는 것을 확인하기 위하여 검사하는 이 의식을 행하고 있었습니다. 오랫동안 이 일을 하고 난 어느 날 그녀는 침대 아래 한 남자가 숨어 있는 것을 보았습니다. 그녀는 흥분과 두려움으로 소리를 지르면서, "마침내 네가 여기에 있었구나!"라고 말했습니다.

이 사고 과정이 어떻게 작동하는지 이상하지 않습니까? 인류가 참 삶이 무엇인가를 이해하려고 하는 것은 매우 중요한 일입니다. 우리 모두는 완전한 삶을 살기 원하지만, 삶이 무엇인가를 모르기 때문에 어떻게 살아야 하는가를 모릅니다. 우리는 삶이 흥분시키는 것이어야 한다고 생각합니다. 그렇지 않으면 죽은 것이라고 생각합니다. 실존 철학이나 영적 관심을 거부하고 반대하는 사람들이 말하는 것들 중 하나는 그것이 '정적주의자적(quietistic)'이라는 것입니다. 그러나 바보들만 조용한 것을 원하고, 참 사람들은 살아 있고, 흥분시키는 재미를 원한다는 것처럼 들리는 그 말은 경멸적인 용어입니다.

흥분이 살아 있는 느낌을 위한 잘못된 노력이라면, 건강한 대체물에는 무엇이 있을까요? 지루함? 아닙니다. 지루함은 흥분과 정반대여서 지루함과 흥분은 동전의 양면과 같습니다. 흥분하는 삶에 대한 건강한 대체물은 무엇이 있을까요?

의견: 평화와 조화입니다.

호라 박사: 그렇습니다. 그러나 그것은 지루하지 않은가요? 그것은 정적주의라는 꼬리표가 붙을 수 있기 때문에, 평화와 조화를 말하는 우리를 왜곡하고 지적할 것입니다. 그렇습니다. 분명히 우리는 평화와 조화를 인정하지만, 그 자체만으로는 충분하지 않습니다. 흥분된 삶을 대체할 수 있는 것은 영감을 받는 삶입니다. 영감을 받는 삶이란 어떤 삶인가요?

의견: 이것은 우물가에서 예수를 만났던 여인과 생명수에 대한 이야기를 생각나게 합니다.

호라 박사: 예수께서는 안에서부터 솟아나는 생명수라는 말로 무슨 말을 하려고 했던 것일까요? 여러분은 모두 우물가 여인의 이야기를 알고 계십니까?

의견: 모릅니다.

호라 박사: 예수께서 야곱의 우물가에 앉아 있었습니다. 사마리아 여인이 물을 길으러 왔고, 그들은 서로 대화를 나누었습니다. 예수께서는 이 여인이 흥분을 추구하는 자극적인 삶(a life of excitement)을 살고 있다는 것을 알았습니다. 그녀는 난잡한 삶을 통한 성취를 추구하고 있었습니다. 예수는 만일 그녀가 이 물을 마시면, 또다시 목마를 것이라고 말하였습니다. 예수의 말은, 만일 당신이 삶에서 흥분을 추구하면, 언제나 지루해질 것이고, 점점 더 많은 흥분을 찾게 될 것이라는 것이었습니다. 그리고 예수가 주는 생명수를 마시면 다시는 목마르지 않을 것이라고 말하였습니다. 그것은 '영원한 생명으로 솟아나는 우물'일 것입니다. 예수는 지금 말하고 있는 것이 무엇인지 그녀에게 말하여 주었습니다. 즉, 흥분을 추구하는 자극적인 삶은 만족을 주지 못하지만, 영감을 주는 삶은 진실로 만족을 준다는 것이었습니다.

예수가 말하고 있는 영생하는 우물은 무엇입니까? 흥분은 외부의 자극이지만, 영감을 주는 삶은 내면에서 흐르는 지성, 창조, 사랑과 같은 생각입니다. 영감을 주는 지혜의 원천은 무엇입니까? 그것은 어디에서 오는 것입니까?

질문: 그것은 하나님에게서 오나요?

호라 박사: 하나님이란 무엇을 의미하나요? 하나님은 바로 '영생하는 우물'과 같은 말입니다.

의견: 사랑-지성입니다.

호라 박사: 사랑-지성은 지혜, 에너지, 힘, 사랑, 창조성의 이 신비한 원천을 가리키는 또 다른 국면입니다. 그것은 계속해서 의식 속으로 흘러들어옵니다. 그리고 만일 인간이 성공적으로 그것과 접속되어 있다면, 그것은 온전하고 조화로운 삶 속에 나타날 것입니다. 그것이 예수께서 우리에게 가르쳤던 것이며, 그 근원과 만날 수 있는 방법입니다. 그리고 그것이 단지 흥분만 주는 외부의 자극으로부터가 아닌 이 근원으로부터 흘러나오는 삶을 사는 방법입니다.

이 근원과의 만남을 확립하고, 유지하고, 증가시키는 방법은 기도와 명상, 또는 견성 기도 등입니다. 그리고 흥분된 삶과 영감을 주는 삶의 차이를 바르게 이해하는 것입니다. 예수는 이 여인에게, '난잡하게 살지 말라!'고 말하지 않았습니다. 그는 그녀에게 더 좋은 것이 있다고 말하였습니다. 전통적인 종교들은 사람들이 더 좋은 것을 발견하도록 돕는 데 실패하고 있습니다. 그들은 이것도 하지 말고 저것도 하지 말라고 말할 뿐입니다. 그러나 우리가 더 좋은 것을 발견하지 못하면, 너무 중요하다고 여겨지는 것을 포기할 수 없습니다. 깨달음에 이른 사람은 그냥 하나의 생각하는 사람(a thinker)이 아니라는 것을 이해하는 것도 도움이 될 것입니다. 대부분의 우리는 생각할 수 있다는 사실에 우쭐해합니다. 철학자 하이데거는 사고에는 두 종류—계산적 사고(das vorstellende Denken) 그리고 영감적 사고(das andenkende Denken) 가 있다고 말하였습니다. 보통 깨닫지 못한 사람은 영원히 계산하고, 조작하고, 판단하고, 확률을 따집니다. 그는 머리를 씁니다. 그리고 그는 삶에 대하여 개인적 의미를 부여하고, 머리로 조작하는 삶을 추구합니다. 깨달음에 이른 사람은 계산적 사고를 하지 않습니다. 그는 의식 속에 영감적 지혜를 허용하고, 다음으로 그 자신에게 창조적 생각을 제공하며, 그 다음으로 자기 자신이 필요로 하는 것을 돌봅니다.

그러므로 생명수의 우물로 가는 또 하나의 방법은 계산적 사고와 영감적 지혜의 차이를 이해하는 것입니다. 우리는 기도와 명상을 통하여, 이 지혜의 근원에 접근이 가능하도록 노력하고, 효율적인 삶에 필요한 올바른 생각이 우리에게 영감을 줄 수 있게 합니다. 이런 방식의 삶을 살아갈수록, 창조적 지성을 계속해서 의식적으로 깨달을 수 있기 때문에, 점점 더 많이 깨달아 가게 됩니다. 그것은 단지 간헐적으로 일어나지만, 때로는 우연히 일어나기도 합니다. 우리가 기도와 명상을 배우게 되면, 어느 정도 창조적 지성에 접목될 수 있게 됩니다. 그러면 우리는 머리로 계산하기(calculating)보다는 가슴으로 듣기(listening)를 통하여 생각하는 습관을 가지게 될 것입니다.

질문: 당신이 말하는 것과 분리(detachment)의 차이를 설명해 주시겠어요?

호라 박사: 물론입니다. 그러나 우선 이 생각의 맥락을 끝내도록 합시다. 궁극적인 목표는 이 근원에 절대 복종하는(surrender) 것입니다. 그러면 우리는 계속하여 그것을 중심으로 살게 됩니다. 계산적이고, 조작적이고, 그리고 영향을 끼치는 경향성들은 다 사라지고, 이 근원과 하나가 됩니다. 예수는 이 지점에 이르렀을 때, "나와 아버지는 하나이니라."(요한복음 10:30) "내가 아버지 안에 있고 아버지께서 내 안에 계신다."(요한복음 14:11)라고 말했습니다. 그의 인간으로서의 자아의식은 사라지고, 그때부터 그는 하나의 사랑-지성의 유출로 살아가는 것입니다. 물론 그것은 곧 궁극적 자유를 성취하는 것입니다.

그러면 분리란 무엇인가요? 누가 분리를 정의할 수 있나요?

의견: 그것은 불쾌함을 느끼는 감정으로부터 자신을 고립시키는 것이고, 그런 의미에서 그것은 하나의 도피입니다.

호라 박사: 분리는 집착의 반대입니다. 우리가 집착할 경우, 무엇에 집착하나요?

의견: 사람, 일, 장소, 이념입니다.

호라 박사: 그러한 것들은 무엇인가요?

의견: 욕구입니다.

호라 박사: 집착은 우리가 행복, 안전, 그리고 삶에 매우 중요하다고 생각하는 것에 매달리는 것입니다. 그것은 사람, 장소, 일, 이념, 또는 심리치료 학파일 수도 있습니다. 사람은 안전하다는 느낌과 살아 있다는 느낌을 갖기를 원합니다. 그러나 인간은 참된 삶의 근원은 모르면서 무엇인가에 자신을 집착시키는 경향이 있습니다. 전통적인 심리학 사상은 다음과 같이 말합니다. 건강한 삶을 위하여, 다른 사람들과 애착 관계를 가져야 한다고. 그것을 관계 속에 얽혀 있다고 말합니다. 만일 당신이 병들면, 그것은 다른 사람들과의 애착 관계를 어떻게 다루어야 하는가를 모르기 때문입니다. 그리고 미워하거나 방어적이기 때문에 사람들로부터 당신 자신을 분리시키는 것입니다. 그러면 당신은 더 외롭게 되고 더 악화됩니다. 그러나 우리는 집착이나 분리가 같다는 것을 알지 못합니다. 그렇지 않나요?

의견: 어렴풋이 알겠는데요.

호라 박사: 어떻게 같다고 볼 수 있나요?

의견: 그것들은 동전의 양면입니다.

호라 박사: 본질적으로 그것은 삶과 실재를 잘못 보고 있는 것입니다. 당신이 이해하지 못하는 것은 무엇인가요?

답변: 매우 다른 두 가지를 갑자기 같은 것이라고 하는 것이요. 나는 두 낱말을 같은 의미로 보기보다는 서로 의존적이라고 볼 수 있어요.

호라 박사: 애착과 의존의 차이는 무엇인가요?

의견: 두 낱말은 모두 집착을 암시합니다.

호라 박사: 달리 말하면, 애착이나 분리는 같은 것입니다. 의존이나 독립도 또한 마찬가지입니다. 예를 들어, 매우 부유한 부모를 둔 젊은 여인이 집을 나와 뉴욕의 그리니치 마을(Greenwich Village)에서 택시 운전을 하면서 지저분하고 비참한 생활을 하고 있었습니다. 그녀가 '나는 자유롭고 싶었어요. 나는 자유롭게 살기 위하여 집을 나왔어요.'라고 말했다면, 그녀는 자유로운 자가 된 것이 아니라 단지 독립을 했을 뿐입니다. 즉 그녀는 택시 운전을 하고 가난하게 살면서 부모에게 저항하고 있기 때문에 여전히 의존적이라는 것입니다. 그것은 자유가 아니라 독립을 위한 투쟁이며 하나의 의존 상태인 것입니다. 만일 우리가 의존하고 있지 않다면 독립을 위하여 싸울 필요가 없을 것입니다.

그러므로 독립한다는 것은 의존한다는 것과 같은 것입니다. '예'는 '아니요'이고, '아니요'는 '예'입니다. 분리와 애착은 같은 것입니다. 그러면 자유란 무엇일까요? 예수께서는 자유를 어떻게 정의했나요?

의견: 자유는 진리를 아는 것입니다.

호라 박사: 무엇에 대한 진리입니까? 실제로 존재하는(is) 실재에 관한 진리입니다. '존재(is)'하는 것은 무엇을 의미하나요?

의견: 참으로 존재하는 무엇입니다.

호라 박사: 모세는 하나님에게 물었습니다. "당신의 이름을 말씀해 주십시오." 하나님은 그에게 말했습니다. "나는 스스로 있는 자니라."(출애굽기 3:14) 그것은 무슨 뜻입니까? 요즘의 말로 하자면 하나님은 모세에게, "나는 존재(is) 그 자체이다(I am what is)."라고 말했을 것입니다. 모세는 깨달음을 추구하고 있었습니다. 그는 실재가 무엇인가를 알고 싶었습니다. 그는 하나님이 실재, 무한한 지성의 근원, 생명력, 사랑, 영감을 받는 지혜라는 것을 이해함으로써 그것을 발견하였습니다. 우리가 말했던 핵심, 생명수의 이 우물, 이것은 실제로 존재(is)하는 것입니다. 하나님은 모세에게, "나는 존재 그 자체이다."라고 말씀하셨습니다. 그리고 성서의 다른 곳에서는 '하나님은 모든 것 중의 모든 것이다(Omnis in omnis).'라고 말하고 있습니다. 실존주의 신학자 폴 틸리히(Paul Tillich)는 그것을 궁극적 실재(the ultimate reality)라고 말하였습니다. 자유는 실재, 실제로 존재하는 것의 진리를 아는 것에서 옵니다. 실재에는 집착도 없고 분리도 없습니다. 의존도 없고 독립도 없습니다.

의견: 그러면 주체도 대상도 없고, 하나님은 거룩한 타자가 아니고 이원론도 없고 분리도 없다는 것이죠.

호라 박사: 맞습니다. '나와 나의 아버지는 하나이다.' 일단 우리가 그것을 깨달으면, 어떤 일이 일어날까요? 애착과 분리의 건강한 대체물은 무엇입니까? 그것은 이것도 아니고 저것도 아닐 수 있나요? 영어에는 대체로 우리가 받아들일 수 있는 낱말인 '비애착(nonattachment)'이 있습니다. 비애착은 자유와 동의어입니다. 깨달음에 이른 사람은 무한한 지혜와 사랑의 원천과 의식적으로 일치하는 삶을 삽니다. 따라서 그는 애착되지도 않고 분리되지도 않습니다. 의존적이지도 않고 독립적이지도 않습니다. 이런 것들은 그 사람에게 적용되지 않습니다. 그는 단지 세계에서 하나의 자유로운 복덩어리(a blessing) 그 자체일 뿐입니다. 그의 의식의 특성은 그 사람이 어디에 있든지 치유와 조화의 빛을 발합니다.

이 모든 것은 심리치료에 어떤 실제적인 타당성을 주나요? 만일 우리가 자유와 건강한 삶이 무엇인가, 실재하는 선이 무엇인가, 실존적으로 타당한 것이 무엇인가, 그리고 실존적으로 부당한 것이 무엇인가를 이해한다면, 자연스럽게 매우 효율적인 상담을 할 것입니다. 호라(Dr. Hora)의 심리치료의 원리는 다음과 같습니다.

"당신은 그것이 '무엇인가?'를 알면, '어떻게?'도 알 것이다."

원하는 것과 필요로 하는 것
(Wants and Needs)

질문: 당신이 말했던 영감을 받은 삶에 관한 모든 것과 흥분을 위해서 내가 필요로 하는 것과는 어떻게 조화를 이루어야 합니까?

호라 박사: 흥분을 위해서 필요한(need) 것이 있나요?

의견: 만일 그가 필요한 것이 있다고 느낀다면, 그는 그것을 가져야 할 것입니다.

호라 박사: 필요한 것과 원하는 것 사이의 차이를 우리의 의식 속에서 분명히 이해하는 것은 매우 중요합니다. 이 미묘한 차이는 실제적인 삶에 많은 영향을 미칠 것입니다. 최근에 한 젊은 여인이 차를 사고 싶은데 차를 고르는 것이 매우 힘들다고 생각하였습니다. 그녀는 어떤 종류의 차, 어떤 모델을 사야하는지, 어떻게 해야 할지를 몰랐습니다. 그녀의 모든 시도는 실패하였습니다. 그녀는 돈도 있고, 시간도 있고, 모든 것을 가졌지만, 차를 살 수 없었습니다. 그녀와 말하면서, 나는 그녀가 계속해서 차를 사고 싶다고 말하는 것

에 놀랐습니다. "나는 차를 사기를 바라지만 차를 살 수 없을 것 같아요. 내가 어떤 종류의 차를 원하는지를 모르겠어요."라고 그녀는 말하였습니다. 나는 그녀에게, "아마도 당신이 실제로 차를 필요하다고 생각하는가 아닌가를 생각해 보면, 문제는 분명해질 것이고, 아마도 차를 사는 일이 보다 더 쉬워질 것입니다."라고 말했습니다.

내가 원하는 것과 내가 필요로 하는 것의 차이를 분명히 모른다면 어떤 일이 일어나겠습니까? 성서는 "너희 아버지께서 그 나라를 너희에게 주시기를 기뻐하시느니라."(누가복음 12:32)라고 말씀하고 있습니다. 그것이 우리가 정말로 필요로 하는 것입니다. 우리가 필요로 하는 것이 무엇인지 깨달을 때, 일반적으로 그것을 얻을 수 있습니다. 우리가 정말로 필요로 하는 것은 무엇이든, 그것을 얻는 데 어려움이 거의 없을 것이지만, 그 점에 대하여 절실하여야만 합니다. 그러나 필요로 하는 것이 아니라, 원하는 것을 생각한다면 어떤 일이 일어날까요? 이 두 낱말의 차이는 무엇인가요?

의견: 그것은 자아(ego)에 관한 문제입니다.

호라 박사: 맞습니다. 우리가 원하는 것에 대하여 생각할 때, 우리의 생각에서 하나님을 배제시킵니다. 그 순간 우리는 그저 우리 자신만을 생각하게 됩니다. 그것은 마치 중력의 힘을 무시하는 것과 같습니다. 그것은 현명한 생각이 되지 못합니다. 단지 일들을 어렵게 만들 뿐입니다. 모든 일이 잘 안 되는 사람들이 있습니다. 어떤 사람들은 살아가는 것이 힘이 듭니다. 그들에게는 아주 작은 일도 쉽게 지나가지 않습니다. 그런가 하면, 모든 것이 쉽게 지나가는 사람들도 있습니다. 분명히 그것은 운명이 변덕스럽기 때문만은 아닙니다. 여기에는 의식적으로 또는 무의식적으로 복종하느냐, 아니면 과시하느냐와 같은 어떤 근본적인 원리가 있을 것임에 틀림없습니다. 우리가 원하는 것과 필요로 하는 것과의 차이를 이해하고, 인정하고, 그것을 소중하게 여기는 방법을 터득한다면, 선을 무한하게 공급하는 원리를 따라 조율하는 데

성공할 것입니다. 근원적인 실재에는 더 높은 지성이 존재합니다. 그리고 이 지성은 본질적으로 자비롭습니다. 그것이 사랑-지성의 원리입니다. 우리는 이 원리를 이해하고, 그 원리를 따라 살며, 예수께서 말씀하신 '풍성한 삶'으로 우리를 축복하도록 노력합니다. '나는 원한다.'라는 것은 거만한(arrogant) 자세입니다. 그렇지 않습니까? 거만하다는 말은 무엇을 뜻하나요?

의견: 자랑하고 도도하며 추정하는 것입니다.

호라 박사: '거만'의 어원은 무엇인가요?

의견: '가로채다(arrogate)'인가요?

호라 박사: 그렇습니다. 그것은 바로 우리의 것이 아닌 것을 우리의 것이라고 가로채는 것입니다. 만일 우리가 '나는 원한다.'와 '나는 원하지 않는다.'라고 생각하는 습관을 갖고 있다면, 실존에 대하여 거만한 자세를 취하는 것이고, 우리의 세계-내-존재 양식은 실존적으로 타당하지 못하게 됩니다. 그것을 깨닫지 못하면, 우리는 우리 자신의 일을 어렵게 만들게 될 것입니다.

할머니, 할아버지, 이혼한 어머니, 그리고 어린 두 소녀로 구성된 가족이 있었습니다. 소녀들은 다루기가 매우 힘들었고, 놀랄 만큼 반항적이며 파괴적이고 그리고 통제가 되지 않았습니다. 조부모들은 절망적이었고, 직장에 나가는 어머니는 집에 오는 것이 두려웠습니다. 어머니와 조부모와 말하면서 한 가지가 매우 분명하게 되었습니다. 그들은 아이들에게 '여기에 네 우유가 있어.'라고 말하지 않습니다. 그들은 언제나, "네 우유는 네가 알아서 마시기를 원해."라고 말합니다. 불행한 습관은 전 가족에게 있었고, 그들의 말은 대부분 이렇게 시작하였습니다. '나는 원해.' 또는 '나는 원하지 않아.' 라고. "나는 네가 잠자리에 들기를 원해." "나는 네가 텔레비전 보는 것을 원하지 않아." 그러면 아이들은 어떻게 말하나요? "나는 엄마가 나에게 하기를 원하는 것을, 나는 원치 않아요." "나는 엄마가 원하는 것은 무엇이든지 원하지 않아요." 이러한 말들이 축적되어서 격렬한 장면이 됩니다. 이들은 사랑하는 사람들이지만, 원하는 것과 필요로 하는 것과의 차이를 모르고 있습니다. 겉으로 보기에 하찮은 문제처럼 보일지라도 엄청난 결과를 가져올 수 있습니다. 억압적인 강압의 분위기 속에서는 심신의 장애가 자주 나타나며, 누군가가 언제나 아프게 됩니다. 가족이 이러한 것에 관심을 갖게 되자, 그들은 '나는 원한다.'에서 '필요로 하는 것은 무엇인가?'로 바꾸려고 노력하였습니다.

인간에게는 겸손에 저항하려는 무언가가 있습니다. 그리하여 통제하고 있다고 믿고 싶어 합니다. 통제하고 있다는 개념을 소중하게 여길수록 삶에는 더 많은 문제가 생깁니다. 어떤 사람들은 그런 정도로 통제하고 있다는 개념을 소중하게 여깁니다. 그리하여 하나님과 기도 그리고 영적 가치에 대하여 배울 때, 그들의 주변 세계를 통제하는 도구로서 하나님을 교묘하게 이용하려고 시작할 수도 있습니다.

한 여인이 두 마리의 커다란 개를 가지고 있었습니다. 이 개들은 다루기가 어려웠습니다. 그들은 그녀에게 순종하지 않습니다. 그녀가 개들을 산책시키기 위하여 데리고 나갈 때, 그 개들이 그녀를 너무 세게 끌어당겨서, 함께 걸을 수가 없었습니다. 어느 날 그녀가 말하기를, "나는 이 개들이 말을 잘 들었으면 좋겠다고 기도하였으나 아무 일도 일어나지 않고, 오히려 그들은 내 말을 더 안 들어요." 우리는 하나님의 도움으로 우리의 일을 통제하듯이 그렇게 하나님과 종교를 '다룰(handle)' 수 있을까요? 우리가 원하는 것과 하나님이 우리를 위하여 해야 할 일을 하나님에게 말할 수 있나요? 당신은 어떻게 생각하나요? 우리의 일을 통제하는 개인적 능력을 믿고, 우리가 원하는 대로 경영하고, 심지어는 하나님을 하인으로 이용하는 것도 똑같은 비밀스런 욕망입니다.

기도와 신앙의 도움으로 하나님을 마음대로 이용하려고 할 것입니다. 그 다음에는 하나님을 통제하려고 합니다. 그러므로 우리는 하나님보다 더 위대할 것입니다. 하나님이 무엇을 해야 할 것인가를 당신이 말할 수 없다면, 하나님께서 좋을 게 무엇이 있을까요? 기도의 일반적인 개념은 무엇입니까? 기도는 하나님이 우리를 위하여 해야 할 일을 말하는 방법이 아닙니까? 탄원 기도는 종종 우리가 원하는 것을 하나님에게 말하는 것 이상의 아무것도 아닙니다.

두 형제에 관한 이야기가 있습니다. 동생은 매우 신앙심이 많았고, 형은 하나님을 그다지 괴롭히지 않았습니다. 신앙심이 많은 동생은 매우 가난했고 고달팠지만, 형은 사업이 번창하여 잘살았습니다. 어느 날, 신앙심이 많은 동생이 형에게 와서 물었습니다. "형은 기도도 안 하고 신앙도 없는데 어떻게 그렇게 잘살 수 있어? 나는 기도도 그렇게 많이 하는데 좋은 일은 하나도 안 생겨." 그의 형은, "글쎄 너는 하나님을 너무 귀찮게 하는 것 같아."라고 말했습니다.

질문: 무엇이 올바른 접근법인가요?

호라 박사: 원하는 것 대신에 필요한 것에 관하여 생각하기 시작할 때 어떤 일이 일어납니까? 이처럼 겉으로 보기에 중요하지 않은 사소한 일들이 놀라운 결과를 가져옵니다.

나는 최근에 한 젊은 여인이 나에게 말했던 이야기가 생각납니다. 그녀와 그녀의 여자 친구는 직장에서 감독관에게 언어폭력을 당했습니다. 나에게 그 이야기를 했던 여인은 몹시 당황했고, 심한 상처를 받았습니다. 그녀는 이 남자가 그런 식으로 말하는 것을 견딜 수가 없었습니다. 그러나 똑같이 언어폭력을 당했던 그녀의 여자 친구는 전혀 당황하지 않았습니다. 그녀는 "그 남자는 누군가에게 말할 필요가 있었던 거야."라고 말하였습니다. 우리는 여기에서 똑같은 상황에 반응하는 두 방법에 차이가 있음을 봅니다. 한 사람은 올바른 대우를 받고 싶다고 생각하지만, 다른 사람은 필요한 것이 무엇이었나를 생각하였습니다. 우리가 필요한 것에 대하여 생각할 때 사랑을 나눌 수 있습니다. 아이들이 무엇을 필요로 하는가에 대하여 생각하는 부모들은 자발적으로 사랑할 수 있습니다. 그러나 만일 부모 자신이 원하는 것에 관하여 생각한다면, 아마 모든 것이 갑자기 달라질 것입니다.

심리치료사는 어떠합니까? 우리가 상담실에 있고, 내담자들 중의 한 내담자가 적대적이고 공격적이며 말을 막 한다고 상상해 봅시다. 우리가 원하는 것에 대하여 생각하는가 아니면 내담자가 필요로 하는 것에 대하여 생각하는가에 따라서 우리는 나쁘게 반응할 수도 있고 평온하게 사랑할 수도 있습니다. 문제는 세계관, 삶을 보는 방법, 그리고 세계-내-존재 양식입니다. 생각하는 습관에 따라서 우리의 경험과 반응에는 근본적인 변화가 있을 수 있습니다. "그 마음의 생각이 어떠하면 그 위인도 그러한즉"(잠언 23:7)

의견: 나는 방금 선생님이 마음속으로 어떻게 생각하고 있는지가 궁금했습니다. 그리고 나는 이것이 모순이라는 것을 발견하였습니다.

호라 박사: 마음에서 생각하는 것은 은유입니다. 은유란 무엇인가요?

의견: 상징입니다.

호라 박사: 그것은 개념을 전달하는 상징적인 방법입니다. 은유는 낱말 그 자체를 넘어서 의미를 전달하는 하나의 낱말입니다. 은유(metaphor)는 저 너머에 있는 무언가를 전하는 것입니다. 이 은유를 명료화해 봅시다. "그 마음의 생각이 어떠하면 그 위인도 그러한즉"이라는 말의 의미는 무엇인가요?

의견: 그것은 우리가 생각 속에서 소중하게 여기는 것입니다.

호라 박사: 맞습니다. 우리가 생각 속에서 소중하게 여기는 것은 우리의 세계-내-존재 양식을 결정합니다. 이제 처음의 질문으로 돌아가 봅시다. "우

리가 흥분을 필요로 하는가(need), 아니면 우리가 흥분을 원하는가(want)?"

의견: 사람들은 흥분을 원하는 것같이 보입니다. 그리고 대부분의 텔레비전 프로그램은 그것을 제공합니다.

의견: 나는 흥분만이 아니라, 자극도 필요하다고 생각해요. 자극을 박탈당했던 유아에 대한 실험이 생각납니다. 그 결과 많은 유아에게 우울증이 있었고, 심지어는 그 시설 속에서 죽기도 했죠.

호라 박사: 당신이 말하고 있는 이 실험은 유명한 정신 의학자 르네 스피츠(Rene Spitz)가 주도한 것으로, 소위 의존적 자기애적 우울증에 관한 실험이었습니다. 의존적 자기애란 무엇입니까? '의존적 자기애(anaclitic)'라는 말은 사랑으로 양육해 줄 누군가에게 의존해야 할 필요를 말하는 것입니다. 이 유아들은 어머니의 사랑을 박탈당하였습니다. 잘 훈련된 간호사들이 완벽하게 과학적으로 유아를 돌보았습니다. 환경에서 오는 자극은 있었습니다. 그들을 먹이고 기저귀를 갈아 주고 깨끗한 방에서 과학적으로 제공되는 의학적 진료를 제공하였습니다. 그러나 그들은 사랑으로 양육받는 것을 박탈당하였습니다. 그들은 의존적 자기애적 우울증을 발달시켰고, 어떤 유아들은 합병증으로 죽었습니다. 죽지 않은 유아들은 아마도 오랫동안 매우 고통을 겪었을 것입니다. 올바른 자극은 중요합니다. 그러나 그것은 흥분과 동의어가 아닙니다. 자극과 흥분의 차이는 무엇입니까?

의견: 집중(intensity)의 정도입니다.

호라 박사: 맞습니다. 그것은 아주 중요한 것입니다. 자극에 대한 건강한 반응 행동(reaction)은 응답(response)하는 것입니다. 물론 이것은 필요한 것입니다. 그러나 흥분은 오락의 한 형태이며, 행복을 추구하는 하나의 방법이며,

감각적인 자극을 통해서 살아 있음을 느끼는 것입니다.

영감적 삶에는 조화로운 균형 속에서 의식이 최상으로 전개되도록 돕는 내적이고 외적인 자극들이 있습니다. 거기에는 평온한 활동이 따릅니다. 그러한 평온한 활동을 경험했던 사람이 있습니까? 피로감으로 인도하지 않는 활동?

기쁨과 행복으로 유명한 두 명의 수도사들에 관한 이야기가 있습니다. 그들과 이야기를 나누기 위하여 멀리서 사람들이 찾아왔습니다. 사람들은 수도사에게 행복과 기쁨의 비밀에 대하여 물었습니다. 수도사들은 "하루 종일 장작을 패고 물을 긷는 것이 신비하지 않습니까?"라고 대답하였습니다. 수도사들의 말은 무슨 뜻인가요? 그 의미가 무엇이라고 생각하십니까?

의견: 그들은 마땅히 무엇이 되어야 하는 것에 대하여 생각하고 있지 않았을 것입니다.

호라 박사: 당신이 말하는 마땅히 무엇이 되어야 한다는 것은 무엇을 의미하나요?

의견: 우리가 원하는 것입니다.

호라 박사: 맞습니다. 가장 힘든 육체노동이 정신적인 면에서는 피곤하지 않을 수 있는 것 같습니다. 실제로 그것은 자극이 될 것입니다. 매우 많은 것들은 삶에 대하여, 그리고 일 그 자체에 대하여 우리가 갖는 마음의 태도에 달려 있습니다. 물론 우리의 마음의 태도는 우리가 소중하게 여기는 그 가치에 따라 다릅니다.

Existential Metapsychiatry

가족 치료

(Family Therapy)

질문: 당신이 가족 치료를 하고 있으신지, 가족 치료에 관한 당신의 생각은 어떠한지, 우리가 지금까지 배웠던 것과는 어떻게 다른지 궁금합니다.

호라 박사: 나는 가족치료를 하고 있지 않지만, 부모와 부부 상담을 하고 있습니다. 나는 실제로 부모를 떠나서 어린이를 도울 수 없다고 생각합니다. 내가 어린이를 이해하는 방식은 아이들은 부모가 가진 의식의 연장이라는 것입니다.

질문: 나쁜 의식인가요?

호라 박사: 다행스럽게도 좋은 의식도 연장됩니다. 만일 부모들이 아이들을 걱정한다면, 아이들의 삶에서 가장 중요한 요인은 학교도 아니고, 텔레비전도 아니고, 놀이 친구도 아니고, 이웃도 아닙니다. 바로 부모가 가장 소중하게 여기는 것, 부모들이 미워하는 것, 그리고 부모들이 두려워하는 것이 무

엇인지를 그들에게 알려 주는 것이 크게 도움이 될 것입니다. 이 세 가지 요인들은 매우 중요합니다. 좋은 부모가 되기 위하여 진지하게 생각하는 부모들은 자신들이 내면에 쌓아 두고 있는 비밀한 생각들을 면밀히 검토하여야 하고 그리고 그들 자신이 내면에 갖고 있는 난처한 문제까지도 기꺼이 드러내어 그들이 마음속에 갖고 있던 편견을 바꾸어야 합니다.

예를 들어, 최근에 한 여인이 안면 경련(tic douloureux)의 문제를 갖고 왔습니다. 안면 경련이 무엇인지 아나요? 그것은 얼굴에 고통스러운 경련을 일으키는 것입니다. 이 고통은 10여 년 동안 내담자를 괴롭혀 왔습니다. 그녀는 많은 치료사에게 상담을 받았습니다. 국부마취제인 노보카인 주사와 다른 치료를 받았지만 소용이 없었습니다. 이 문제는 어떤 종류의 의학 치료로도 쉽게 낫지 않는 것으로 알려져 있습니다. 내담자의 생각을 탐구하면서, 우리는 그녀가 한 가지—딸보다 나아지려는—생각을 갖고 있었다는 것을 발견하였습니다. 그녀 자신과 딸 사이에 수년 동안 보이지 않는 경쟁이 계속 있었습니다. 두 사람 모두—어머니는 사업적으로 딸은 사회적으로—매우 성공적인 삶을 살았습니다. 내담자는 이것을 결코 받아들이지 않았습니다. 그녀는 언제나 딸을 사랑하고 칭찬하는 자기-희생적이며 매우 좋은 어머니라고 생각하였지만, 언제나 그들 사이에서 설명할 수 없는 긴장이 있음을 느꼈습니다. 바로 얼마 전에 그녀는 어린 아들을 가진 딸의 집을 방문하였습니다. 그녀가 딸의 집에 도착했을 때, 어린 아들이 소리를 지르기 시작하였습니다. 그는 자신의 어머니에게 "나가, 나는 할머니하고만 있고 싶어."라고 말했습니다. 이것은 그녀에게 엄청난 승리였고, 그녀를 매우 행복하게 만들어 주었습니다. 이때 그녀는 손자가 할머니를 자기 엄마보다 더 좋다고 말하는 것을 들었습니다. 그리고 이것은 그녀를 그녀의 딸인 자기 엄마보다 우월하다고 인정하였던 것입니다.

그녀가 딸을 라이벌로 여기고 있다는 것을 인정하기 시작하는 데 매우 많은 시간이 걸렸고 상당히 오랫동안 자기-직면을 하여야 했습니다. 어느 순간 그녀는 딸이 책을 쓰고 있지만, 전혀 판매가 안 되었다고 말하였습니다.

그녀는 이것을 매우 기쁘게 말하였다는 것을 지적받았을 때, 매우 당황스러워하였습니다. 이 일이 있은 후 그녀는 24시간 동안 심한 죄책감을 느꼈습니다. 이 죄책감 반응은 단지 그녀의 당황스러움을 덮기 위한 시도였을 뿐이라고 지적해 주었습니다. 그녀는 곧 안정을 되찾았고, 마침내 "그것은 사실인 것 같아요. 나는 언제나 딸과 경쟁하고 있었어요."라고 말하였습니다. 그때 안면 경련은 사라졌습니다. 그녀는 이 커다란 비밀, 그녀가 소중하게 여기는 이 생각에 '직면'할 수 있었습니다. 그녀의 딸이, 심지어는 손자도 얼마나 경쟁적이었는지 짐작할 수 있을 것입니다.

우리가 좋은 부모가 되려면, 올바른 생각, 실존적으로 타당한 생각을 소중하게 여기는 것이 중요합니다. 그리고 미움과 두려움으로부터 자유로워야 합니다. 그러면 우리는 좋은 부모, 좋은 배우자가 될 수 있습니다. 그러면 우리의 세계-내-존재 양식은 조화롭고 건강하게 될 것입니다.

최근에 나는 쌍둥이 형제를 둔 가족 문제에 관심을 갖게 되었습니다. 한 형제는 훌륭한 학생이었습니다. 그는 좋은 점수를 받았고, 잘 읽고, 수학과 그 외의 모든 것에서 우수했습니다. 다른 한 형제는 공부를 잘 못하였습니다. 그는 읽지도 못하고 계산도 못했습니다. 그는 그의 쌍둥이 형제가 그렇게 공부를 잘했던 바로 그 학교와 그 학급에서 문제를 일으켰습니다. 어떻게 이런 일이 가능하였을까요? 당신은 그것을 설명할 수 있겠습니까? 이 연극에서 배역을 담당한 감독은 누구일까요?

의견: 그들은 각자가 자신의 방식으로 관심을 끌고 있는 것입니다.

호라 박사: 당신은 인과율적인 사고에 근거한 전통적 심리학 이론을 설명하였습니다. 그러나 앞에서 우리는 인과율 이론이 부당하고, 편협한 사고이기 때문에 포기했다는 것을 기억할 것입니다. 부모가 그들의 문제에 직면하기 시작했을 때 이 아이들에게 어떤 일이 일어났는지 알고 싶나요? 문제를 일으킨 학생은 좋은 학생이 되었고, 좋은 학생은 천식을 일으켰습니다. 무슨 일이

발생하였을까요?

의견: 여기에서 새로운 방식으로 관심을 끌기 위한 것 같습니다.

호라 박사: 실제로 어떤 일이 일어났는지 알고 싶나요? 문제가 어느 정도 명백하게 되자, 부모는 실패한 아이에 대한 생각을 바꾸고, 그 아이에 대하여 좋은 생각을 하기 시작하였습니다. 그러나 그들은 공부를 잘하고 있는 아이에 대한 생각은 바꾸려 하지 않았습니다. 아시다시피 성공은 좋은 것인데 뭐가 문제겠습니까? 좋은 것을 왜 바꾸겠습니까? 그들은 잘하는 아이는 잘하게 내버려 두었습니다. 그러자 그 아이는 숨이 찰 정도로 힘겹게 조금씩 성공을 이어 가고 있었습니다. 여기에는 성공이나 실패 또는 질병을 통하여 관심을 끄는 것보다 더 중요한 것이 있습니다. 더 많이 고려하여야 할 무엇이 있는 것입니다.

의견: 부모의 생각 속에 있는 야망과 경쟁심입니다.

호라 박사: 맞습니다. 야망과 성공에 대한 생각의 이원론, 성공을 좋아하는 것과 실패를 두려워하는 것입니다. 실패하는 것은 성공의 또 다른 형태입니다. 우리는 반대 방향에서 야망을 가질 수 있습니다. 실패에 대한 야망을 가질 수도 있고, 성공에 대한 야망을 가질 수도 있습니다. 그것은 같은 것입니다. 야망이 합리적인 정도를 넘어선다면, 아프게 될 수 있습니다. 성공적인 아이는 숨이 찹니다. 그는 너무 열심히 달려서, 숨을 쉴 수가 없습니다.

이 아이들을 도우려면, 무엇을 하여야 할까요? 분명히 좋은 것과 바람직한 것에 대한 부모의 생각을 실존적으로 타당한 것과 일치시킬 필요가 있습니다. 야망과 성공은 실존적으로 타당하지 않은가요? 우리 모두는 그것을 원하지 않나요? 우리 모두는 삶에서 성공하려고 노력하지 않나요? 건강하기 위하여, 그리고 좋은 부모가 되기 위하여, 실존적으로 타당한 생각을 우리 자신에게서 발견할 수 있나요? 부모가 아이들에 대하여 실존적으로 타당한 방법으로 생각한다는 것은 무엇일까요? 실제로 중요한 것은 무엇인가요? 분명히 부모의 가치는 아이들에게 문제로 나타납니다. 이 가치는 변화되어야 합니다. 부모가 어떻게 이것을 성취할 수 있을까요?

여기에서 위험은 매우 일반적인 인과율적 사고로 빠지는 것입니다. 우리가 그러한 실수를 한다면, 실제로 비난할 때 책임에 대하여 말할 것입니다. 그러면 비난이 따를 것이고, 문제가 발생할 것입니다. 다른 예를 들어 보기로 하지요.

반려견을 키우는 부부가 있었습니다. 그들은 언제나 싸웠고, 이 개는 직장 탈수를 일으켰습니다. 싸움이 끝나면, 직장 탈수는 사라지고 반려견은 아무렇지도 않았습니다. 이런 일은 반복해서 일어났습니다. 부부가 서로를 비난하기 시작할 때마다, 이것이 인과율의 문제가 아니라는 것을 알 수 있을 때까지 직장 탈수는 점점 더 악화될 것입니다. 그들이 직장 탈수의 원인이 아니고, 직장 탈수는 그들의 의식 속에 있는 불화가 겉으로 드러난 것이었습니다. 가정은 실제로 의식의 정신적 분위기를 제공하는 장소입니다. 정신적으로 불화하고 상호 비난하는 분위기에서 병리적 현상이 발생합니다. 이 사람들이 불쌍한 반려견의 고통 때문에 자신들을 비난하는 한 그들은 문제를 풀 수 없습니다. 문제가 풀리기는커녕 일이 더 악화될 것입니다.

질문: 호라 박사님. 드러나는 것과 결과의 차이를 모르겠습니다.

호라 박사: 설명을 하자면, 우리가 네 가지 소용없는 질문을 하는 습관을 갖고 있는 한, 문제 해결의 희망은 없다는 것입니다. 왜 이런 일이 일어났을까? 누구에게 책임이 있을까? 우리는 무엇을 해야 할까? 어떻게 해야 하나? 그러나 이 부부가 두 가지의 지성적인 질문을 하게 되었을 때, 치유가 일어났습니다. 그들의 결혼 문제도 치유되었고 반려견도 치유되었습니다. 첫 번째 지성적 질문은 '여기에서 겉으로 보이는 것의 의미는 무엇인가?'입니다. 그 해답

은 집안에 불화가 있는 것 같다는 것입니다. 두 번째 지성적 질문은 '여기에서 실제로 일어나고 있는 것은 무엇인가?'입니다. 그 대답은 사랑, 조화, 평화, 그리고 상호 존중입니다. 그것은 신성한 실재의 모습입니다. 신성한 실재는 곧 평화, 조화, 확신, 감사, 그리고 사랑이기 때문입니다. 부부가 그들의 상황을 하나님의 선에 함께 참여하는 맥락에서 보기 시작하였을 때, 싸움과 불화는 사라졌고 반려견은 치유되었습니다. 남편과 아내 사이의 불화가 직장 탈수의 원인이 아니었습니다. 그것은 불화가 존재하고 있음을 지적하는 것이었습니다. 생각만으로 반려견의 직장 탈수를 일으킬 수 있다고 생각하는 것은 뻔뻔스럽고 마술적 사고일 것입니다. 현상은 정서적으로 충만한 사고(思考)가 겉으로 드러난 것입니다. 일반적으로 사고는 현상으로 드러나는 경향이 있습니다. 현상은 사고가 시각적 형태로 드러난 것입니다.

질문: 사고도 현상이 아닌가요?

호라 박사: 타당하지 못한 사고는 드러난 형태의 현상입니다. 이것과 같은 원리가 아이들과 반려동물에게도 적용됩니다. 반려동물들은 그들 주변의 중요한 어른들의 정신적 분위기인, 인간 생활권 안에 살고 있습니다. 필요한 것은 인과율적 사고를 벗어나는 것입니다. 그러면 우리는 현상학적으로 볼 수 있을 것이고, 올바른 치유가 발생할 것입니다. 우리의 생각이 인과율적 추론 내에 존재하는 한, 우리가 열심히 치유하려고 하면 할수록 사태는 더욱 악화될 것입니다. 치유는 인과율적 결과물일 수 없습니다. 그것은 지각이 발달됨에 따라, 의식 안에서 하나의 전환이 발생하는 형태로 전개되는 것입니다.

심리치료의 윤리
(Ethics of Psychotherapy)

어떤 영역에서 도움을 받고자 하는 내담자의 분명한 욕구를 존중해야 한다는 것은 심리치료의 원칙입니다. 우리는 그가 무엇을 필요로 하는지 알 수 없습니다. 그가 필요로 하는 것을 밝힐 때까지 기다려야 합니다. 내담자와 함께 앉아 있을 때, 내담자가 자신이 필요로 하는 것이 무엇인가를 말할 때까지 기다립니다. 그 후에 그 문제를 이해하려고 노력합니다. 그 문제를 이해하고 난 후에 적절한 설명을 하게 됩니다. 요청받지 않은 문제를 다루는 것은 영역을 넘어서는 일입니다. 이 원칙은 심리치료뿐 아니라 삶의 모든 영역에도 적용됩니다. 심리치료의 윤리는 삶의 모든 영역에 적용되는 것입니다. 우리는 사람들에게 심지어는 동물이나 식물에게도 어떤 것도 강요하지 않습니다. 우리는 필요를 식별합니다. 그리고 건설적이고 유용한 방법으로 그 필요에 따라서 반응을 진행해 나아갑니다. 그것을 수동적이라고 말할 수 있을까요? 그것은 능동적인 것도 수동적인 것도 아닙니다. 그것은 응답하는(responsive)것입니다. 책임(responsibility)이란 무엇을 말합니까? 대부분의 사람은 책임을 의무라고 생각합니다.

의견: 책임은 비난을 감수할 가치(blameworthiness)가 있다는 의미지요.

호라 박사: 일반적인 용법으로 말하면, 누가 우리에게 당신이 이것에 책임이 있다고 말한다면, 그것은 무슨 의미입니까? 당신이 그것에 대하여 비난을 감수해야 한다는 것을 의미하는 것인가요? 그러나 이것은 그 낱말을 잘못 사용한 것입니다. '책임'이라는 낱말의 의미는 무엇입니까?

의견: 응답할 수 있는 능력(the ability to respond)입니다.

호라 박사: 맞습니다. 하나님은 우리에게 사람, 자연, 동물, 식물, 그리고 필요로 하는 모든 것에 응답할 수 있는 능력을 주셨습니다. 따라서 인간은 세계에 유익한 현존이 될 수 있습니다. 인간만이 응답할 수 있는 능력을 선물로 받았습니다.

질문: 그것은 짐(burden)이 아닌가요?

호라 박사: 우리가 그것을 의무라고 오해한다면 그것은 짐이 될 뿐이지만, 그것을 "바다의 고기와 공중의 새와 육축과 온 땅과 땅에 기는 모든 것을 다스리도록"(창세기 1:26) 하나님이 주신 과제로 이해한다면, 그것은 신성한 속성이 될 것입니다. 인간에게만 응답할 수 있는 능력이 있고, 동물에게는 없습니다. 동물들은 어떻게 하나요?

의견: 그들은 반작용(react)합니다.

호라 박사: 맞습니다. 우리는 상담할 때, 유익한 영향을 끼칠 수 있는 방식으로 내담자의 분명한 필요에 응답하려고 합니다. 책임의 개념을 존재론적 맥락에서 이해하지 않는다면, 문제가 발생할 것입니다. 존재론적 맥락이란

무엇을 의미하나요?

의견: 존재의 맥락입니다.

호라 박사: 맞습니다.

질문: 책임은 반작용과는 대조적으로 대화를 의미하고 있지 않나요?

호라 박사: 그렇습니다. 그것은 대화적입니다. 반작용은 생각이 없습니다. 그것은 이해나 초월에 바탕을 둔 것이 아니라, 단지 감각적인 또는 정서적인 만족에 근거하고 있습니다. 우리가 반작용할 때, 우리 자신의 필요에 대하여 관심을 갖습니다. 그러나 우리가 응답할 때, 우리 자신을 초월하여 나타나는 필요에 대하여 관심을 갖습니다. 응답할 때, 우리 자신을 초월합니다. 내담자가 우리에게 올 때, 그는 우리가 어떻게 느끼는가에 관심을 갖지 않습니다. 우리가 원하는 것에 관심을 갖는 것이 아니라, 내담자 자신의 문제에 대한 해답을 찾는 데 관심을 갖습니다. 따라서 우리는 우리 자신을 초월하여 순간순간 나타나는 모든 필요에 응답해야 합니다.

때때로 우리가 어떤 사상 학파나 철학의 열렬한 지지자일 때에는, 이것을 통찰할 수 없고, 내담자의 필요에 응답하는 대신에 자신의 철학을 주창(advocacy)하는 잘못에 빠지게 됩니다. 주창이란 무엇인가요?

의견: 무엇인가를 판매하는 것입니다.

호라 박사: 맞습니다. 특별히 소중하게 여기는 생각이나 관점을 판매합니다. 내가 젊었을 때, 치료 집단에서 훈련생으로 있었던 때가 기억납니다. 그때 집단을 지도했던 정신분석가가 마르크스주의자였습니다. 그때 뉴욕시에 택시 파업이 있었습니다. 집단 회기가 진행되는 중에 택시를 타야 하나 말아

야 하나, 파업을 지지해야 하나 파업을 막아야 하나가 중심 주제로 떠올랐습니다. 우리는 마르크스주의에 빠져 있었고, 그것을 집단 정신분석이라고 말하고 있었습니다. 우리의 착한 분석가는 자기가 지금 올바른 상태에 있지 않다는 것을 깨닫지 못하고 있었습니다. 우리는 무언가를 주장하는 죄를 짓지 않도록 매우 주의해야 합니다. 우리가 특히 좋아하는 생각을 어떻게 팔지 않을 수 있을까요? 누구에게나 객관적이 된다는 것이 가능할 수 있을까요?

우리가 무엇인가를 주창할 때, 주관적이 되어서, 좋아하는 것을 말하게 됩니다. 우리가 말하고 싶어 하는 특정한 주제들이 있습니다. 그러면 우리는 주관적이 됩니다. 그런데 누구에게나 객관적일 수 있다는 것이 가능할까요?

의견: 만일 우리가 내담자의 필요를 경청한다면, 그럴 수 있다고 생각합니다.

호라 박사: 그러나 우리가 누군가의 필요를 경청할 때, 객관적입니까? 아닙니다. 우리는 초관적(超觀的, transjective)이 됩니다. 그것은 무엇일까요?

의견: 객관적으로 되어 가는 도중에 있는 것같이 들립니다.

호라 박사: 아닙니다. 그것은 객관과 주관을 초월한 것입니다.

의견: 그것은 마치 당신이 지금 막 또 다른 이원론을 제거해 버린 것같이 들립니다.

호라 박사: 맞습니다. 그것은 언제나 우리가 하고 있는 것입니다. 초관적이란 말이 무엇을 의미하는지 알고 싶나요?

의견: 그것은 존재론적 관점에서 나온 것입니다.

호라 박사: 맞습니다. 그것은 주관적인 것도 아니고, 또한 객관적인 것도 아

닙니다. 그것은 이러한 범주를 초월합니다. 그것은 우리가 좋아하는 것, 원하는 것, 또는 내담자가 좋아하는 것이나 원하는 것에 관심을 갖는 것이 아닙니다. 그것은 실제로 존재하는 무엇에 관심을 갖는 것입니다.

질문: 그것은 '객관(objective)'이라는 낱말의 정의가 아닌가요?

호라 박사: 아닙니다. 실재는 하나의 객체(an object)가 아닙니다. 실재는 주관적인 것도 아니고 객관적인 것도 아닙니다. 그것은 실존적인 것입니다. 그것은 실제로 존재하는 그 무엇입니다. 실제로 존재하는 그 무엇을 어떻게 식별할 수 있을까요?

우리는 어떤 것도 주창하지 않고, 어떤 것도 원하지 않습니다. 우리는 응답할 수 있는 가능성을 갖고 있습니다. 우리는 응답할 수 있는 능력이 있습니다. 그것이 우주의 모든 생물체와는 대조적으로 인간을 신성한 존재가 되게 합니다. 우리의 응답이 편향되어 있을 때는 어떤 일이 일어나나요? 그것도 응답인가요? 편향된 응답도 응답인가요? 그것은 응답도 아니고 반작용도 아닙니다. 그러면 그것은 무엇인가요?

의견: 그것은 해석이에요.

호라 박사: 해석이란 무엇인가요?

의견: 학습된 것이지요.

호라 박사: 그것은 응답인가요? 그것은 응답이 아니라, 조건화된 반작용입니다. 동물들은 반작용하고, 교육을 잘못 받은 사람은 조건화되지만, 깨달음에 이른 사람은 응답합니다. 사랑은 응답합니다. 인간은 동물처럼, 조건화된 생물처럼 또는 신성한 의식처럼 반작용할 수 있지만, 어떤 경우에는 응답합

니다. 실재를 사랑-지성의 맥락에서 보는 영적인 존재는 응답할 수 있습니다. 우리가 어떤 심리치료 학파의 열렬한 지지자가 되도록 학습되었을 때, 조건화됩니다. 조건화된 반작용을 해석이라고 합니다. 심리치료에서는 응답을 무엇이라고 하나요?

의견: 이해라고 하지요.

호라 박사: 맞습니다. 이해하는 것입니다. 우리는 해석하지 않고, 명료화합니다. 실존주의 심리치료는 해석하는 것이라고 말했던 것을 기억할 것입니다. 즉, 명료화하고 설명하고 빛을 비추고 사물들을 명백하게 하도록 돕는 것입니다. 거기에 근본적인 차이가 있습니다. 우리가 내담자와 함께 앉아 있을 때, 우리는 무엇이든 그 자체가 드러나기를 기다립니다. 그리고 무엇인가가 드러날 때, 특정한 이론의 맥락에서가 아니라 실존의 맥락에서 그것을 이해하려고 노력합니다. 그것을 이해하였을 때, 즉 존재(is)하는 그 무엇이 우리들에게 드러났을 때, 우리에게 드러났던 것에 빛을 비추어 명료화합니다. 그것이 내담자로 하여금 이해하도록 돕는 것입니다. 그것이 무엇인가를 알게 될 때, 방법도 알게 되는 것입니다. 그러면 모든 것이 매우 단순하게 됩니다. 이해하려고 하는 대신에 선입견에 맞추어서 해석하고 내담자를 프로크루스테스의 침대에 맞추려고 한다면, 상담은 복잡하게 될 것입니다. 프로크루스테스의 침대란 무엇인가요?

의견: 나의 선생님은 프로크루스테스의 분석에 대하여 말하곤 했는데, 그것은 내담자를 분류하여 정리하는 것입니다.

의견: 프로크루스테스는 고대 그리스에서 유명한 여관 주인이었습니다. 그는 손님들을 침대의 크기에 맞추어서, 손님들의 다리를 자르거나 늘렸습니다.

질문: 지금 임상 문제를 말하고 있지만, 우리가 치료에 초점을 맞추면 맞출수록 치료사의 의식에 대하여 더 많은 말을 하게 됩니다. 그 의식은 치료사가 존재 자체와 조화를 이루는 지점에 도달하는 바로 그 지점이지요. 그리고 그 조건이 이뤄지지 않으면 결코 치료적 현존은 발생하지 않습니다.

호라 박사: 그것은 아주 아름다운 설명입니다. 그런데 하고 싶은 질문은 무엇인가요?

질문: 내담자를 더욱더 관찰하기를 기대하는데 우리는 치료사의 의식을 더 많이 관찰하고 있습니다.

호라 박사: 그것은 성서에서 경고한 것에 따르면, "먼저 네 눈 속에서 들보를 빼어라. 그 후에야 네가 밝히 보고 형제의(내담자의) 눈 속에 있는 티를 빼리라."(누가복음 6:42)와 같습니다. 치료사의 의식보다 더 중요한 것이 있을 수 있습니까? 그것은 치료적 도구입니다. 만일 우리가 그 도구를 갖고 있지 않다면, 어떻게 상담할 수 있겠습니까? 훈련과정에서 가장 중요한 면은 치료사의 의식을 해방시키는 것입니다. 그렇지 않으면 어떤 일이 일어납니까? 심리치료에서 매우 훌륭한 교과서인 성서에 의하면,—"소경이 소경을 인도하는 것입니다." 그러면 어떤 일이 일어나나요? 함께 웅덩이에 빠지게 됩니다.

질문: 그것은 슈퍼비전에 관하여 또 하나의 질문을 떠오르게 합니다. 슈퍼비전과 치료의 경계선은 매우 모호합니다. 어떤 의미에서는 슈퍼비전이 치료인 것 같다는 말씀 같습니다.

호라 박사: 물론입니다. 행동주의와 같이 기술을 강조하는 어떤 기술적 치료 유형으로 슈퍼비전을 받지 않는다면.

의견: 당신은 주창하는 것에 대하여 주의해야 한다고 말했지만, 나는 당신이 치료사의 의식과 실존적으로 타당한 가치에 대하여 말하는 것을 들으면서 그것을 주창하고 있다는 느낌이 듭니다.

호라 박사: 물론 그런 인상은 피할 수 없습니다. 그러나 그것은 주창할 필요가 없는 것입니다. 그것은 단지 주창하는 것이 아닙니다. 우리의 삶에서 입증할 수 있는 것은 주창할 필요가 없습니다. 단지 명백해질 뿐입니다. 예를 들어, 당신이 어두운 방에서 촛불을 켠다면, 이 초는 방 안에 있는 모든 것을 밝힐 것입니다. 그것은 초가 방에 있는 가구나 장식을 주창하는 것이 아니라 단지 빛을 비추고 있을 뿐입니다. 우연하게도 '교육(education)'이라는 단어, e-ducere의 어원적 의미는 어두움에서 빛으로 인도한다는 뜻입니다.

의견: 나는 최근에 심리치료가 기본적으로 많은 사람들에게 해롭다고 말하는 연구를 읽었어요. 좋은 결과는 심리치료의 학파보다는 치료사의 특성과 더 많은 관련이 있고, 치료사가 빛일 때 문제가 해결되는 것이죠.

호라 박사: 깨달음을 얻지 못하는 것은 죄가 아니지만, 깨달음을 추구하지 않는 것은 엄청난 낭비입니다. 진실과 빛을 진지하게 추구하는 치료사는 내담자의 성실성과 욕망을 똑같이 격려할 것입니다. 그리고 내담자는 치료사와 함께 깨달음의 길에 이르게 될 것입니다.

생각이란 무엇인가

(What are Thoughts?)

질문: 호라 박사님, 당신은 어떻게 생각이 현상으로 나타나는가에 대하여 몇 가지 실례를 설명했습니다. 이러한 현상을 만들어 내는 힘에 대하여 설명해 주시겠습니까?

호라 박사: 열역학의 두 번째 법칙은 본질적으로 에너지가 새로 생겨나거나 없어질 수 없다는 것입니다. 단지 다른 형태의 에너지로 변화될 수 있을 뿐입니다. 생각은 에너지입니다. 그리고 우리는 생각이 현상으로 변화하는 것을 관찰할 수 있습니다. 에너지가 하나의 형태에서 다른 형태로 변화하는 과정에서 힘은 없어지지 않습니다. 전체 우주에서 어떤 것도 다른 것의 결과는 아닙니다. 원인과 결과 같은 것은 없습니다. 단지 그렇게 보일 뿐입니다. 만일 우리가 알지 못하는 가운데 어떤 일이 일어날 때 원인이 있었을 것이라고 확실하게 가정한다면, 원인이 될 수 있는 어떤 힘을 가정하고 있는 것입니다. 물리학자 하이젠버그(Heisenberg)는 실제로 원인이나 결과와 같은 것은 없다고 밝힘으로써 노벨상을 받았습니다. 그는 그것을 불확정성 이론(the theory of indeterminacy)이라고 했습니다.

의견: 원인과 결과는 단지 환상인 것 같습니다.

호라 박사: 맞습니다. 어떤 일이 발생하게 하는 원인이 되는 마음의 힘을 인간이 갖고 있다고 믿는 것은 잘못입니다. 우리가 일상생활에서 부딪히는 가장 눈에 띄는 현상들 중의 하나는 최면입니다. 최면은 생각이 증상을 일으킬 힘을 갖고 있는 것처럼 보이게 하는 하나의 현상입니다. 자기 최면(autohypnotism)과 알로 최면(allohypnotism)이 있습니다. 알로 최면이란 한 사람이 그의 생각의 힘으로 보이는 것을 가지고 다른 사람에게 증상을 유발시키는 것처럼 보이는 것을 말합니다. 그러나 물론 이것은 잘못 해석한 것입니다. 생각은 에너지의 한 유형으로서, 하나의 형태로 나타나는 경향성을 가지고 있습니다. 선(禪) 스승인 스즈끼(Suzuki)는 다음과 같이 말하곤 하였습니다. "색즉시공, 공즉시색(色卽是空 空卽是色)." 그는 공(空, formlessness)이 색(色, form)을 드러내는 원인이거나, 또는 색(色)이 공(空)이 되기 위한 원인이라고 말하지 않았습니다. 그는, "색즉시공, 공즉시색."이라고 말하였습니다. 그 말은 무슨 뜻인가요? 최면을 통하여 무슨 일이 일어나나요?

최면에서는 어떤 생각이 증상이나 행동으로 나타나도록 허용됩니다. 달리 말하면, 어떤 형태가 없는 생각(空)이 형태(色)를 갖도록 허용됩니다. 이러한 형태가 나타나는 원인은 최면술사의 생각의 힘 때문이 아니라, 다른 형태로 변환(變換, transmutation) 지향 가능성이 있는 생각 자체가 가지고 있는 에너지 때문입니다.

질문: 변환의 과정은 무엇이 결정하나요?

의견: 생각의 지향성(intentionality)입니다.

호라 박사: 지향성도 또한 하나의 생각입니다. 만일 생각이 지향적이라면, 그것은 지향적인 생각이거나, 또는 의미와 방향의 특성을 갖고 있는 하나의

생각입니다.

질문: 이러한 생각을 하고 있는 이 사람은 누구인가요?

질문: 생각의 기원은 무엇인가요?

질문: 생각하는 사람이 없이도 생각은 가능한가요?

호라 박사: 이러한 것들은 매혹적이고 신비로운 질문입니다. 생각은 우리에게 영향을 끼칠 때마다, 공공연히 또는 은밀하게, 우리는 최면의 어떤 형태와 연루되어 있습니다. 최면이 더 광범위하게 나타나는 것에서 최면을 이해하는 것은 큰 도움이 됩니다. 그리고 어떤 상황에서도 의식 안에서 행해지는 다양한 생각의 과정을 의식할 수 있는 지각을 발달시키는 것도 큰 도움이 될 것입니다. 그러면 우리는 의식 안에 머무르면서 현상이라는 형태를 취하는 부당한 생각에 무의식적으로 예속되지 않게 될 것입니다.

내가 알고 있었던, 영리하고 교육을 잘 받은 젊은 어머니는 자신에 대하여 특별한 생각을 하고 있었습니다. 그녀가 가는 곳마다 사람들은 싸우며 서로 미워하기 시작하였습니다. 그러나 아무도 무슨 일이 일어나고 있는지를 몰랐습니다. 상담면접을 하면서 우리는 그녀가 불화의 씨앗을 뿌리고 사람들 사이에 다툼을 자극하는 환상을 갖고 있었다는 것을 발견하였습니다. 그녀가 좋아하는 문장은, '당신과 그 남자가 싸우게 하자.'는 것이었습니다. 이것은 최면술사가 (자신도 모르게) 하는 것입니다. 이 환상은 잠재의식에서 전달되고 사람들에게 최면을 걸어서 불화하고 다투게 합니다. 사람들은 보통 무엇이 자신들의 감정을 상하게 했는지 몰랐습니다. 그녀는 이러한 일들이 일어나게 한 원인이 아니었고, 그녀도 그들이 그런 줄을 알지도 못하였습니다. 현상은 최면이라는 과정을 통하여 전달되어 행동이나 증상으로 나타납니다.

우리는 이러한 일들이 왜 일어나는가를 물을 수 없습니다. 이러한 일들이 누구에게 책임이 있는가를 말할 수 없습니다. 그것에 대하여 무엇을 해야 하는가를 물을 수 없습니다. 어떻게 해야 하는가도 물을 수 없습니다. 단지 우리가 물을 수 있는 것은, '그렇게 겉으로 보이는 것의 의미는 무엇인가?' 그리고 '실제로 존재(is)하는 것은 무엇인가?'입니다. 네 가지 무익한 질문을 하지 않고, 이 두 질문에 대한 답을 발견할 때, 해결책이 있을 것입니다. 성서에는 하나님이 사탄에게 묻는 말이 있습니다. "네가 어디서 왔느냐, 사탄이 여호와께 대답하여 가로되 땅에 두루 돌아 여기저기 다녀왔나이다."(욥기 2:2) 이것은 이상한 대답입니다. 그것은 무엇을 의미하나요? 앞에서 누군가가 생각은 어디에서 오느냐고 물었습니다. 이것이 그에게 해답을 줄 것입니다. 그의 이성적 생각이 능력의 한계에 이르렀을 때, 욥(Job)은 어떻게 하였습니까? 그는 두 손으로 그의 입을 막고, 더 이상 말하지 않았습니다. 그때 무슨 일이 일어났나요? 그 순간에 그의 세계-내-존재 양식에 근본적인 변화가 일어났습니다. 그는 지성적으로 생각하는 사람으로부터 영적으로 생각하는 사람으로 변화하였습니다. 그는 하나님에게, "내가 주께 대하여 귀로 듣기만 하였삽더니 이제는 눈으로 주를 뵈옵나이다."(욥기 42:5)라고 말하였습니다.

앞에서 우리는 영감적 삶(inspired living)에 대하여 말하였습니다. 우리가 산술적 사고에 근거하지 않고 영감적 사고에 근거한 삶을 사는 방법을 아는 데 이른다면 어떤 일이 발생할까요? 의식으로 들어오는 생각의 내용에 질적 변화가 있을 것입니다. 그리고 우리의 생각이 다른 근원에서 흘러나오기 시작할 것입니다. 이 근원을 하나님(God), 우주적 마음(cosmic mind) 또는 사랑-지성(love-intelligence)이라 부를 수 있습니다. 바로 그 지점에서 우리는 최면을 넘어서며 세상에 이리저리로 떠돌아다니는 생각들은 우리의 의식에 뿌리를 내릴 장소를 찾지 못합니다. 우리가 영감적 삶의 핵심을 획득하게 될 때, 최면은 쓸모가 없어집니다. 또한 다른 사람들에게 최면을 걸지 않습니다. 우리는 소위 세계 속에서 유익한 현존(beneficial presence)이 됩니다. 그것을 치료적 인격(a therapeutic personality)이라고 할 수 있습니다.

세계 속에서 유익한 현존은, 물론 단지 그 사람의 전문 직업 활동이라기보다는 그 사람의 인격의 모든 면을 포함하기 때문에, 그것은 치료적 인격 이상인 것입니다.

최면적 생각을 하는 사람에 대한 질문으로 돌아가 봅시다. 선 스승은, "생각하는 사람과 생각은 하나다."라고 말합니다. 이것은 복잡해 보이지만 실제로는 단순합니다. 성서는 "대저 그 마음의 생각이 어떠하면 그 위인도 그러한즉"(잠언 23:7)이라고 말합니다. 이것을 조금만 더 생각해 보면, 우리의 의식을 지배하고 있는 생각은 우리의 자기-정체성을 구성한다고 말할 수 있을 것입니다. 만일 우리가 영감적 삶이라는 축복된 조건에 이르게 된다면, 우리의 생각은 무한한 마음인 하나님으로부터 우리에게 흘러들어올 것이고, 우리의 정체성은 하나님 형상의 특성을 취하게 될 것입니다. 그러면 그것이 곧 우리 자신의 모습입니다. 생각하는 사람과 생각은 하나입니다.

질문: 당신은 지금 하나님이 하나의 의식의 상태라고 말하고 있는 것인가요?

호라 박사: 하나님은 우주적 의식이고, 우리는 이 신성한 의식의 유출이고, 반영이고, 발현이고, 표현이며, 증거입니다. 지성과 사랑, 평화, 확신, 기쁨, 감사, 자유, 완전한 삶이 우리의 존재를 구성합니다.

하나님과의 의식적 일치
(Conscious Union with God)

질문: 실용주의란 무엇인가요?

호라 박사: 실용주의란 우리가 무엇인가를 할 수 있어야 한다는 것을 말하나요?

의견: 그것은 일반적인 개념이에요.

호라 박사: 가끔 우리가 어떤 문제에 대하여 실용적이길 원한다면, 문제를 엉망으로 만들 뿐입니다. 예를 들어, 우리가 나무를 키우고 있는데 그 나무에 문제가 생겨서 그것을 해결하려고 했다고 합시다. 나무에 물을 주고, 비타민을 주지만 나무는 점점 더 안 좋아질 수 있습니다. 가장 유용한 방법이 실용적인 접근법일 것입니다. 그렇지 않을까요? 가장 도움이 되는 것은 실재란 무엇인가를 이해하는 것입니다.

나무에게 올바른 일을 하고 있다고 가정해 봅시다. 그러면 그것을 하고 있는 사람은 누구입니까? 나무가 더 많은 빛을 필요로 한다는 것을 안다면, 우리는 더 많은 빛이 있는 곳으로 그것을 옮겨 놓을 것입니다. 나무가 물을 필요로 하지 않는다는 것을 안다면, 우리는 나무에 물을 주지 않을 것입니다. 나무가 더 많은 영양을 필요로 하고 있음을 안다면, 우리는 더 많은 영양제를 줄 것입니다. 그러면 이러한 일들을 하는 자는 누구인가요?

의견: 나무 아니면 자연이죠. 당신은 당신의 의지를 나무에게 강요하지 않고, 나무가 필요로 하는 것을 제공하고 있어요. 따라서 상황이 그것을 하고 있군요. 그것은 누가 하느냐가 아니고, 무엇을 하느냐의 문제입니다.

호라 박사: 그것은 누가 하느냐와 무엇을 하느냐 둘 다의 문제입니다. 그것은 하나님에 대한 우리의 개념이 인격적인가, 아니면 비인격적인가에 달려 있습니다. 그러나 본질적으로 어디에서 행하여지든지, 올바르게 행해지고 있는 모든 것을 수행하는 것은 지성(intelligence)입니다. 잘못 행해지고 있을 때는 그것을 누가 하나요? 무지(ignorance)입니다. 성서는 말합니다. "만물이 그로 말미암아 지은 바 되었으니 지은 것이 하나도 그가 없이는 된 것이 없느니라."(요한복음 1:3) 그러나 이것은 모호한 말입니다. 여기 계신 분 중 누가 이 모호한 말에 빛을 비출 수 있겠습니까?

의견: 그것은 하나님에게 전적으로 그리고 궁극적으로 의존한다는 생각을 통해서 수행되지요.

호라 박사: 사랑-지성을 의존함으로. 올바르게 행해지는 모든 것을 가능하게 하는 것은 사랑-지성입니다. 그리고 잘못 행해지는 것에 대한 모든 책임은 무지에 있습니다. 그것은 우리를 어디로 인도하고 있습니까?

의견: 우리는 사랑-지성의 문을 두드려야 합니다.

호라 박사: 예를 들어, 이 방 안에 전기로 빛을 내는 램프가 있다고 합시다. 램프가 빛을 내나요? 우리를 밝게 해 주는 이 빛은 무엇인가요? 램프는 스스로 빛을 낼 수 없습니다. 우리에게 빛을 비춰 주는 것은 무엇인가요?

의견: 에너지를 바르게 이용할 수 있게 하는 무엇이지요.

호라 박사: 전기가 우리에게 빛을 줍니다. 램프는 무엇을 하나요?

의견: 빛을 방출하는 도구를 제공하지요.

호라 박사: 램프는 빛의 형태로 전기 에너지를 드러냅니다. 그것은 아무것도 하지 않습니다. 단지 에너지 변환(the transmutation of energy)이라 불리는 이 환상적인 사건을 드러내기 위하여 그곳에 있는 것입니다. 그러나 우리가 이 기본적인 전기의 법칙을 모른다면, 아마도 램프가 우리에게 빛을 준다고 생각할 것입니다. 그리고 만일 램프가 빛을 내지 못하면, 그것을 전기에 접속하는 대신에 램프를 고치려 할 것입니다. 실용주의가 하려는 것은 이런 종류의 것이 아닙니까? 아니면 만일 누군가에게 뭔가 잘못된 것이 있다면, 우리는 그를 고치려 할 것이고, 그것을 할 수 있다고 생각할 것입니다. 램프를 아무리 고쳐도 그것은 우리에게 빛을 주지 않을 것입니다. 빛이 램프를 통하여 나올 수 있으려면, 전기의 원천으로부터 나오는 전기 흐름의 기본 원리를 이해할 필요가 있습니다. 그리고 우리에게 빛을 주는 것은 램프가 아닙니다. 그리고 그것은 단지 그렇게 보일 뿐이라는 것을 알아야 할 것입니다.

의견: 그것은 우상숭배에 비교하는 것 같은데요.

호라 박사: 무슨 뜻입니까?

의견: 우리는 이 우상을 붙잡고 그것을 하나님이라고 믿지요.

호라 박사: 실용주의자를 희생시키는 그 위대한 우상이란 무엇인가요?

의견: 그것은 자기-충족이라 불리는 문제에 대한 이성적 해결책입니다.

호라 박사: 자기-충족은 삶의 원천, 지성, 생명력 넘치는 에너지, 그리고 사랑에 의존하지 않는 것입니다. 기본적인 잘못은 하나님과 상관없이, 실재를 인간의 자율성이라는 범주로 잘못 이해하는 것입니다. '내가 그것을 고칠 수 있어.' '나는 그것을 할 수 있어.' '내가 그것을 해결하였다.' '내가 그것을 했다.' '내가 그 사람을 치유하였다.' '내가 해결책을 발견했다.'라고 말합니다. 우리 자신을 속이지 말도록 합시다. 인간적인 지성과 같은 그런 것은 없습니다. 전기의 전류와 연결되지 않고 빛을 내는 램프와 같은 그런 것은 없습니다. 따라서 우리가 활력의 에너지, 지성, 사랑과 연결되도록 더 완벽하게 배우면 배울수록, 모든 분야에서, 그것이 심리치료이든, 트랙터를 수리하는 것이든, 눈을 치우는 것이든, 더 효과적으로 노력할 수 있을 것입니다. 우리는 언제나 그것과 연결되어 있는 것이 중요합니다. 그렇지 않으면 우리는 지성적인 방식으로 기능할 수 없습니다.

우리 모두는 램프가 전기의 전류에 어떻게 연결되어 있는가는 알고 있지만, 사람들이 어떻게 연결되어 있는가는 알고 있습니까?

의견: 모든 사람이 특별한 원천을 발견하는 방법에 대하여 다른 이론을 갖고 있습니다. 그들은 자신들이 믿고 있는 규칙과 규정을 갖고 있습니다. 그러나 궁극적으로 그들 모두에게는 공통점이 있는데, 그것은 한 가지 또는 다른 핵심에 자신을 연결시켜 놓고 있는 것입니다. 이것은 내가 붓다(Buddha)에 대하여 읽었던 것을 생각나게 합니다. 그는 그렇게 하기 위한 최선의 방법은 나무 아래 앉아서 절대로 아무 일도 하지 않는 것이라고 생각했습니다.

호라 박사: 붓다가 가부좌를 하고 팔짱을 끼고 40일 동안 움직이지 않은 채 보리수나무 아래 앉아 있었을 때, 그는 아무 일도 하지 않았나요?

의견: 겉으로는 아무 일도 하지 않는 것 같습니다.

호라 박사: 실제로 그는 무슨 일을 하였나요?

의견: 자기 자신의 내면과 조우하고 있었어요.

호라 박사: 맞습니다. 그 상황에서 일어났던 행동은 무엇이었나요?

의견: 그는 자기 자신, 더 높은 자기와, 그리고 당신이 말한 대로 사랑-지성과 만나고 있었어요. 그것은 아마도 일종의 명상이었을 것입니다.

의견: 에너지의 초개인적 근원과 지성에 대한 개념이 매우 위로가 된다는 것은 알겠는데 우리는 어떻게 그것과 만날 수 있나요?

호라 박사: 예수께서는 "하나님은 영이시니 예배하는 자가 신령과 진정으로 예배할지니라."(요한복음 4:24)라고 말씀하였습니다. 이것은 모든 지성의 근원과 만나는 문제와 어떤 관련이 있습니까? 붓다가 보리수 아래에서 가부

좌를 하고 앉아 있었을 때, 분명히 그렇게 하고 있었을 때, 그는 기독교에서 말하는 하나님과 의식적 합일을 이루고 있었습니다. 그는 그것을 어떻게 하였나요?

의견: 그는 의식의 중심으로 자신을 집중시킴으로써 마음-비우기(mind-fasting)를 하므로, 그것을 수행했을 겁니다.

호라 박사: 마음-비우기란 무엇인가요?

의견: 마음-비우기란 개념, 생각, 또는 의식 안으로 들어오는 무익한 것들에 붙들리거나 또는 그 자신이 그것들에 집착하지 않는 것입니다.

호라 박사: 모든 사람이 마음-비우기의 개념을 이해하고 있습니까? 당신은 예수께서 어느 순간에 한 말을 기억할 것입니다. "이런 귀신은 기도와 금식이 아니면 나가지 않는다."(마태복음 17:21) 대부분의 사람은 예수가 음식을 먹지 않는 것에 대하여 말하고 있다는 결론을 급하게 내릴 것입니다. 그러나 그 금식이 인간의 깨달음에 어떻게 공헌할까요? 아마도 조금은 공헌할 것입니다. 그러나 크게 공헌하지는 않을 것입니다. 도교의 현자들은 마음-비우기에 대하여 말하고 있습니다. 바로 그들이 말한 대로 우리에게는 하나님과의 의식적 합일에 대한 깨달음에 도달하지 못하도록 방해하는 사고방식이 있습니다. 우리는 기도하고 명상함으로써 이러한 사고방식으로부터 떠나 우리의 의식에 이르도록 신성한 지성을 이용합니다. 이러한 깨달음을 방해하는 생각에는 어떤 것들이 있나요? 적지 않은 것들이 있습니다. 그러나 앞에서 이미 그러한 것들에 대하여 특정한 것들을 언급한 바 있습니다.

심리치료 분야에서는 이것을 실현하는 데 가장 방해가 되는 쓸데없는 질문들을 하고 있습니다. 모두 지금은 그 쓸데없는 질문들을 알고 있겠죠?

의견: 무엇이 잘못되었는가? 왜 그런 일이 일어났는가? 누구의 책임인가? 우리는 무엇을 해야 하는가? 어떻게 해야 하는가?

호라 박사: 맞습니다. 이러한 질문들은 깨달음의 과정에 방해가 됩니다. 거기에는, 야망, 시기심, 두려움, 질투, 적대감, 비판, 되어야 하는 것과 되지 말아야 하는 것, 그리고 원하는 것과 원하지 않는 것에 대한 생각과 같은 환상 그리고 여러 가지 선입견이 있습니다. 그러한 실용적 사고가 사랑–지성과의 의식적 만남을 방해합니다. 따라서 하나님과의 의식적 합일을 이루어서 영감적 삶의 축복을 얻기를 진지하게 원하는 사람은 누구라도 마음–비우기를 연습해야 합니다.

때때로 우리는 전기를 내보내기 위하여 플러그를 연결할 때, 플러그가 녹슬거나 페인트로 덮여 있지 않나 확인해야 접촉이 잘될 것입니다. 마찬가지로 의식도 사랑–지성과의 접촉을 방해할 수 있는, 수많은 부당한 생각으로 어지럽혀질 수 있습니다. 이 부당한 생각들은 어디에서 오나요?

의견: 위와 아래 등 여기저기로부터 옵니다.

호라 박사: 맞습니다. 그것들은 사탄이 원했던 대로, '세계의 위, 아래, 여기저기에서' 나옵니다. 그러나 대부분은 잘못된 교육 때문이고, 우리는 잘못된 교육 때문에 많은 고통을 받고 있습니다. 때때로 우리는 교육이 우리에게 제공했던 잘못된 개념에 집착하여, 그 개념을 고치거나 버리는 데 어려움을 겪습니다. 사실상 그것이 환경의 압력 때문에 필요하게 될 때, 매우 화가 날 수 있습니다. 그러나 삶은 우리가 수년 동안 축적해 왔던 소중한 개념들을 바꾸도록 강요합니다. 왜냐하면 그 개념들은 실존적으로 부당하고 매우 많은 방식으로 문제를 일으키기 때문입니다.

만일 우리가 사랑–지성과의 의식적 합일을 진지하게 추구하는 사람이라면, 우리의 삶은 시간이 지나면서 더욱 분명하게 될 것이고, 동시에 점점 더 조화롭게 될 것입니다. 자연스럽게, 우리가 내담자들을 돕는 것은 노력을 덜 하고도 점점 더 효과적으로 될 것입니다. 속담에서는 말합니다. '땀 흘리지 말라.' 그리고 선 스승은 '호들갑 떨지 말라.'고 말합니다.

신성한 마음, 신성한 지성의 특징은 모든 것이 언제나 단순해지는 것이지만, 반대로 세상의 지혜는 점점 더 복잡해지는 경향이 있습니다.

의견: 사도 바울은 "내가 원하는 바 선은 하지 아니하고 도리어 원치 아니하는 바 악은 행하는도다."(로마서 7:19)라고 말했지요. 그는 문제가 단지 무지뿐 아니라, 우주 안에 방해하는 세력이 있다고 말하는 것 같아요.

호라 박사: 글쎄, 꼭 그런 것만은 아닙니다. 단지 그렇게 보일 뿐입니다. 어두움을 예로 들어 보지요. 어두움은 인간의 보편적 경험인 것 같습니다. 어두움 속에서 우리는 비틀거리고 다리가 부러질 수 있습니다. 모든 나쁜 일은 어두움 속에서 경험될 수 있습니다. 어두움이 인간에게 재앙을 일으킬 수 있는 힘이라고 말할 수 있나요? 아닙니다. 그렇게 보이는 것일 뿐입니다. 우리는 그렇게 경험할 수 있으나, 실제로 어두움은 아무런 힘도 없습니다. 그것은 무엇인가요?

의견: 빛의 부재(不在, the absence of light)입니다.

호라 박사: 맞습니다. 그것은 아무것도 아니고, 단지 빛이 없는 것입니다. 마찬가지로, 무지도 개인이나, 집단, 가족, 그리고 국가들처럼 우리에게 많은 고통을 줄 수 있습니다. 그것은 엄청난 힘으로 보입니다. 그러나 그것은 힘도 아니고, 아무것도 아닙니다.

질문: 세 가지 질문이 생각납니다. 1. 그들은 왜 이런 식으로 우리들에게 잘못된 교육을 하는가?

호라 박사: '왜'는 네 가지 무익한 질문들 중에 첫 번째 질문입니다.

의견: 두 번째 질문은, '우리는 왜 이런 일이 일어나도록 허용하는가?' 그리고 세 번째 질문은, '우리는 왜 본래 접속되어 있었던 것을 포기하여 그것을 상실하는가?' 나는 사회화 과정에 대하여 생각하고 있습니다. 그리고 어떤 의미에서 우리 모두는 세계로부터 소외되어 있습니다. 이것이 언제나 나를 혼란스럽게 했던 것입니다. 우리는 왜 무지하도록 가르침 받았나요?

호라 박사: 이것은 잘못된 질문의 무익함을 놀랍게도 드러낸 것이 아닌가요? 흥미롭게, '왜?'라는 질문 속에는 두 번째 무익한 질문이 내포되어 있습니다. '누구에게 책임이 있는가?' 우리가 '왜? 어떤 일이 우리에게 일어나는가?'라는 질문을 할 때마다, 우리는 화를 내는 경향이 있습니다. 그것은 누구에게도 좋지 않습니다. 그것은 분명히 지성적인 생각의 흐름을 막을 것입니다. 그러나 실험을 해서, 왜 우리가 잘못된 교육을 받았는가, 그리고 누구에게 책임이 있는가를 묻지 마십시다. 잘못된 교육의 보편적 조건으로, '겉으로 보이는 것의 의미는 무엇인가?'를 질문하도록 합시다. 그것의 의미는 무엇인가요?

의견: 그것은 자율성이라는 개념처럼 보입니다. 이 개념은 어딘가에 뿌리내리고 있고, 우리는 이 근원과 분리되어 있다고 생각하고, 그것을 얻기 위하여 어딘가로 가야 하고, 그리고 무엇인가를 해야 합니다. 이 개념은 문화에 뿌리내리고 있고, 세대를 거쳐 이어지고 있습니다. 성서는 조상의 죄가 네 세대 동안 아이들에게 영향을 미칠 것이라고 말합니다.

호라 박사: 당신들은 모두 잘못된 교육의 의미를 알고 싶은가요?

의견: 물론입니다. 말씀해 주십시오.

호라 박사: 그것은 아주 단순합니다. 그것을 '외모로 판단하는 것'이라고 합니다. 이것이 모든 잘못된 교육의 원천입니다.

Existential Metapsychiatry

믿음의 인식론

(The Epistemology of Believing)

의견: 최근에 "당신은 하나님을 믿습니까?"라는 공격적인 질문을 받았습니다. 나는 "어떻게 하나님을 믿지 않을 수 있습니까?"라고 대답을 하였습니다. 그리고 이 대답이 매우 유익하다고 생각했습니다.

호라 박사: 그것은 질문으로 질문에 답을 하는 것입니다.

의견: 매우 중요한 질문이죠.

호라 박사: 왜 그것은 중요한 질문인가요? 하나님을 믿는다는 것은 좋은 생각입니까? 나는 그것에 대하여 경고하고 싶습니다. 하나님을 믿는다는 것은 하나님을 이해하는 과정에서 걸림돌이 될 수 있습니다. 수많은 사람이 하나님을 믿지만, 그것은 그들에게 그렇게 좋은 것만은 아닙니다. 우리가 무엇인가를 믿을 때 어떤 일이 일어납니까? 그것은 우리를 잠들게 합니다. 스위스의 유명한 신학자 칼 바르트는 "하나님을 이해하는 데 가장 큰 장애는 종교

(religion)이다."라고 말하였습니다. 종교에서 문제가 되는 것은 무엇입니까? 종교는 정말로 필요한 것은 믿는 것이라고 하는, 마음 편안하고, 자기만족적인 생각에 기초하고 있습니다.

만일 누군가가 우리에게 하나님을 믿느냐고 묻는다면, 이렇게 말하는 것이 더 좋을 것입니다. '나는 하나님이 누구인가를 이해하려고 열심히 노력하고 있습니다.' 만일 우리가 자기만족적이거나 독선적이기를 원한다면, 그것으로 충분할 것입니다. 그러나 우리가 단지 열렬한 지지자 입장을 취한다면, 편안함을 느낄 것입니다. 만일 우리가 믿지 않는다면, 그리고 그 반대 입장을 취하게 될 것입니다. 왜냐하면 그것이 그 특별한 시대에는 유행일 수도 있기 때문입니다. 아시다시피 믿는 것이나 믿지 않는 것은 실제로는 동일한 것입니다. 그런 것은 어디에도 존재하지 않습니다. 인간에게는 이해할 수 있는 능력이 주어져 있습니다. 예수는 우리가 자유로우려면 진리를 알아야(know) 한다고 말하였습니다. 그는 진리를 믿으라(believe)고 말하지 않았습니다. 그는 우리가 진리를 알아야 한다고 말하였습니다. 그 의미는 우리가 이해하기 위하여 애쓰고 연구하고 열망하고 노력해야 한다는 것입니다. 만일 우리가 이해한다면, 믿을 필요가 없습니다. 만일 믿는 것에 안주한다면, 그리하여 믿는 자가 된다면, 우리는 결코 이해하려고 노력하지 않을 것입니다. 그것이 종교적인 사람과 깨달음에 이른 사람과의 차이입니다. 종교인은 믿음으로 편안하고 독선적이지만, 비종교인은 믿지 않음으로 편안합니다.

여기에서 무언가를 믿는다는 것에 대하여 말하고 있지 않다는 것을 이해하도록 합시다. 앞에서 말했던 것을 반복하면, 이 세미나에서 아무것도 얻지 못하는 방법 세 가지가 있습니다. 하나는 우리가 들은 것을 믿는 것이고, 다른 하나는 우리가 들은 것을 믿지 않는 것이고, 그리고 세 번째는 백일몽을 꾸는 것입니다.

의심하는 것은 좋은가요? 믿는 것보다는 나은 것이지만, 건설적인 태도는 아닙니다. 가장 바람직한 태도는 결국 이해하겠다는 목표를 갖고 관심을 진지하게 식별하는 것입니다. 성서에는 믿음을 권고하지 않는 예가 많습니다.

예수는 "나는 빛으로 세상에 왔나니 무릇 나를 믿는 자로 어두움에 거하지 않게 하려 함이로라."(요한복음 12:46)라고 말하였습니다. 그러나 나는 여기에서 그리고 성서의 다른 곳에서 나오는 '믿는다.'라는 단어가 그리스어, 아람어, 또는 히브리어를 정확하게 번역한 것이 아니라고 생각합니다. 그것은 실제로는 오늘날의 의미로 믿는다는 말보다는 이해한다는 말일 것입니다. 분명히 예수는 믿음이 사람들을 자기만족적이고 독선적으로 만든다는 것을 알고 있었습니다.

성서의 다른 곳에서는, "지혜(wisdom)가 제일이니 지혜를 얻으라. 무릇 너의 얻은 것을 가져 명철(understanding)을 얻을지니라."(잠언 4:7)라고 말합니다. 따라서 믿음으로 만족하지 맙시다. 그것으로는 충분하지 않습니다. 사실 신앙(faith)이 믿음(believing)보다 나을지라도, 신앙조차도 충분하지 않습니다. 신앙은 확신을 가지고(with commitment) 믿는 것입니다.

만일 우리가 수학을 배우고 싶다면, 2 더하기 2는 4라는 것을 믿는 것으로 충분한가요? 아니면 그것에 대한 신앙을 갖는 것으로 충분한가요? 아닙니다. 수학의 원리를 실제로 이해할 때까지 결코 수학자가 되지 못할 것입니다. 하나님이 사랑–지성의 우주적 원리라면, 그것을 믿는 것만으로는 충분하지 않습니다. 그것을 이해해야만 합니다. 만일 내가 하나님을 믿는 것에 대하여 말하고 있다면, 나는 전도자가 될 것입니다. 그러나 나는 전도자가 아닙니다. 나는 한 사람의 선생입니다. 선생은 어떤 신념의 체계를 주장하지 않습니다. 선생은 이해를 촉진하는 사람입니다.

질문: 예수께서 어린아이와 같아야 한다고 말한 것은 무엇을 의미합니까? 이것은 당신이 방금 말한 것과 어떻게 조화를 이루고 있습니까?

호라 박사: 그것은 보통 잘 속는 것으로 해석되지만, 사실 그것은 모든 것이 어떻게 작동하는가를 알고 싶어 하는 것을 의미합니다. 어린아이들은 특별하게 호기심, 관심, 열정이 많습니다. 그러므로 그들은 올바르게 배울 수 있

습니다. 그것은 또한 알고 싶어 하는 것을 넘어서 선입견을 갖거나 그릇된 동기를 갖지 않는다는 것을 의미합니다. 우리는 자라면서, 어떤 개념에 집착하는 것을 발달시킵니다. 어떤 개념에 집착하는 것을 선입견이라고 합니다. 이 선입견은 의식적으로 또는 무의식적으로 소중하게 생각됩니다. 그리고 그 선입견이 새로운 사실이나 새로운 정보와 충돌할 때, 우리는 매우 당황하게 됩니다. 그리고 우리가 집착했던 것을 바꾸어야 하거나 버려야 한다는 생각을 좋아하지 않습니다. 인간의 이러한 이상한 경향성 때문에 우리는 세계에서 많은 고통과 두려움과 갈등의 원천이 되는 사람들, 장소, 일, 개념들에 집착하게 됩니다.

열린 마음을 갖기란 쉽지 않습니다. 우리가 잘못일 수도 있다거나, 소중하게 여겼던 것이—아마도 수년 동안 발달시켰던 것이—실제로 타당하지 않다는 것을 발견할 수 있도록 허용하려는 의지가 필요합니다. 이러한 의지가 없이 새로운 것을 배우거나 발달시킬 가능성은 없습니다. 예를 들어, 전 세계가 믿음은 좋은 것이라고 아는데 누군가가 믿음은 좋지 않은 것이라고 말한다면, 이것은 충격이 아닐까요? 그것은 마음에 충격을 주는 것입니다. 우리는 세계가 잘못일 수도 있다는 가능성을 기꺼이 고려해야 합니다. 만일 우리가 성장하여 우리의 지식을 확장하려면, 어느 때라도 우리 자신에 대하여 질문해야 합니다. '내가 마음속으로 고집하는 것이 실제로 타당한 것인가? 또는 그것은 결코 타당하지 않을 수 있는가?' 만일 우리에게 소중하게 여기는 견해나 선입견을 버릴 의지와 겸손함이 있다면, 배움, 발전 그리고 성장이 있을 것입니다. 그것이 심리치료의 본질 아닙니까? 내담자들은 무엇 때문에 고통을 받고 있습니까?

의견: 그들의 생각에 집착하기 때문입니다.

호라 박사: 맞는 말입니다. 그것들이 의존, 집착, 독점, 강박, 두려움, 불안, 고집입니다. 그것은 많은 이름을 갖지만, 본질적으로 어떤 것에 집착하는 경

향성입니다. 우리가 집착하고 있는 것은 타당한가에 대하여 도전하는 사람은 누구나 즉시 우리의 마음속에서 하나의 위협으로 불쑥 나타나게 될 것입니다.

질문: 호라 박사님, 나의 내담자들 중의 한 젊은 여성이 매우 혼란스러워하고 있습니다. 나는 그녀를 어떻게 도와야 할지 모르겠습니다. 그녀가 가장 자주 쓰는 말은, "나는 내가 원하는 것을 모르겠어요." 또 다른 말은, "나는 무엇을 해야 할지 모르겠어요."입니다. 그리고 나도 그녀에 대하여 똑같은 느낌이 듭니다.

그녀는 결혼했지만 많은 남자와 관계를 맺고 있으며, 남편을 떠나서 혼자 살아야 할지 어떻게 해야 할지 잘 알지 못하고 있습니다. 그녀는 어떤 것도 즐기는 것 같지 않고, 사회에서 자신의 위치를 혼란스러워하고 있습니다. 그녀의 삶은 목적 없이 허우적거리는 것 같습니다.

호라 박사: 이 젊은 여성의 삶에서 기본적인 문제는 무엇이라고 생각합니까? 그녀는 두 가지 질문을 하고 있는 것 같습니다. '나는 무엇을 원해야 하는가?' 그리고 '나는 무엇을 해야 하는가?' 이 두 질문은 무엇을 의미합니까?

의견: 그녀는 어떤 것도 책임을 지지 않습니다.

호라 박사: 그녀가 책임을 질 수 있다고 생각합니까? 이 두 질문은 잘못된 교육의 기본적 입장을 나타내 주고 있습니다. 우리 모두는 잘못된 교육 때문에 고통받고 있습니다. 그 젊은 여성은 삶에서 자신이 원하는 것이 무엇인가를 알아야 하고, 그리고 삶에서 자신이 해야 할 일이 무엇인가를 알아야 한다고 가정합니다. 그래야 모든 것이 올바르게 될 것이라고 생각합니다. 그러나 그렇게 될까요? 삶에서 필요한 것은 무엇입니까? 그리고 참으로 안정된 삶을 위하여 필요한 것은 무엇입니까?

의견: 당신이 누구인가를 알고 그리고 실재가 무엇인가를 아는 것입니다.

호라 박사: 불행하게도 이런 질문들은 거의 하지 않습니다. 이 내담자는 확고한 삶의 근거를 발견하고 싶어 합니다. 그러나 그녀는 방향 감각을 잃고, 혼란스러워하고 있습니다. 그녀는 확신, 만족, 행복, 그리고 성취의 느낌을 어떻게 가져야 할지 모릅니다. 그녀는 많은 일을 시도하는 것 같습니다. 성서는 이 젊은 여인에게 무엇을 권고하고 있습니까? "너의 행사를 여호와께 맡기라. 그리하면 너의 경영하는 것이 이루리라."(잠언 16:3) "또 여호와를 기뻐하라. 저가 네 마음의 소원을 이루어 주시리로다. 너의 길을 여호와께 맡기라. 저를 의지하면 저가 이루시고"(시편 37:4, 5)

의견: 그녀가 잘못 이해하고 종교인이 되거나, 교회 구성원이 되거나, 그와 유사한 일들이 생길 위험성은 없습니까?

호라 박사: 물론입니다. 그러나 이것을 직접 그녀에게 말하라고 하지는 않습니다. 우리는 치료사가 이것을 알 필요가 있다고 말하고 있습니다. 중요한 것은 내담자가 믿도록 교육받았다는 것입니다. 그리고 세상은 그녀에게, 네가 원하는 것을 알아야 하고, 네가 마땅히 해야 할 일을 알아야 한다고 말하고 있습니다. 그것은 당신에게 방향 감각과 삶의 토대를 줄 것이고, 그리고 당신은 행복과 성취를 발견할 것입니다. 물론 많은 사람이 그녀에게 세상 이치가 그렇게 돌아간다고 그녀의 의견에 동의해 줄 것입니다. 그러나 실재(reality)와 실존(existence)은 우리가 원하는 것과 우리가 하는 일에 기초하고 있지 않습니다. 그것은 존재(is)하는 것과, 실재하는 것(what really is)에 기초하고 있습니다. 실존의 근원적 질서와 의식적으로 조화를 이루면, 그것은 우리에게 목적의식, 방향 감각, 확신, 그리고 성취감을 줄 수 있습니다.

만일 우리가 내담자에게 이 정보를 주었다면 어떤 일이 일어날까요? 그녀는 우리가 미쳤거나 종교 장사를 한다고 생각할 것입니다. 아니면 우리를 신뢰하고 교회에 나가거나 우리를 불신해서 다른 것을 찾아 헤맬 것입니다. 우리는 내담자에게 무슨 말을 해야 할 것인가에 대하여 말하고 있는 것이 아닙니다. 심리치료의 기술에 대하여 말하고 있는 것이 아닙니다. 내담자에게 순간순간 도움을 줄 수 있도록 반응하기 위하여 치료사 자신을 이해할 필요가 있다는 것에 대하여 말하고 있습니다. 일단 우리 삶의 기초가 되며 실존적으로 타당한 원리를 이해하면, 내담자들이 혼란스럽고 두려워서 우리를 찾아올 때 그들에게 적절하게 응답할 수 있습니다.

내담자의 배경이 되는 역사적 자료를 탐구할 가치가 있는지 알고 싶으십니까? 전혀 아닐 것입니다. 역사적 자료는 내담자가 지금 그러한 방식으로 사는 이유를 알고 싶을 때, 그리고 인과율적 관점에서 추리할 때에만 중요합니다. 그러면 우리는 그녀가 누구 때문에 그러한 방식으로 사는지, 그것에 대하여 무엇을 해야 할 것인지, 어떻게 해야 할 것인지를 알고 싶을 것입니다. 또 다시 소용없는 질문을 하게 됩니다. 그 질문은 우리에게 도움이 되지 않습니다. 누가 우리에게 믿음을 가르쳤는지, 그리고 어떻게 2 더하기 2는 5라고 믿게 되었는가는 중요하지 않습니다. 중요한 것은 그것이 4라는 것을 발견하는 것입니다.

의견: 나는 우리가 조작하는 잘못된 교육 체계를 아는 것이 도움이 된다고 생각합니다.

호라 박사: 그것도 적절하지 않습니다. 그것은 또한 내담자 자신을 위하여 변명을 하게하고, 자신을 어린 시절 환경의 희생자로 생각하게 하고, 누군가를 비난하게 할 것입니다. 우리가 아픈 것에 대하여 변명을 한다면 어떤 일이 일어납니까?

의견: 어떤 사람들은 고착되어서 결코 그곳을 넘어갈 수 없다는 것을 알 수 있습니다. 그러나 그것은 반드시 그런 것은 아니죠.

호라 박사: 만일 그것이 본질적인 것이 아니라면, 왜 그것에 운명을 겁니까? 만일 우리가 누군가를 비난하지 않는다면, 왜 고통당하고 있는가를 알아내려 하지 않는다면, 안타까워하면서 시간을 낭비하지 않을 것이고, 우리가 무지하다는 것과 깨달을 필요가 있다는 사실에 직면하게 될 것입니다. 그러면 바로 우리를 자유롭게 하는 진리에 도달하려고 노력할 것입니다. 심리치료는 이런 방식으로 괄목할 만한 속도를 내게 될 것입니다. 당신은 심리치료에 많은 시간을 낭비하고 있다고 생각하지 않습니까?

질문: 호라 박사님, 우리는 어떻게 그들이 가지고 있는 감정을 새로운 삶의 방식으로 결합시킬 수 있을 까요?

호라 박사: 감정을 결합시킨다는 것은 무슨 뜻인가요?

의견: 이 여인은 그녀의 감정을 외면하는 것 같아 보입니다. 그녀가 단지 새로운 개념을 통합시키는 것과는 반대로 그녀의 감정을 새로운 삶에 통합시켜야 한다고 생각합니다.

호라 박사: 당신은 다양한 치료 학파에서 매우 잘 알려져 있는 개념을 갖고 있는 것 같습니다. 그것은 세 가지인데, 하나는 감정이고, 다른 하나는 감각이고, 세 번째는 지성입니다. 이것들은 전인적으로 되기 위하여 어느 정도는 통합되어야 합니다. 그 말은 내담자가 부분으로 분열되어 있다고 가정하는 것입니다. 그러나 그것은 하나의 가정일 뿐입니다. 인간은 전체입니다. 인간은 혼란스럽고, 무지하고 그리고 두려워서 안정을 위하여, 더 나아가 삶의 성취를 위하여 투쟁하지만 그것이 소용이 없을 수 있습니다. 그렇게 협력이 이

뤄지지 않고, 조화가 이루어지지 않는 노력을 하는 과정에서 인간은 감정주의, 지성주의 그리고 감각주의를 나타낼 수 있습니다. 그러나 이것은 그가 분열되어 있어서 통합되어야 한다는 것을 의미하지 않습니다.

그것은 어떤 사람을 생각나게 하는데, 그 사람은 "나는 이 치료를 마친 후에, 사랑하는 마음으로 성관계를 가질 것이다."라고 말하였습니다. 그는 또한 심리학에 관한 여러 책을 읽고 칵테일파티에서 심리학 용어를 마구 쓰기 시작하였습니다. 그리고 심리치료에서 감정이 지성에 눌렸다는 생각을 갖고 있었지만, 물론 이것은 말도 안 되는 생각입니다.

질문: 억압된 감정을 어떻게 다룹니까?

호라 박사: 우리가 실존의 근원적 질서와 의식적으로 조화를 이루게 될 때, 모든 것은 제자리에 있게 될 것이고 전인적으로 될 것입니다. 인격을 고치는 사람은 치료사가 아닙니다. 내담자를 해방시키고, 내적인 온전함을 드러나게 하는 것은 의식에서 인식되는 진리입니다. 심리치료는 미봉책으로 고치는 작업이 아니고 해방시키는 것입니다. 무엇으로부터의 해방인가요? 무지로부터의 해방입니다. 치유하는 능력은 치료사에게 있지 않습니다. 그것은 진리 안에 있습니다. 그 진리는 내담자의 의식 안에서 드러나고 통합됩니다. 모든 것을 통합시키는 것은 바로 이 진리입니다. 비록 그것은 통합되어 있는 것처럼 보이지 않을 것입니다. 그러나 그것은 통합되어 있습니다.

공포증에 관한 사례

(A Case of Phobia)

사례 발표

26세의 젊은 여성이 1년 동안 남편과 별거하였다. 그녀의 주요 호소문제는 여행을 두려워하고 집을 떠나는 것을 두려워하는 것이다. 그녀는 집에서 멀어지는 교통 정체 속에서는 공황을 느끼지만, 집으로 오는 길에서는 그렇지 않다. 또한 밤에 잠을 잘 못 이루고 집에 혼자 있는 것을 두려워한다. 나는 그녀에게서 매우 강한 사람이라는 인상을 받았기 때문에, 그녀를 받아들이기 어려웠다. 그녀는 옷을 잘 차려입었고, 그녀의 태도는 그녀가 말하는 병리와 어울리지 않았다.

사례 발표에 대한 설명

호라 박사: 진단은 어떻게 나옵니까?

답변: 잘 모르겠어요.

의견: 불안 신경증이 적절한 진단입니까?

호라 박사: 그녀는 실제로 불안한 것이 아닙니다. 그녀는 어느 특정 상황에서 공황을 일으킵니다. 우리가 진단에 대하여 생각하기 전에, 이 사례에서 매우 흥미 있는 면, 즉 그녀가 말하는 문제의 중요성과 그녀의 태도나 외모가 조화를 이루지 않는다는 것에 대하여 주의를 기울였으면 좋겠습니다. 그녀의 문제는 면접하는 동안 분명하게 드러나지 않았습니다. 그와는 아주 반대로 실제로는 정신 병리라는 증거가 없었습니다.

의견: 그녀는 잘 통제되고 강한 성격의 소유자처럼 보이는군요.

호라 박사: 공황과 불안의 차이는 무엇입니까?

답변: 공황은 빠르게 일어나는 일이지만, 불안은 보다 지속적인 일입니다.

호라 박사: 이렇게 설명할 수 있습니다. 불안 속에서는 아직 통제를 하지만, 공황 속에서는 통제 감각이 사라집니다. 두려움, 불안 그리고 공황을 구별하는 것은 중요합니다. 두려움은 무엇입니까?

답변: 두려움에는 대상이 있습니다. 무엇인가를 두려워하는 것이죠.

호라 박사: 이렇게 설명할 수 있습니다. 두려움은 그럴 것이라고 생각하는 것입니다. 불안은 그렇지 않아야 한다고 생각하는 것입니다. 공황은 어떠해야 한다는 생각을 상실한 감각입니다. 이 내담자는 교통 정체 속에서 공황을 경험합니다. 교통 정체 속에서 이런 일이 어떻게 일어납니까?

답변: 그 상황을 통제할 수 없어요.

호라 박사: 맞습니다. 우리는 상황에 맡길 수밖에 없습니다. 우리가 아무리 강하고, 아무리 영향력이 있어도, 아무리 영리해도, 우리가 할 수 있는 일은 아무것도 없습니다. 우리는 무기력해 보입니다. 대부분의 사람은 그렇게 많이 고통스러워하지 않으면서 이 상황을 견딜 수 있지만, 이 내담자는 공황에 빠진다고 말합니다. 흥미롭게도 그녀가 집에 돌아올 때에는 공황에 빠지지 않습니다. 이것은 무엇을 의미합니까? 알다시피, 우리는 문제의 원인을 찾는 것이 아니라 문제의 의미를 찾고 있습니다.

의견: 집에 있을 때에만 통제의 느낌을 갖기 때문이죠.

호라 박사: 맞습니다. 집은 관리가 된다는 것을 의미합니다. 집에서 우리는 관리하고, 통제할 수 있으며, 우리가 주인입니다. 만일 우리가 주인이라면, 편안해할 수 있을 것입니다. 이 사례는 공포증이라고 하는 매우 중요한 증상에 대한 역동을 이해하는 데 도움을 줍니다. 이 사례에서 불안 신경증이나 두려움 또는 다른 증상과 공포증 반응을 구별하는 방법을 배울 수 있습니다. 우리는 자신의 운명을 관리하고 싶어 하는 사람들에게서 공포증을 발견합니다. 공포증에는 종종 곤혹스런 특수성이 있습니다.

모든 사람이 공포증적 두려움이 비합리적이라는 것은 쉽게 이해할 수 있지만, 많은 사람이 관리하는 것은 비합리적이라는 것을 이해하지 못합니다. 공포증은 단지 관리하고 싶어 하는 비합리적 동전의 또 다른 면일 뿐입니다. 전통적인 정신분석은 자아-통제의 성취를 위하여 상담하였습니다. 원래 정신분석의 치료 목표는 성기의 탁월성을 달성하는 것이었습니다. 그 개념은 침대에서 기능을 잘할 수 있다면 그는 건강한 사람이라는 것입니다. 나중에 이것이 변화되어 자아-통제라는 개념으로 대체되었죠. 이것은 매우 합리적인 것 같습니다. 인간이 자신의 일을 관리한다는 것은 매우 바람직한 일인 것 같습니다. 우리는 분명히 지도자 자격, 실행 능력, 통솔력, 관리 기술에 가치를 둡니다. 우리의 문화는 이러한 특성들을 지지합니다. 그리고 그것은 공황에 빠지는 것과 관리하는 것은 똑같이 비합리적이라는 것과, 이것들은 동전의 양면이라는 것을 깨달으면서 놀라게 되는 이유가 됩니다. 그러면 어떻게 살아야 할까요? 우리는 통제할 수도 없고 통제하지 않을 수도 없습니다. 그 외에 무엇이 더 있습니까?

의견: 그냥 존재하는 것입니다.

호라 박사: 그것이 무엇인가요? 그것은 해결책이 아닙니다. 행동주의 치료학파는 이 내담자를 도우려면 공포증을 통제하여 그녀의 통제력 영역이 교통 정체의 상황까지 확장되도록 제안할 것입니다. 그녀가 집으로부터 멀어지는 교통 정체에서조차도 통제할 수 있는 훈련에 성공한다고 가정해 보십시다. 무슨 일이 일어날까요? 겉으로는 이것이 매우 잘하는 것처럼 보이고, 매우 바람직해 보일 것입니다. 이것으로 그녀는 어디를 가든지 교통 정체 속에서 두려워하지는 않을 것입니다.

의견: 그녀는 폭군이 되겠죠.

호라 박사: 맞습니다. 우리는 통제하려는 불합리한 노력을 지지할 것입니다. 그다음에는 새로운 공포증이 생겨날 것입니다. 하나의 공포증을 해결하자마자 다른 공포증이 나타날 것입니다. 공포증은 통제하려는 욕구의 강도만큼 생깁니다. 행동 치료를 통하여 크게 성공한 것처럼 보이는 것이 실제로는 통제하려는 불합리한 노력을 악화시키는 것입니다. "내가 원하는 바 선은 하지 아니하고 도리어 원치 아니하는 바 악은 행하는도다."(로마서 8:19)

질문: 공포 증상의 특수성은 무엇인가요?

호라 박사: 그것은 내담자가 통제할 수 없다고 믿는 상황에 대하여 해석하

는 것입니다.

질문: 나는 다리나 터널을 통과할 때 두려움을 느끼지만, 자신이 화를 낼 수 있을 때에는 두려워하지 않는 남자를 상담했어요. 그것은 무엇을 말하는 것입니까?

호라 박사: 그것은 매우 간단합니다. 화란 무엇입니까? 그것은 정서적 자기-주장의 폭력적 형태입니다. 물론 그것은 치유가 아닙니다. 증상 제거와 치유의 차이를 알아야 합니다.

최면술을 통하여 공포증을 치료하는 또 다른 방법이 있습니다. 최면술은 무엇을 합니까? 그것은 최면 후 암시의 도움을 받아서, 증상을 억압할 수 있습니다. 최면술사는 다음과 같이 말합니다. "당신은 공포를 통제할 만큼 강하지 않으므로 내가 당신의 통제력을 통제할 것입니다. 당신의 증상을 당신이 통제할 수 있을 때까지 나의 통제력의 도움을 받으십시오." 이런 일이 일어날 때 우리는 어떻게 됩니까? 감응성(가족 등 밀접한 두 사람이 동일하거나 유사한 정신 장애를 가지는) 정신병이라 불리는 병에 걸릴 것입니다.

삶을 통제하는 것이 중요하다고 믿으면 믿을수록, 우리는 통제력을 잃는 것에 대하여 더 많이 두려워할 것입니다. 이제 내담자의 두려움을 완화시키기는 데만 초점을 맞추는 어떤 치료도 충분하지 않다는 것을 분명하게 이해할 수 있을 것입니다. 만일 치료가 지속적으로 효과적이려면, 통제해야만 건강해질 것이라는 잘못된 내담자의 신념을 치유해야 합니다. 그러면 그것을 어떻게 할 수 있습니까? 그러한 내담자는 통제를 잃지 않기 위하여 철저하게 싸울 것입니다. 그러한 내담자는 공포를 없애고 두려움을 무력화시키는 데는 매우 많은 관심을 갖지만, 자신의 능력에 대한 망상을 치유하는 데는 그다지 관심을 갖지 않을 것입니다. 우리가 고려해야 할 문제는 다음과 같습니다. 통제하지 않고 어떻게 생존할 수 있습니까? 통제하지 않고 살 수 있습니까?

의견: 내담자의 두려움과 내담자의 삶에 대한 가정 사이의 연관성을 내담자에게 보여 주면 도움이 될 것입니다.

호라 박사: 맞습니다. 또 다른 질문은, 만일 우리가 통제하지 않는다면, 누가 또는 무엇이 통제할 것인가입니다.

의견: 하나님이 통제합니다.

호라 박사: 정말로 그렇게 생각하시나요?

답변: 그럴 겁니다. 만일 우리가 우주적 지성과 조화를 이루도록 내담자를 도울 수 있다면, 그것은 도움이 될 것입니다. 이것은 소용없는 질문들 중의 하나라는 것을 알지만, 당신은 어떻게 하십니까?

호라 박사: 나는 지하철 여행에 대한 두려움 때문에 수년 동안 무기력하게 되었던 한 여인을 기억합니다. 그녀의 남편이 그녀를 나에게 보냈습니다. 면접을 하는 도중에 나는 하나님이 지하철을 통제하고 있다고 말하였습니다. 그녀는 나를 미심쩍게 바라보았지만, 그녀는 이 말을 듣고, 그때부터 지하철 여행에 대한 두려움이 사라졌습니다. 물론 그녀는 치유해야 할 다른 많은 문제가 있었지만, 이것은 즉각적 치유가 된 것 같았습니다.

질문: 당신은 하나님이 지하철을 움직이고 있다고 믿습니까?

호라 박사: 당신은 하나님이 모든 상황 속에서 지속적이고 조화로운 현존으로 계시다는 것을 깨달을 수 있습니다. 치료사가 이것을, 믿음으로써가 아닌 깨달음으로써 아는 것이 중요합니다. 우리는 스스로 존재할 수 없다는 것과, 사랑-지성 없이는 능력도 없고 지성적 사고도 할 수 없다는 것을 알아야 합

니다. 우리는 하나님이 우리의 생명이고, 하나님이 우리의 에너지라는 것을 알아야 합니다. 하나님은 우리의 모든 일을 알고 계십니다. 사랑-지성은 절대적이고 완전하고 영원한 통제 안에 있습니다.

질문: 그러나 만일 치료사가 그러한 것들을 깨닫지 못하기 때문에, 말할 수 없다면 어떻게 합니까?

호라 박사: 그러면 내담자에게 유익을 제공할 수 있는 능력이 제한될 것입니다. 인간을 자유롭게 하는 진리를 아는 것은 엄청난 유익입니다.

성취

(Fulfillment)

사례 발표

48세의 결혼한 여성 내담자는 비만이었고, 불행하다는 것과 우울하다는 것, 남편과의 불화, 삶에 대한 전반적인 불만, 무차별적인 성행위, 간헐적 취업, 태만한 집안일, 그리고 가족과 친구들로부터 소외되는 것을 호소하였다.

사례 발표에 대한 설명

질문: 그녀는 치료를 통하여 무엇을 원합니까?

답변: 그녀는 기분이 좋아지기를 원합니다.

호라 박사: 내담자가 우울하다고 말하면, 그것이 진단이라고 할 수 있습니까? 우리가 내담자 자신의 진단을 받아들여야 합니까?

의견: 그것은 그녀가 느끼는 방식이죠.

호라 박사: 진단은 어떻게 나온 것 같습니까?

답변: 우울 신경증과 수동 의존적 인격인 것 같아요.

호라 박사: 그것은 그녀를 비난하는 것입니다.

의견: 그것은 매우 성숙하지 못한 진단이라는 느낌이 들어요.

호라 박사: 그렇게 느끼는 것인가요, 아니면 단지 그런 인상을 받은 것입니까?

답변: 그런 인상을 받았어요.

호라 박사: 맞습니다. 그것은 느낌이 아닙니다. 우리는 진단에 관하여 들었습니다. 진단은 언제나 비난하는 것같이 들립니다. 그렇지 않습니까? 이 여인의 세계-내-존재 양식은 무엇입니까?

의견: '나는 어떤 것도 스스로 할 수 없다. 누군가가 나를 위하여 그것을 해 주어야 한다.'입니다.

호라 박사: 그런 증거가 어디에 있습니까?

답변: 그녀는 나에게 그렇게 계속해서 말하고 있었습니다.

의견: 그녀는 사랑받지 못하고 있다고 느끼고 있습니다.

호라 박사: 그러한 관찰은 무엇에 근거하고 있습니까?

답변: 그녀는 가족으로부터 사랑받지 못하고 있기 때문입니다.

호라 박사: 그녀가 사랑받는다면, 변화가 일어날까요?

답변: 모르겠습니다.

호라 박사: 그러면 그것은 실제로 핵심 문제가 아닙니다.

의견: 그것은 도피하는 태도예요.

호라 박사: 무슨 뜻인가요?

의견: 그녀는 하나의 상황에서 다른 상황으로 그녀의 상황을 계속 바꾸고 있어요.

호라 박사: 그녀는 품행이 안 좋은 여자인가요?

답변: 그녀는 그렇게 생각하고 싶어 하죠.

의견: 그녀의 문제는 그녀가 48세 이후에 겪은 폐경 때문에 생겨날 수 있습니까?

호라 박사: 만일 그러한 관점에서 추리한다면, 실제로 당신 자신에게 질문할 것입니다. 그녀는 왜 그렇게 살고 있습니까?

의견: 그리고 그다음 질문은, '그것에 대하여 무엇을 해야 하는가?'입니다.

의견: 아마도 자궁적출 수술을 해야 합니까?

호라 박사: 우리가 내담자를 진단할 때, 내담자를 비난하게 됩니다. 우리가 원인을 찾으려할 때, 누군가에게 또는 무엇인가에 책임을 돌리려 합니다. 우리가 내담자를 치료하려 할 때, 교만해지거나 주제넘게 됩니다. 그래서 무엇이 남나요? 여기에 행복을 찾고 있는 한 여인이 있습니다. 그녀는 이곳으로 달려와서 이것저것 해 보지만 행복을 찾을 수 없습니다. 사람들은 보통 어떻게 행복을 찾습니까? 우리 모두가 행복에 대하여 갖기 쉬운 첫 번째 생각은 아마도 누군가가 우리에게 행복을 줄 수 있을 거라는 것입니다. '만일 내가 이 사람과 행복하지 않다면, 다른 사람을 찾아야 해.' 행복에 대한 가장 기본적인 생각은 행복이 다른 사람에게서 찾아질 수 있다는 것입니다. 어떤 사람들은 욕심을 갖고 행복을 찾습니다. 예를 들어, 친구를 얻거나, 또는 고가구, 자동차, 또는 말과 같은 것을 수집합니다. 그것 또한 행복을 찾으려는 하나의 방법입니다. 이 여인은 대인 관계를 통하여 그리고 활동을 통하여 행복을 찾으려는 전통적 접근법을 사용하고 있습니다. 행복을 추구하는 또 다른 방법은 심리치료를 받는 것입니다.

알다시피, 여기에서 이 여인에게 실제로 우울 신경증이나 수동 의존적 성격과 같은 꼬리표를 붙일 근거는 없습니다. 여기에서 우리가 보는 모든 것은 기쁨 없음과 좌절이고, 그리고 그녀를 피해 다니는 것 같은 행복과 의미를 미친 듯이 추구하는 것입니다. 그러한 내담자를 돕기 위하여 바람직한 것은 치료사가 자신의 삶 속에서 행복을 찾았고, 성취의 비밀을 아는 것입니다. 우리에게 없는 것을 어떻게 다른 사람에게 줄 수 있습니까? 그러므로 치료사가 행복하다는 것과, 자신의 삶을 성취하는 것 그리고 성취를 위하여 실존적으로 타당한 기초가 무엇인가를 아는 것이 중요합니다. 여러분 모두는 치료사가 되어 가는 도중에 있습니다. 따라서 여러분은 이론과 기술을 배워야 할 뿐만 아니라 또한 자신을 성취하고 실현해 가는 사람이 되어야 합니다. 그것은 목공일을 배우는 것과는 다릅니다. 목공이 불행할 수 있지만 좋은 목수는 될 수 있습니다. 그러나 우리가 불행하면서 좋은 치료사가 될 수는 없습니다. 내담자는 행복과 삶의 성취를 위한 지침을 찾기 위하여 우리에게 옵니다. 그리고 우리는 내담자에게 그 길을 보여 줄 수 있어야 합니다. 행복과 성취를 위한 길은 어떤 것인가요? 행복과 삶의 성취의 비밀을 공식화했던 사람은 누구였습니까?

의견: 그것은 소용없는 질문인 것 같습니요.

호라 박사: 아닙니다. 그렇지 않습니다. 성취와 행복을 위한 비밀을 알고 싶으십니까?

의견: 네.

호라 박사: 이 위대한 보물을 성취하는 공식을 선언한 사람이 있었습니다. 그의 이름은 예수입니다. 그는 말했습니다. "의에 주리고 목마른 자는 복이 있나니 저희가 배부를 것임이요."(마태복음 5:6) 그는 무엇을 말하려고 하였습니까?

의견: 그것도 하나의 비난처럼 들리는데요. 그것은 행복을 위한 비밀스러운 법칙이라기보다는 하나의 훈계처럼 들립니다.

호라 박사: 아닙니다. 그것은 실존적으로 타당한 원리를 명확하게 말한 것입니다. 그것을 통하여 우리는 건강과 행복을 얻고 그리고 의미 있는 삶을 살게 되는 것입니다.

질문: 그 문장에서 '의(righteousness)'라는 말은 무슨 뜻입니까?

호라 박사: 그 문장의 맥락에서 '의'란 '올바른 쓸모(right usefulness)'를 말합

니다. 성취와 행복의 비밀은 이 삶 속에서 건설적인 방식으로 사는 데 필요한 쓸모 있는 존재가 되는 것입니다. 당신은 이 내담자가 집에서 매우 쓸모없다는 것을 알 것입니다. 그녀는 남편이나 집안일을 잘 돌보지 않고, 공동체에서도 쓸모가 없습니다. 그녀는 건설적이고 유용한 삶을 살지 않습니다. 그녀는 단지 기분을 더 좋게 하기 위하여 노력할 뿐입니다. 따라서 행복, 건강, 삶의 성취에서 첫 번째 원리는 유용하고 건설적인 삶에 주리고 목말라하는 것이고, 세계 속에서 하나의 유익한 현존으로 실존에 참여하는 것입니다. 예수께서 우리에게 그 비밀을 말씀해 주었습니다. 그것은 누구에게나 가능한 일입니다. 거기에 무슨 위대한 신비가 있는 것이 아닙니다. 그것은 매우 지성적이고, 이해가 가능한 것입니다.

우리는 행복을 기대함으로써 찾을 수 없고, 우리 자신의 기분을 좋게 하기 위하여 사람들을 이용하려고 돌아다님으로써 삶의 성취를 이룰 수 없습니다. 실존주의 심리치료에서는 이것을 잘못된 세계-내-존재 양식이라고 합니다. 우리는 무지와 잘못된 교육 때문에 행복을 소용없고 절망스러운 방식으로 추구합니다. 우리는 정당한 원리를 진지하게 생각하지 않기 때문에 행복을 어떻게 얻는지 모릅니다. 예수가 산상수훈에서 팔복을 말하였을 때, 종교에 대하여서만 말했던 것으로 생각하기 쉽습니다. 그러나 예수는 종교에 대하여 말했던 것이 아니라, 실존적으로 타당한 원리에 대하여 말했던 것입니다. 그것은 보편적으로 적용될 수 있고, 치료사가 자신의 삶 속에서 그것을 실현했다면, 실제로 빠르고 효과적으로 내담자를 도울 수 있을 것입니다. 올바른 쓸모에 주리고 목마른 자는 복이 있나니…….

의견: 나는 당신이 이 모든 것을 어떻게 기억하는지 그 비밀을 알고 싶어요. 나는 영적으로 고양되고 감동되지만, 여기를 떠날 때는 모든 일을 잊어버릴 거예요.

호라 박사: 여기에서 들은 것을 모두 기억하려는 것은 잘못입니다. 기억하는 것은 믿는 것만큼 바람직한 일이 아닙니다. 우리가 기억하려 할 때 어떤

일이 일어납니까?

의견: 우리는 잊어버립니다.

호라 박사: 우리가 기억하는 것은 우리의 정신을 정리하는 캐비닛에 축적됩니다. 우리가 정리 캐비닛 안에 모아 두는 것은 우리에게서 소외되어 있으며 우리의 일부분은 아닙니다. 오직 우리가 이해하는(understand) 것만이 실존적으로 효과가 있습니다. 믿음도 불신도, 기억하는 것도 잊는 것도 도움이 되지 않습니다. 어떤 사람들은 어린 시절에 산상수훈을 암기하였지만, 일상의 삶에서 그것이 갖고 있는 적절성을 이해하려는 노력을 하지는 않았습니다. 믿음이나 암기는 성서나 또는 다른 문서로부터 온 지혜들이 강조하는 타당하고 선한 모든 것에서 유익을 얻는 데 장애가 됩니다. 우리가 기억하거나 믿는 것은 이해하려고 애쓰지 않는다는 것을 깨달아야 합니다. 그리고 우리가 이해하는 것은 기억하거나 믿을 필요가 없습니다. 따라서 우리의 가장 큰 관심이 이해하는 데 있다면, 삶 속에 존재하는 모든 것으로부터 훨씬 더 쉽게 유익을 얻을 수 있을 것입니다. "명철한 자에게는 그 명철이 생명의 샘이 되거니와 미련한 자에게는 그 미련한 것이 징계가 되느니라."(잠언 16:22) 누가 미련한 자인가요?

의견: 암기하려고 노력하거나 믿으려는 사람들입니다.

호라 박사: 맞습니다. 이해는 매우 흥미 있는 인식론적 원리입니다. 예를 들어, 2 더하기 2는 5라는 것을 이해한다는 것은 불가능합니다. 단지 믿을 수 있을 뿐입니다. 오직 진리만이 참으로 이해될 수 있습니다. 만일 우리가 실존적으로 부당한 것을 이해한다고 생각한다면, 그것은 우리 자신을 속이고 있는 것입니다. 진리만이 이해될 수 있습니다. 오류는 믿어질 수 있을 뿐입니다. 반대로 진리를 믿는다는 것은 가능하나 오류를 이해한다는 것은 불가능

합니다.

이 인식론적 호기심은, 특별히 심리치료와 실제로 밀접히 관계되고 있습니다. 우리가 일반적으로 사용하는 언어에서, 나는 누군가에게 또는 무엇인가에 오류가 있다는 것을 이해한다고 말합니다. 그러나 이것은 실제로는 관찰에 불과할 뿐, 우리의 관심을 끄는 것은 오류입니다. 우리는 '이해(understand)'라는 말을 언어적으로 약간 느슨하게 사용하고 있습니다. 그러나 그것이 인식론적 원리가 그다지 중요하지 않다는 것을 의미하는 것은 아닙니다. 이해하는 것에 많은 주의를 기울여서, 이해를 믿음, 확신, 성찰, 관찰과 구별하기 위하여 많은 주의를 기울이는 것이 도움이 됩니다. 오류는 우리의 관심을 끕니다. 그리고 우리는 그것을 관찰합니다. 만일 우리가 더 정확한 언어로 표현하기를 원한다면, '나는 이 내담자가 그릇된 세계-내-존재 양식을 갖고 있다는 것을 관찰할 수 있습니다.'라고 말할 수는 있지만, 그것이 참으로 이해했다는 것과 동의어는 아닙니다.

질문: 이해한다는 것은 진리를 경험했다는 말인가요?

호라 박사: 아닙니다. 그것은 경험 이상의 것, 곧 깨달음에 이르렀다는 것입니다.

의견: 크리슈나무르티(Krishnamurti)는 오류를 식별할 수 있으려면 진리를 이해해야 한다고 말했습니다.

호라 박사: 성서는 "지혜가 제일이니 지혜를 얻으라. 무릇 너의 얻은 것을 가져 명철(understanding)을 얻을지니라."(잠언 4:7)라고 기록하고 있습니다. 성서에서는 명철을 매우 강조합니다. 그리고 믿음에 대하여 말하는 곳에서는 언제나, 사실은 명철을 말하고 있는 것입니다.

지금까지 들었던 것에 근거하여, 이 내담자를 돕기 위한 최선의 방법은 무엇일까요?

답변: 우리는 그녀에게 다음과 같이 말할 수 있습니다. 당신이 찾고 있는 것이 무엇입니까? 그리고 그것을 어디에서 구하고 있습니까?

호라 박사: 그건 아주 좋아요. 결과적으로 그녀가 들을 준비가 되어 있을 때 —내담자들은 처음에는 들을 준비가 거의 안 되어 있습니다.—우리는 성취의 원리를 그녀에게 설명할 수 있을 것입니다.

의견: 그녀는 일하고 있을 때, 훨씬 기분이 좋다고 말했습니다.

호라 박사: 물론 그렇습니다. 일은 실제로 유용한 것으로 정의되어야 합니다. 그러나 단지 에너지를 낭비하거나 자아를 만족시키는 일도 많습니다.

의견: 그것은 일에 대한 긍정적인 부분입니다.

호라 박사: 자아—만족은 바람직합니까?

의견: 그것은 기분을 좋게 하지요.

호라 박사: 일이나 인간관계나 또는 게임을 통하여 널리 퍼져 있는 자아—만족에 대한 개념에서 벗어나는 것이 매우 중요합니다. 우리가 자아—만족을 추구할 때 어떤 일이 일어납니까? 그것을 성취해도 문제가 될 것이고, 성취하지 않아도 문제가 될 것입니다. 그것을 성취한다면, 어떤 종류의 문제가 생길 것 같습니까?

의견: 더 많은 것을 필요로 할 것입니다.

호라 박사: 우리는 점점 더 많은 것을 필요로 하고, 점점 더 자만심과 허영심으로 우쭐해질 것입니다. 그리고는 공허해질 것입니다.

의견: 그것은 중독과 같습니다.

호라 박사: 그렇습니다. 결코 만족할 수 없습니다. 우리가 자아–만족에 익숙해져 있을 때 그리고 그것이 생존하기 위하여 절대적으로 필요하다고 믿을 때, 무슨 일이 생깁니까? 우리가 그것을 성취하지 못하면, 실제로 우울하게 되고 참을 수 없이 불행하게 됩니다. 우리의 기쁨은 불확실합니다. 자아–만족을 더 많이 추구할수록, 우리의 기쁨은 더 불확실해집니다. 자아–만족 외에 다른 무엇이 있습니까? 실존적 성취(existential fulfillment)가 있습니다.

Existential Metapsychiatry

자아-만족인가, 실존적 성취인가

(Ego-Gratification or Existential Fulfillment?)

의견: 지난 회기 때에, 선생님은 자아-만족과 실존적 성취의 차이를 설명해 주겠다고 약속했어요.

호라 박사: 그렇습니다. 이 문제를 생각해 봅시다. 그것은 흥미롭고, 보다 중요한 것입니다. 당신은 자아-만족을 무엇이라고 말할 수 있겠습니까? 그것은 무엇을 의미합니까?

의견: 자아-만족은 자기-추구적 동기를 갖고 있는 욕구(self-seeking motivation)입니다.

호라 박사: 우리의 기분을 좋게 하는 모든 것이 자아-만족입니다. 기분 좋음(feel good)에 무슨 잘못이 있습니까?

의견: 하나도 잘못이 없습니다.

호라 박사: 동양과 서양 초기 종교 역사에서 어떤 사람들은 기분 좋음을 추구하는 것이 나쁜 결과를 가져오기 쉽다는 것을 알기 시작하였습니다. 따라서 그들은 아마도 하나님이 그것을 허락하지 않았을 것이라고 생각하였습니다. 기분 좋음을 추구하는 것은 반드시 나쁜 결과를 가져오는 것같이 생각되었습니다. 물론 그것은 매우 정당한 관찰이지만, 이러한 경험을 통하여 알게 된 결론은 정당하지 않았습니다. 이러한 종교적 구도자들은 하나님이 인간의 기분 좋음을 원하지 않는다는 생각을 가졌기 때문에, 그들은 당연히 하나님은 아마도 인간이 고통스러워할 때 기뻐할 것이라고 가정했습니다. 그렇기 때문에 그들은 하나님을 기쁘시게 하려는 소망을 갖고 스스로에게 고통을 주는 여러 가지 방법을 발달시켰습니다. 그러한 종교 체계를 무엇이라 하나요?

의견: 금욕주의입니다.

호라 박사: 맞습니다. 이러한 개념은 동양과 서양에서 각각 독립적으로 생겨났습니다. 스스로에게 고통을 주고 결핍을 주는 금욕주의자들은, 그것이 하나님에게 더 가까이 가는 것이라고 생각하였습니다. 사실 붓다조차도 깨달음을 찾아 나서기 시작했을 때, 자연 속에서 사는 사람들과 함께하였습니다. 그는 숲으로 가서 심한 결핍이 있는 가혹한 금욕 생활을 하였습니다. 그러나 이러한 삶을 몇 년 산후에 그는 이것이 올바른 접근법이 아니라는 결론을 내렸습니다. 그러나 계속해서 고통과 결핍이 하나님에게 더 가까이 나아가는 것이라고 믿는 종교적인 사람들이 여전히 있습니다. 예수는 하나님에게 가까이 가기 위하여 결코 고통을 권고하지 않았습니다. 사실상 그는 깨달음(right understanding)의 열매로서, 풍성하고 승리하는 삶을 살라고 권고하였습니다.

자아-만족은 실제로 행복한 삶이 쾌락에 기초하고 있다는 순진한 생각입니다. 사람들이 쾌락과 심지어는 고통을 추구하지만 원래는 쾌락이나 고통에 관심이 없다는 것은 흥미로운 일입니다. 그들은 실제로 자기의 감각을 확인하는 것에 관심을 갖고 있습니다. 그것은 종교적 합리화나 또는 다른 종류의 심리학적 가정 아래서 진행됩니다. 그러나 동양이나 서양에서, 문명인이나 미개인이나, 교육을 받았거나 받지 않았거나, 교양이 있거나 없거나, 소박하거나 소박하지 않거나, 인간의 중심적인 선입견은 자기-확증 개념화나 경험을 무의식적으로 추구하는 것입니다. 고통도 자아-만족입니다. 왜 그럴까요? 어떻게 고통이 자아-만족일 수 있습니까?

의견: 그것은 인간에게 자기라는 실존을 확증시켜 줍니다.

호라 박사: 맞는 말입니다. 정확히 그러합니다. 우리가 쾌락주의자이든 금욕주의자이든, 가학적이든 피학적이든, 수동적이든 공격적이든, 우울하든 우쭐대든, 언제나 하나의 긴급한 주제인, 즉 자기 자신에 대한 확증을 추구합니다. 우리는 자신에게 안정감을 주고 우리가 실제로 여기에 존재한다는 것을 자신에게 확증시켜 주고, 겉으로 보이는 형태로 실존하고 있다는 것을 확증하려고 노력합니다. 곧, 우리는 자신의 생각과 똑같은 육체를 갖고 사는 사람들이라는 것입니다. 이것이 깨달음이 없는 삶을 사는 사람들이 갖고 있는 보편적인 선입견입니다. 그렇게 어리석은 추구를 하는 의미는 무엇입니까? 우리는 이곳에서 자기 자신만의 생각을 갖고 사는 육체를 가진 존재라는 사실은 자명하지 않습니까? 우리 자신을 언제나 계속해서 확증해야 합니까? 아니면 또는 이것을 의심하고 있나요? 그렇게 당연하고 자명하게 보이는 것을 어느 누가 의심할 수 있습니까?

질문: 이 삶은 망상이고 저 실재는 더 높은 차원에 있다는 것은 동양 철학에서 주장하는 것 아닙니까?

호라 박사: 동양과 서양에는 온갖 종류의 이론들이 있고, 우리는 그것들을 더 깊이 논할 수 있지만, 자아-만족이라는 개념을 통하여 우리의 길을 찾는

것이 더 효과적일 것입니다. 우리 자신을 건강하다고 생각하는 사람들은 자아-만족을 추구합니다. 건강하지 않은 사람들은 자아-파괴적 경험을 추구합니다. 기분이 좋다고 느끼는 것은 건강하게 보이고 기분이 나쁘다고 느끼는 것은 건강하지 않게 여겨집니다. 이 생각은 매우 단순하지만 순진합니다. 평범한 사람들은 자아-만족을 추구하지만, 평범하지 않은 사람들은 온갖 종류의 어리석은 일들을 합니다. 그러나 자아-만족의 문제는, 우리가 자아를 만족시키는 데 성공하면 할수록, 더 병들게 되고, 우리의 자아를 만족시키는 데 더 실패하게 된다는 것입니다. 그러면 어떤 일이 일어납니까?

의견: 우리는 더 병들게 됩니다.

호라 박사: 우리가 무언가를 해도 저주받는 것 같고, 하지 않아도 저주받는 것 같습니다. 재미있지 않습니까?

의견: 당신이 말한 것 중 많은 것은 동전의 양면을 말했습니다. 그런데 지금은 단지 한 면만 가진 동전을 말하는 것 같군요.

호라 박사: 자아-만족이 왜 병리적인가요? 자아-만족은 기분 좋은 것이 선한 것이라는 단순한 생각에 기초하고 있습니다. 곧, 삶에서 가장 중요한 것이 기분 좋게 느끼는 것입니다. 만일 우리가 기분이 좋다고 느끼면, 우리는 건강하며, 모든 일이 잘될 것입니다. 그러나 우리가 '나는 나다(I am).' 또는 누군가가 우리에게, '당신은 정말로 대단한 사람이야.'라고 말할 때 기분이 좋을 것입니다. 그러나 사도 바울은 다음과 같이 말하였습니다. "만일 누가 아무것도 되지 못하고 된 줄로 생각하면 스스로 속임이니라."(갈라디아서 6:3) 만일 기분이 좋다는 것이 선한 것이 아니라면, 그리고 기분이 나쁘다는 것이 선한 것이 아니라면, 그러면 선한 것은 무엇입니까?

의견: 그냥 느낌입니다.

호라 박사: '그냥 느끼는 것(just feeling)'은 선한가요?

의견: 존재 자체가 아마도 그럴 것입니다.

호라 박사: 존재(being)는 충분하지 않습니다. 다만 존재는 식물과 같은 것입니다. 그것은 성취에 이를 수 없을 것입니다. 우리는 자아-만족을 실존적 성취와 같다고 생각합니다. 자아-만족과 실존적 성취의 차이는 무엇인가요? 자아-만족에서의 문제는 자기-확증(self-confirmation)이라고 말하였습니다. 실존적 성취에서의 문제는 무엇인가요?

의견: 사랑-지성의 실재를 확증하는 것이지요.

호라 박사: 그렇습니다. 실존적 성취에 있어서의 문제는 우리의 존재의 진리를 성취하고, 그리고 깨닫는 것입니다. 우리는 그것을 다음과 같이 말할 수 있습니다. 자아-만족의 목표는 감각적(feeling)으로 선한 것이고, 실존적 성취의 목표는 존재적(being)으로 선한 것입니다. 존재적으로 선하다고 할 때 무엇이 선하다는 것입니까? 우리는 '도덕군자인 척하는 사람'이 되어야 합니까? 존재적으로 선하다는 것은 무엇을 말합니까? 길을 건너는 노인을 돕는 것입니까?

의견: 만일 우리가 치료사로서 기분을 좋게 하기 위하여 사람들을 돕는다면, 그것은 자기-패배처럼 보이네요. 이 세상에서 유익한 현존이 되기 위하여 사람들을 돕는 것이 보다 중요한 것 같아요.

호라 박사: 유익한 현존이 되면 무엇이 그렇게 좋습니까? 우리는 왜 그러한 문제로 괴로워합니까?

의견: 그것은 당신을 기분 좋게 해 줍니다.

호라 박사: 그래서 우리는 한 바퀴 돌아서 제자리로 옵니다. 이 말은 인간의 기본적 성향을 보여 주는 실례가 아닙니까? 우리는 좋은 기분을 희망하는 가운데 아주 기꺼이 선해질 수 있습니다. 단지 감각적 선보다는 존재적 선을 위한 다른 근본적 이유가 틀림없이 있을 것입니다. 존재적으로 선하다고 할 때, 그 선은 무엇입니까? 존재적으로 선하다는 것은 선을 행하는 사람(do-gooder)이 된다는 것과 같은 말입니까?

의견: 저는 그렇게 생각하지 않아요.

의견: 선을 행하는 사람은 자신의 자아를 만족시킵니다.

호라 박사: 맞습니다. 나무가 자양분의 원천 속에 뿌리를 내리고 있을 때, 자신의 본성과 조화를 이루게 됩니다. 결과적으로 나무는 본성적으로 유익한 현존입니다. 인간의 본성이란 무엇입니까? 만일 인간이 자아 추구적 존재(ego-person)라면, 자아-만족은 인간을 건강하게 할 것입니다. 왜냐하면 그것이 곧 그의 본성에 충실한 것이기 때문입니다. 그러나 우리는 자아-만족이 인간을 건강하게 하지 않는다는 것을 알고 있습니다. 그것은 인간을 병들게 합니다. 그러므로 이 생각은 분명히 잘못된 것입니다. 그러나 쓸모 있는, 이 세상 속에서의 유익한 현존은 인간을 건강하게 합니다. 그리고 반대로 건강한 사람은 이 세상에서 유익한 현존이 됩니다. 그럴 수밖에 없습니다. 그는 선하게 태어난 사람입니다. 그것이 곧 인간의 기본적 본성은 다르다고 하는 것을 지적해 주고 있습니다. 실존적 성취 속에서, 우리의 본성에 충실하게 되어, 삶의 사명과 목적을 성취할 수 있습니다. 인간의 본성이 선하다는 이 '충격적인' 개념이 놀랍지 않습니까? 우리의 세계를 돌아보면, 얼마나 많은 선을 보게 됩니까? 물론 우리가 어떻게 보아야 하는가를 안다면, 보게 될 것입니

다. 실제로 우리의 본성이 선, 지성, 자비, 유용, 사랑, 조화, 아름다움, 자유, 능력, 그리고 기쁨이라는 것을 발견하는 것은 매우 고무적인 일입니다. 그러한 사람을 본 적이 있습니까? 실제로 자신의 본성에 충실한 사람이 얼마나 적습니까? 너무 이상하지 않습니까? 사실 인간의 본성은 너무 왜곡되어 있어서, 누군가가 이것이 실제로 존재하는 인간의 모습 그 자체라고 하는 말을 듣는다면, 우리는 아마도 놀라게 될 것입니다.

의견: 인간이 하나님의 형상이라는 것은 종교에서 나온 것이지요.

호라 박사: 문제는 선이 무엇인가에 대한 잘못된 인식입니다. 무지한 인간은 기본적인 선은 기분 좋은 느낌(feeling good)이라고 가정합니다. 깨달음에 이른 사람은 기본적인 선은 인간 자신의 본성에 충실한 것임을 발견합니다.

의견: 자연 속에 있는 다른 만물은 자신의 본성에 충실한 것 같습니다. 나무는 나무대로, 바위는 바위대로, 호수는 호수대로. 그러나 인간만이 조화를 이루지 못하고 있는 유일한 존재입니다.

호라 박사: 인간은 무지할 수 있는 것처럼 보입니다. 무지란 무엇입니까?

의견: 알지 못하는 것입니다.

호라 박사: 맞습니다. 그것은 실제로 앎의 부재입니다. 어두움이란 무엇입니까?

의견: 빛의 부재입니다.

호라 박사: 그렇습니다. 부재의 실체는 무엇입니까?

의견: 실체의 부재입니다.

호라 박사: 그렇습니다. 그것은 무(無, nothing)입니다. 어떻게 무(無)가 우리의 삶에서 그렇게 중요한 역할을 할 수 있습니까? 아무 것도 없는 무(無)가 그렇게 중요할 수 있고 그리고 그렇게 중요한 결과를 가져올 수 있다는 것은 놀랍지 않습니까? 자아-만족은 없음, 곧 무(無, nothingness)를 추구하는 것입니다. 그것은 없는 것에서 무엇인가를 만들려는 시도입니다. 그러나 실존적 성취는 실재(reality), 즉 실제로 존재하는 것(what really is)을 추구하는 것입니다. 실존적 성취는 우리의 기분을 좋게 할 뿐만 아니라, 우리의 본성을 드러낼 것입니다. 그리하여 우리는 무엇이 선인가를 알게 될 것이고 존재의 진리를 알게 될 것입니다. 우리는 하나님, 사랑-지성의 영적인 발현이며, 그리고 우리의 본성은 하나님의 존재의 표현이고, 이 세상에서 하나님의 선을 반영하고 실현하는 하나님의 개별적인 신성한 의식이라는 사실을 발견할 것입니다. 이것은 우리의 삶에 의미와 목적과 내용을 제공합니다. 그리고 이것이 정신적으로, 육체적으로 그리고 모든 면에서 건강함의 비밀입니다.

앞에서 들었던 사례 발표들 중 하나는 우유부단한 여인에 관한 것이었습니다. 그녀는 삶의 기반을 마련하려 하였지만, 그녀는 다른 사람들이 했던 대로 따라가야 하는, 즉 '맹인이 맹인을 인도하는 것'이었기 때문에 어떻게 해야 할지를 몰랐습니다. 우리가 무지하면 언제나 다른 사람들이 하는 것을 이리저리 살펴보게 되고 그들을 모방하려고 합니다. 시대에 따라 계속 변하는 여러 가지 유행을 맹목적으로 따라가려는 인간의 경향성은 사람들이 무엇인가를 추구하고 찾고 있다는 것을 보여 줍니다. 그들은 정확하게 무엇을 해야 할지 그리고 어디에서 그것을 찾아야 할 것인가를 모릅니다. 그렇기 때문에 서로를 바라봅니다. 그들은 계속 실수합니다. 예수께서는 "천지는 없어지겠으나 내 말은 없어지지 아니하리라."(마가복음 13:31; 누가복음 21:33)라고 말씀하셨습니다. 이것은 교만한 말씀입니까?

의견: 그렇지요.

호라 박사: 아마 그렇게 들릴 것입니다. 성서는 또 말합니다. "이는 그 가르치시는 것이 권세 있는 자와 같고"(마태복음 7:29) 무슨 말씀입니까?

의견: 그는 다른 누군가를 위하여 말하고 있었습니다.

호라 박사: 그것은 또한 그가 말하고 있는 것을 알고 있다는 의미입니다. 달리 말하면, 만일 우리가 삶에 대하여 무언가를 참으로 이해하고 있다면, 한 사람의 권위자로서가 아니라, 권위를 갖고, 권위 있게 말할 수 있습니다. 그 차이는 무엇일까요? 권위자는 독단적이어서 실제로는 자기 자신도 설명할 수 없는 개념을 사람들에게 강요합니다. 그러나 우리가 권위 있게 말할 때, 나의 개인적 깨달음의 근거 위에서 말하는 것입니다. 예수는 자신이 말로 명확하게 표현했던 원리들이 실존적으로 타당한 원리들이라는 것을 알고 있었습니다. 무슨 뜻입니까? 그 원리들은 실재의 근원적 법칙으로 구성되어 있기 때문에, 세계사에서 이 원리들이 타당하지 않게 될 때는 결코 없을 것이라는 것을 의미합니다. 그것들은 실재를 근원적으로 쌓아 올리는 건축 재료입니다. 그리고 예수는 그것들을 이해하고 있었습니다. 그는 단지 종교에 대하여 말했던 것이 아니라, 실존적으로 타당한 원리들을 말했던 것입니다.

다른 모든 것은 계속해서 변화합니다. 심리치료 학파는 생겼다가 사라지지만, 실존적으로 타당한 원리들은 변하지 않습니다. 그것들은 시간을 초월합니다. 그것들은 문화나 문명 또는 경제나 사회적 조건에 구애를 받지 않습니다. 그것들은 실존적입니다. 즉, 그것들이 실재의 기초 요소라는 것을 의미합니다.

우리가 실존적 성취를 추구할 때, 실제로 우리의 사고가 타당하게 됩니다. 그러나 자아-만족은 잘못된 것입니다. 비록 그것이 유행임에도 불구하고.

낭만적 사랑과 영적 사랑

(Romantic Love and Spiritual Love)

사례 발표

18년 동안 결혼 생활을 했던 중년의 이 여인은 악화되고 있는 결혼 생활에 대해 불평하면서, 어린 시절에 의붓자식으로서 받은 학대, 결혼 후에도 지속적으로 학대 받았던 이야기들을 한다. 그녀는 종종 자신을 신데렐라로 생각하고 있으며, 그녀를 구하러 멋진 왕자가 찾아와서, 그 후에 행복하게 살 수 있을 거라는 헛된 기대를 가지고 있다.

사례 발표에 대한 설명

호라 박사: 자신의 삶에 불만을 품고 해결책을 찾는 사람들을 발견하는 것은 드문 일이 아닙니다.

의견: 그것은 매우 일반적인 일이죠. 너무 일반적이어서 그것에 대한 동화도 있어요.

호라 박사: 맞습니다. 모든 사람은 행복하게 살고 싶어 하고, 삶을 성취하고 싶어 합니다. 문제는 행복이 무엇이며, 성취가 무엇인가에 대하여 타당한 생각을 갖고 있는 사람이 많지 않다는 것입니다. 신데렐라는 그 자체로 행복의 개념을 포함하고 있습니다. 행복에 대하여 신데렐라가 가지고 있는 생각은 무엇입니까? 행복에 대한 신데렐라의 생각은 낭만적인 생각에 근거하고 있습니다. '만일 당신이 매력적인 왕자를 만나서, 그 왕자가 당신과 사랑에 빠지고 당신에게 열광한다면 당신은 행복할 것입니다. 낭만적 사랑의 관계는 행복을 가져다줄 것이고, 당신의 삶을 의미 있게 만들어 줄 것이며, 그리고 당신은 복잡한 문제 없이 영원히 행복하게 살게 될 것입니다.'

그러나 문제는 이것입니다. 신데렐라 해결책이 실존적으로 타당한 것입니까? 낭만적 사랑이란 무엇입니까? 낭만적 사랑은 일종의 광기의 한 형태입니다.

의견: 그것은 중세에 만들어졌지요.

호라 박사: 글쎄요, 나는 낭만적 사랑이 만들어졌다고 생각하지 않습니다. 하나님은 결코 낭만적 사랑을 창조하지 않으셨습니다. 하나님만이 유일한 창조자이십니다. 어떤 종류의 사랑을 하나님이 창조하셨을까요? 하나님은 영적 사랑을 창조하셨죠. 그것만이 실제로 존재하는 가장 유일한 사랑입니다. 그 영적 사랑만이 온전하고 참된 행복의 근원이 되는 사랑입니다. 낭만적 사랑이 일종의 광기가 있는 사랑의 형태라는 놀라운 사실은 무엇에 근거하여 말하는 것입니까?

의견: 그것은 모두 자아나 자아와 관계된 것입니다.

호라 박사: 그것은 망상입니다. 그것은 현실에 대한 인식을 왜곡하여 병리적으로 우쭐대는 상태를 야기합니다. 그러면 낭만적 사랑과는 대조적으로,

영적 사랑은 우리에게 무엇을 어떻게 합니까? 하여튼 그것은 무엇입니까? 영적 사랑은 수평적인 차원의 사랑이 아니라, 완전한 차원의 사랑입니다. 수평적이란 무슨 뜻입니까?

의견: 대인 관계적이라는 뜻이지요.

호라 박사: 그렇습니다. 그러면 영적 사랑이란 무엇입니까?

의견: 그것은 우리의 경험의 범주 속으로 들어오는 모든 사람의 행복을 위하여 관심을 갖는 것이라고 생각합니다.

의견: 그것은 자기-중심적이 아니라, 타자-지향적입니다.

의견: 집착이 없는 돌봄입니다.

호라 박사: 본질적으로 영적 사랑은 의식의 문제로 영적 지혜, 기쁨, 자비에 열려 있고 그것들을 받아들입니다. 그러므로 그것은 실존의 조화로운 원리이고, 치유하는 힘을 갖고 있습니다. 그것은 인간을 사소한 선입견으로부터 해방시켜 줍니다. 그리고 인간에게 실재에 대하여 폭넓은 관점을 제공합니다. 인간이 자신의 잠재력을 최대한 발휘할 수 있도록 하여, 단지 자아-만족이 아니라 실존적 성취를 이루도록 돕습니다. 낭만적 사랑의 선은 자아-만족에 근거하고 있기 때문에, 신데렐라는 학대받고 지저분한 작은 의붓자식으로부터 우아하고 아름다운 왕비로 변화됩니다. 그것은 자아를 격려하여 기분을 매우 좋게 만들어 주지만, 자아의 기분이 좋아질 때마다, 자아를 과대하게 느끼게 하므로 위험하게 됩니다. 따라서 기분 좋음도 기분 나쁨도 좋은 것은 아닙니다. 우리는 기분이 좋을 때보다 기분이 나쁠 때 점점 더 자아 중심적으로 됩니다. 자아는 두 가지 방법 모두의 영향을 받습니다. 기분이 좋을

때도 자아가 커지지만, 기분이 나쁠 때도 자아는 증대됩니다.

영적 사랑은 실존적으로 타당하지만, 반면에 낭만적 사랑은 위험한 행복의 형태입니다. 사랑과 미움은 같은 것이라고 많은 사람이 믿고 있죠. 사랑은 매우 빠르게 미움으로 변할 수 있음을 경험합니다. 자아-만족은 미움으로 변할 수 있습니다. 왜냐하면 자아-만족은 자아의 좌절에 매우 취약하기 때문입니다. 우리가 자아-만족을 즐기면 즐길수록, 자아의 좌절에 더 많이 취약하게 됩니다. 우리가 기분 좋은 것을 추구하면 할수록, 기분 나쁜 것에 더 취약하게 됩니다. 서로 사랑에 빠진 두 사람이 낭만의 날개로 높이 날고 있을 때, 그들은 매우 빠르게 추락할 위험을 안고 있습니다.

우리는 이 내담자에 대하여 많은 것을 알지는 못하지만, 그녀가 이 신데렐라 콤플렉스, 즉 행복에 대하여 이러한 생각을 갖고 있다는 것은 사실입니다. 그녀는 행복에 대한 선입견으로부터 깨어나는 적절한 방법을 발견해야 할 것입니다. 그러나 우리는 선입견의 타당성을 믿고 싶어 하기 때문에 그것이 쉽지는 않을 것입니다. 때때로 그것은 선하고 바람직하고 타당한 것에 대한 우리의 생각을 기꺼이 바꾸기 전에 많은 고통을 수반합니다. 불행, 자기-연민, 고민, 치료사를 찾아 여기저기 다니는 것, 영화를 많이 보는 것, 온갖 종류의 낭만적 사랑이 실려 있는 잡지를 읽는 것, 드라마를 보는 것—이 모든 것은 사람들이 질문에 대한 답을 필사적으로 찾고 있다는 것을 말해 줍니다. 무엇이 선한 삶을 구성합니까? 무엇이 나에게 행복과 성취를 가져다줍니까? 매스미디어와 소설이 다양한 해결책—직업, 낭만, 명예, 돈, 그리고 힘—을 제공해 줍니다.

모든 남자와 여자가 여러 종류의 아이디어를 제공받아, 수용하고 그리고 실습합니다. 결혼이라는 행위는 모든 아이디어를 시도하고 투쟁하는 실험장소가 됩니다. 자, 그러면 많은 투쟁이 계속되는 장소에서 어떤 일이 발생합니까? 그것은 고통스럽습니다. 그 과정을 통하여 파괴됩니다. 따라서 우리가 행복과 성취의 문제에 대한 해결책으로서 실존적으로 타당한 것을 발견하려할 때, 전문가의 지침을 따르는 것이 중요하지 않습니까? 그렇지 않으면 우리는 계속해서 쓸데없는 해결책들을 시도할 것이고, 그것이 효과가 없다면 서로를 비난할 것입니다. 남편은 아내를 비난하고, 아내는 남편을, 아이들은 부모를 비난할 것입니다. 그것은 본질적으로 맹인이 맹인을 인도하는 것이기 때문에 그들은 함께 도랑에 빠질 것입니다. 삶의 문제에 부딪히게 될 때, 지혜와 타당한 개념의 원천을 찾는 것이 유용합니다. 그 원천이란 무엇입니까? 프로이트입니까? 아닙니다. 예수 그리스도, 예언자들, 그리고 동양의 현자들입니다. 그들은 실존적으로 타당한 삶의 관점을 갖고 있었습니다. 이것은 결코 시대에 뒤지지 않을 것입니다. 예수는 적절하지 않다고 하는 시대는 결코 없을 것입니다.

지금 우리는 예수를 잘못 해석하여 왜곡하고, 거의 적절하지 않다고 비극적으로 만들어 가고 있습니다. 예수를 적절하지 않다고 취급할 수는 없습니다. 해석을 잘못하는 것은 적절하지 못합니다. 깨달음은 언제나 실존적으로 입증되므로, 어떤 것도 종교적 교리를 기초로 하여 믿거나 받아들일 필요가 없습니다. 우리의 경험에서 입증할 수 없는 것은, 믿을 필요도 없고 믿지 않을 필요도 없습니다. 우리는 삶 속에서 그것을 실현할 수 있을 때까지 연기할 수 있습니다.

삶에서 가장 중요한 요소인 영적 사랑이 거의 반응을 얻지 못했다는 것은 흥미로운 일입니다. 대부분의 사람이 낭만적 사랑에는 익숙해 있지만, 이상하게도, 영적 사랑에 대하여는 교육을 받지 못했습니다. 그러나 그것은 합리적이고, 지성적이며 그리고 온전한 삶의 초석입니다. 이들 중 몇 사람은 성직자입니다. 물론 종교가 영적 사랑과 관련은 있지만, 영적 사랑이 종교적 개념은 아닙니다. 그것은 실존적 가치입니다. 영적 사랑만이 행복과 성취의 토대가 된다는 것을 이해하도록 내담자에게 지침을 주어야 한다는 것은, 내담자로 하여금 교회에 출석하게 하거나 다른 종교로 개종하라고 권고한다는 말이 아닙니다. 우리는 단지 내담자에게 실존적으로 타당한 것과 타당하지 않은 것을 보여 주려고 노력할 뿐입니다. "건축자의 버린 돌이 집 모퉁이의 머릿돌이 되었나니"(시편 118:22) 이 돌이 영적 사랑입니다.

질문: 영감적 지혜에 대하여 설명해 주시겠어요?

호라 박사: 영감적 지혜는 창조적 지성과 동의어입니다. 창조적 지성이란 무엇인가요? 사람이 창조적 지성일 수 있습니까?

질문: 창조적 지성은 무엇이 존재하는가를 보는 것 아닙니까?

호라 박사: 무엇이 존재하는가를 보는 것이 올바른 지각입니다. 그러나 창조적 지성 또는 영감적 지혜는 좀 다른 것입니다. 그것은 무엇입니까?

의견: 그것은 열매를 맺는 것이어야 합니다.

호라 박사: 그러나 모든 것은 열매를 맺습니다. 심지어는 낭만적 사랑도 열매를 맺습니다.

의견: 그러나 반드시 좋은 열매는 아닐 것입니다.

호라 박사: 이것은 그러므로 이 때문에(post hoc ergo propter hoc)[1]의 원리에 따라 추리하는 것이죠. 즉, 사건이 일어난 후에 추리하는 것을 말합니다. 그러나 창조적 지성과 영감적 지혜가 무엇인가를 정의할 수는 있습니다.

의견: 당신은 그것을 정의할 수 있습니까? 그것은 발견해야 하는 것 아닙니까? 그 사이에는 차이가 있습니다. 즉, 나는 지성적으로 많은 것을 정의할 수 있습니다.

호라 박사: 우선, 누군가는 그것을 정의해야 합니다. 그리고 다음으로, 우리

1) post hoc ergo propter hoc: 따라서 이 때문에, 시간의 전후 관계를 인과 관계와 혼동한 허위 논법

가 그것을 발견할 수 있습니다. 만일 예수께서 우리에게 신성한 실재에 대한 다양한 통찰을 보여 주지 않았다면, 우리는 아직도 영적으로 2000년 이전의 수준일 것입니다. 예수께서 우리에게 이러한 통찰을 보여 주었다는 사실 때문에, 전 인류(심리치료사를 제외하고, 그들은 뒤처져 있는 것 같습니다)는 영적 성장을 향하여 도약하게 되었습니다. 창조적 지성은 지성적 개념으로 되어 있는데, 이 개념은 우리 자신이 만든 것이 아니라 의식에서 자발적으로 획득하는 것으로서, 모든 삶의 근원인 사랑, 진실, 그리고 지성으로부터 오는 것입니다. 그 근원이 하나님이고, 우주적 마음입니다. 어떤 사람들은 그들의 관심 분야에서 창조적 지성을 수용합니다. 이 사람들을 예술가라 합니다. 예술가들은 그들의 재능 영역에서 창조적 지성을 선별적으로 받아들입니다. 그들은 아름다운 예술 작품을 생산합니다. 그것을 완성하였을 때, 그들도 다른 사람들처럼 놀랍니다. 그들은 예술 작품을 만들어 낼 때 초월적 자극이 작동하고 있음을 분명하게 깨닫습니다. 똑같은 일이 창조적 과학자들에게도 일어납니다.

어떤 사람들은 창조적이고 영감적인 지혜의 총체적 차원의 삶을 삽니다. 삶의 매 순간마다 그들은 창조적 개념의 흐름 속에서 삽니다. 이러한 사람들을 어떻게 부르면 되겠습니까? 그들은 누구입니까? 그들은 '세상의 소금'입니다. 당신은 그러한 사람을 만나 본 적이 있습니까? 그들은 깨달음에 이른 사람으로서 이 세상 속에서 유익한 현존으로 사는 사람들입니다. 그들은 어디를 가든지, 조화, 평화, 지혜, 사랑, 하나님의 선이 그들 주변에서 나타납니다. 그들은 영적 사랑을 위한 열려진 채널이고, 이 세계 속에서 그리스도 의식(Christ consciousness)이라 일컫는 존재를 대표합니다. 실제로 세계는 그러한 사람을 매우 필요로 합니다. 왜냐하면 세계의 어느 곳이든지 그러한 사람들이 많아질 그때까지 세계의 평화는 결코 없을 것이기 때문입니다.

나는 나다
(I am)

사례 발표

24세의 여성인 그녀는 가정생활과 사회생활에서 불행하다고 호소한다. 남자 친구가 없으며, 사람들이 그녀에 대하여 어떻게 생각하는가에 몰두해 있다. 대부분의 상황에서 부적절하고 불안정하다는 느낌을 갖는다. 시시한 직업에 종사하면서 월급도 굉장히 적다. 부모와 함께 살고 있으며, 그녀의 부모가 그녀를 대수롭지 않게 여긴다고 생각한다. 자신을 집안의 말썽쟁이로 부르고 있으며, 어리석고 잘 속아서 착취당하는 쓰레기 같은 사람이라고 생각한다. 가끔씩 자살을 생각한다.

사례 발표에 대한 설명

누구나 우리에게 올 때마다 다음과 같이 질문을 하는 것이 좋습니다. 그들은 무엇을 원하며 무엇을 필요로 하는가? 대부분의 경우, 사람들이 원하는 것과 필요로 하는 것 사이에는 차이가 있습니다. 그러면 치료는 내담자가 원하는 것과 필요로 하는 것을 일치시키려 함으로써 시작될 수 있습니다. 우리가 살면서 갖는 기본적인 문제들 중의 하나는 무엇이 우리에게 좋은 것이며, 우리가 행복하기 위하여 실제로 무엇을 필요로 하는지 모른다는 것입니다.

문제를 더 탐색하기 전에, 치료사에게 질문해 봅니다. "이 내담자에 대하여 어떻게 생각하나요?"

답변: 그녀는 잘못된 교육을 받았습니다.

호라 박사: 매우 안전한 대답입니다. 당신은 어떻게 진단합니까?

답변: 임상적인 진단이요? 아니면 비임상적 진단이요?

호라 박사: 둘 다요.

의견: 그녀는 편집증이고 조현병 환자입니다.

호라 박사: 왜 그렇게 생각하나요?

의견: 그녀는 사람들과 거리를 두고 있고, 자살에 대하여 말할 때는 언제나 얼굴에 미소를 띠어요. 내가 느낌을 물으면, 그녀는 어떤 느낌도 없다고 말합니다. 그녀는 화날 때도 화난 것 같지 않고 무기력한 태도를 보이기도 합니다.

호라 박사: 맞습니다. 그러면 비임상적 진단은 무엇입니까?

의견: 그녀의 세계-내-존재 양식을 의미합니까?

호라 박사: 그렇습니다.

의견: 모르겠습니다.

호라 박사: 편집적 조현병은 매우 심각한 징벌입니다. 만일 우리가 그 진단에 의하여 깊은 인상을 받으면, 누군가를 도우려 할 때 방해를 받게 되기 때문에, 그러한 진단은 보류해야 합니다. 만일 우리가 사람들에게 조현병이라는 꼬리표를 붙이면, 그것이 사람들에게 얼마나 부당한가를 생각해야 합니다. 만일 내담자가 사람들로부터 사랑을 받고 싶어 한다면—이 내담자처럼—우리는 그것이 잘못이라고 말합니다. 만일 내담자가 사람들을 회피한다면, 그것도 잘못이라고 말합니다. 그러면 불쌍한 내담자는 어떻게 해야 합니까? 우리는 언제나 그 사람에게 뭔가 잘못되어 있다는 것을 발견할 수 있습니다. 보통 조현병 내담자들은 사람들을 두려워하여 피하고, 사람들과 관계를 맺지 못하고, 사람들에게 관심을 갖지 않는다고 비난받습니다. 여기에서 사람들은 자신을 어떻게 생각하는가를 걱정하고, 사랑받고 싶어서 그들과 어떻게 관계를 맺어야 할지를 알고 싶어 합니다. 그녀는 사람들에게 다가가고 싶어 합니다.

의견: 그것은 마치 그녀의 유일한 정체성이 쓰레기 같다고 알고 있는 것 같고, 그렇기 때문에 그녀는 자신이 더 좋아졌다고 말해 줄 사람들을 찾고 있는 것 같습니다.

호라 박사: 그 말은 인과율의 관점에서 보면 일리가 있습니다. 그 이유는 그녀가 쓰레기 같다고 느끼기 때문에, 그녀에게 더 좋은 것을 말해 줄 사람들을 찾으려 하기 때문이죠.

의견: 질문 하나 해도 될까요? 그 내담자는 부모에게 수용되어 본 적이 없다는 느낌이 들지 않나요? 나는 그녀가 그러한 영향을 느끼고 있다고 생각합니다. 그리고 그것은 그녀의 삶의 다른 영역에서도 매우 큰 영향을 끼쳤을 것입니다.

호라 박사: 글쎄요. 만일 그녀가 왜 그런 식으로 되었는가를 알고 싶다면, 우리는 그것에 대하여 성찰할 수 있지만, 그녀가 그런 방식으로 살게 된 이유를 발견하려 하지 않을 것입니다.

의견: 그러나 그녀의 부모가 그녀에게 끼쳤던 영향을 발견해야 하지 않을까요?

호라 박사: 맞습니다. 만일 우리가 원하는 것이 그녀가 겉으로 보이는 방식으로 살게 된 원인을 발견하는 것이라면 그렇습니다. 그러나 우리는 그렇게 할 필요가 없습니다. 그것은 인과율적 사고에 대한 교육의 오류를 다시 한 번 밝혀 주는 것이기 때문에, 이러한 질문들을 하는 것은 잘한 일입니다. 만일 우리가 그러한 사고의 흐름을 따른다면, 아마도 부모에게 매우 화가 나게 될 것이고 그들이 자녀에게 했던 것에 대하여 비난할 것입니다. 그러한 것들이 하는 일들 중에 좋은 일은 무엇이 있을까요? 우리의 혈압은 불필요하게 올라갈 것이고 내담자 자신이 그렇게 사는 이유와 그리고 비난할 사람이 누구인가를 발견함으로써 얻는 이익은 전혀 없을 것입니다. 그러면 우리는 무엇을 해야 하나를 알고 싶어 할 것입니다. 그리고 누군가가 묻겠지만, 우리는 그것을 어떻게 해야 할지 모릅니다. 그러면 우리는 결국 좌절하게 됩니다.

여기에서 우리가 만나는 젊은 여인의 세계-내-존재 양식은 자기-변명으로 보입니다. 그 밖에 그녀의 세계-내-존재 양식이 갖는 특징은 무엇이 있습니까?

의견: 의존성입니다.

호라 박사: 그것을 더 잘 설명해 주는 것은 수평적 사고일 것입니다. 그녀는 자신이 생각하고 있는 것에 대하여 다른 사람들이 어떻게 생각할까를 생각합니다. 따라서 그녀의 정신적 사고는 수평적이고 그녀의 자기 정체감은 낮게 평가되어 있습니다. 일단 누군가의 세계-내-존재 양식을 이해하면, 필요한

것이 무엇인가를 깨닫는 것은 매우 단순하고 분명하게 됩니다. 이 젊은 여인이 필요로 하는 것은 무엇이라고 생각하십니까?

의견: 그녀는 자기 자신에 대하여 갖고 있는 느낌에 대하여 재교육을 받을 필요가 있습니다.

호라 박사: 어떻게 누군가에게 더 좋은 느낌을 갖게 할 수 있습니까? 마약은 그것을 매우 쉽게 해 줍니다. 그러나 그 마약은 결과적으로 전혀 도움이 되지 않습니다.

의견: 그녀 자신에 대한 느낌이 매우 현실적이지 못하다는 것을 알려 줄 수 있을까요?

호라 박사: 그것은 한 내담자를 기억나게 하는데, 그 내담자는 카우치에 누워 있었고, 분석가는 그녀 뒤에 앉아 있었습니다. 그녀는 "선생님, 나는 나 자신에 대하여 열등감을 갖고 있어요."라고 말했습니다. 분석가는 "농담하지 마십시오. 당신은 실제로 열등합니다."라고 말했습니다. 물론 그것은 적절한 말이 아닙니다. 하나님은 결코 열등한 사람을 창조하지 않았습니다. 하나님은 우리 모두를 자신의 형상으로 완전하게 창조하셨습니다. 우리는 사랑을 받고 사랑을 나누며, 지성적이며, 쓸모 있고, 기쁨이 넘치며, 유능한 사람으로 창조하였습니다. 우리는 완전하게 창조되었습니다. 성서는 다음과 같이 말합니다. "나의 깨달은 것이 이것이라 곧 하나님이 사람을 정직하게 지으셨으나 사람은 많은 꾀를 낸 것이니라."(전도서 7:29) 이 젊은 여인의 생각 속에 있는 꾀는 무엇일까요? 열등감, 무가치함, 두려움, 불안정에 대한 모든 생각—이것들이 꾀입니다. 이 꾀는 어디에서 왔을까요? 누구를 비난할 수 있을까요? 이 꾀의 원천은 무엇입니까?

의견: 이원론적 사고입니까?

호라 박사: 아닙니다. 이 꾀의 원천은 '정신적 쓰레기의 바다(the sea of mental garbage)'입니다. 정신적 쓰레기의 바다라는 말을 들어본 적 있습니까?

의견: 나는 매일 그 안에 잠깁니다.

호라 박사: 정신적 쓰레기의 바다는 우리가 살고 있는 세계입니다. 우리 자신과 다른 사람들에 대하여 모든 종류의 쓰레기 같은 생각을 하는 것은 매우 쉽습니다. 중국 속담에 다음과 같은 말이 있습니다. '온갖 종류의 새들이 우리의 머리 위로 날아다니는 것을 막을 수는 없지만, 그 새들이 우리의 머리 위에 둥지를 틀게 해서는 안 된다.' 온갖 종류의 쓰레기 같은 생각은 우리 주변을 떠돌고 있고, 우리는 그중 어떤 것을 골라서 선택하여 사용합니다. 쓰레기 같은 생각을 골라서 사용하는 목적은 무엇입니까? 우리가 백화점에 가서 온갖 종류의 상품을 볼 때—옷을 예로 들어 보면—어떤 것은 고르고 어떤 것은 고르지 않는다면, 그 목적은 무엇일까요?

의견: 우리에게 어울린다고 생각하는 것을 선택합니다.

호라 박사: 맞습니다. 달리 말하자면, 우리는 우리 자신을 표현하기 위하여, 또는 우리의 내밀한 언어로 말하자면, 흔히들 말하듯이, 우리 자신을 확인하기 위하여, 또는 '나는 나다(I am).' 라고 말하기 위하여, 하는 일들을 골라서 선택합니다. 그러나 우리는 실제로 무엇을 필요로 합니까? 우리 자신을 확인하기 위하여 쓰레기가 필요합니까? 당신도 알다시피, 세상에는 온갖 종류의 쓰레기, 환상이라는 쓰레기와 부패한 쓰레기가 있습니다. 어떤 사람들은 환상이라는 쓰레기를 선택합니다. 내가 알고 있는 한 젊은 여인은 매우 비싼 향수를 사서, 그것을 자신에게 퍼붓고는 공중 화장실 같은 냄새를 풍기고는 사람들이 자신을 피하는 이유를 모른다는 것이었습니다. 우리는 언제나 우리 자신을 확인하고 싶어 합니다. 우리는 거의 언제나 그것을 어떻게 해야 할지

를 모릅니다. 이 젊은 여인은 자신에게 비싼 향수를 뿌려서, 그것을 갖고, '나는 나다.'라는 말을 하려고 했죠. 우리는 향수든 넥타이든 환상적인 옷이든 열등감 콤플렉스이든 허풍이든 그것을 통하여 '나는 나다.'라는 말을 하려고 합니다. 어떤 사람들은 영원히 자신을 승격시키고, 자랑하지만, 그것들은 언제나 '나는 나다.'라고 말하고 있는 것입니다.

이제 이 내담자를 돕고 우리 자신을 도우려면, '나는 나다.'를 말하는 올바른 방법이 무엇인지를 스스로에게 질문해야 합니다. 분명히 우리의 행복, 건강, 성공은 실존적으로 타당하게 '나는 나다.'라고 말할 수 있는 방법을 발견하는 데 달려 있을 것입니다. '나는 나다.'라고 말할 때 어떤 것이 가장 타당한—실제적일 뿐 아니라 실재의—방법이겠습니까? 실제적인 것과 실재의 차이는 무엇입니까?

의견: 하나는 실재이고 다른 하나는 실재처럼 보이는 것입니다.

호라 박사: 실제적이라는 말은 마치 실재인 것처럼 보인다는 것입니다. 그러나 우리는 실재론(realism)을 받아들이지 않습니다. 우리는 실재를 추구합니다. 우리는 건강하게 보이고 싶은 것이 아니라 건강을 원합니다. 우리는 이 젊은 여인이 완전한 건강을 회복하도록 돕고 싶습니다. 그녀는 그렇게 될 자격이 있고 하나님도 그녀의 건강을 원합니다. 예수께서는 "하늘에 계신 너희 아버지의 온전하심과 같이 너희도 온전하라."(마태복음 5:48)라고 말씀하셨습니다. 따라서 건강하기 위하여 실존적으로 타당하게 '나는 나다.'라는 말을 어떻게 할 것인가를 찾아야 합니다. 세계는 우리에게 쓰레기 같은 생각을 주고 있습니다. 우리는 그러한 생각을 갖고 자기-확증적 진술을 합니다. 그러나 성서는 우리에게 무엇을 말씀하고 있습니까? 예수는 "평안을 너희에게 끼치노니 곧 나의 평안을 너희에게 주노라. 내가 너희에게 주는 것은 세상이 주는 것과 같지 아니하니라."(요한복음 14:27)라고 말씀하셨어요. 예수께서는 우리 자신에 대하여 진술할 수 있는 진리를 우리에게 주었습니다. 실제로 우리

자신으로 존재하기 위하여 우리 자신에 대하여 실존적으로 타당한 말을 할 수 있다면 그것이 무엇일까를 어느 누가 추측할 수 있겠습니까? 만일 치료사가 자기 자신에 대하여 그것을 알게 된다면 내담자를 도울 수 있을 것입니다. 그리고 내담자를 가족 문제, 경제 상황, 어린 시절의 경험들 또는 전문가의 진단에 상관없이 완전히, 절대적으로 그리고 영원히 치유할 수 있을 것입니다. 우리 자신에 대하여 말할 때 실존적으로 타당한 방법이란 무엇입니까?

의견: 나는 하나님의 자녀입니다.

호라 박사: 아주 좋습니다.

의견: 사랑입니다.

호라 박사: 훨씬 정답에 가까운 말입니다.

의견: 나는 한 사람의 사랑-지성의 발현입니다.

호라 박사: 아주 좋은 대답입니다. 우리가 할 수 있는 가장 정확한 말은 하나님만이 바로 나의 존재라는 것입니다. 하나님이 존재하기 때문에 나도 존재합니다. "나와 아버지는 하나이니라."(요한복음 10:30) 내담자도 하나님의 자녀입니다. 그는 하나님의 자기-계시적 현존의 완전한 발현이며, 하나님께로부터 모든 선, 지성, 사랑을 받은 고유한 인격입니다. 이것이 실존적으로 타당하게 자기를 확인하는 개념입니다. 만일 우리 자신에 대하여 그렇게 이해한다면 같은 관점에서 내담자를 볼 수 있고, 그러면 이전에 보았던 것처럼 내담자를 보지 않게 될 것입니다. 이것이 그녀에게는 가장 신기한 발견이 될 것입니다. 그것은 그녀가 과거를 깨끗이 청산하도록 도울 것입니다. 무엇을 청산한다는 말일까요? 쓰레기 같은 생각들이죠. 그것이 치유가 빠르게 일어

날 수 있는 근거입니다. 그것은 우리가 내담자에게 무엇인가를 행해서가 아니라, 그녀가 어떤 존재인가에 대하여 알고 있기 때문입니다. 치료적 행위는 그 어느 것도 우리가 하는 행위가 아닙니다. 그것은 의식 속에 존재하는 진리의 능력이고 성취되어야 할 필요가 성취되는 것일 뿐, 전혀 어떤 인간의 행위가 아닙니다.

이것은 우리의 허영심에 상처를 주기 때문에 조금은 받아들이기 어려울 수도 있습니다. 치료적 상황에서 선하게 이루어지는 것은 무엇이나 결코 치료사의 행위가 아닙니다. 치료사는 스스로 어떤 것도 할 수 없습니다. 치유하고 잘못된 교육을 바로잡고, 마음의 쓰레기를 제거하는 능력은 진리 안에 있고 사람 안에 있지 않습니다. 그것은 예수의 말씀을 상기시킵니다. "나는 아무것도 스스로 할 수 없노라."(요한복음 5:30) "아버지께서 내 안에 계셔서 그의 일을 하시는 것이라."(요한복음 14:10)

성격 치유

(Healing of Character)

사례 발표

60세의 이혼한 그녀는 상해 보험금과 딸의 도움으로 살고 있다. 면접하는 동안 매우 초조해 보였고 여러 가지 약을 계속 복용하고 있다. 시카고에 아들 한 명이 살고 있는데 그와는 만나지도 않고 그에게서 어떤 소식도 듣지 못하고 있다. 그녀의 남편은 그녀를 버렸고 딸도 그녀를 버리겠다고 위협한다. 그녀는 온갖 종류의 불평을 늘어놓으면서 삶에 직면할 힘이 없다고 강조한다. 병원에서 집단 치료를 받고 있으며 또 다른 곳에서 소위 회복 프로그램이라는 것에 참여하고 있지만 아무 소용이 없다고 말한다.

사례 발표에 대한 설명

호라 박사: 우선 진단을 살펴봅시다. 전통적 진단은 무엇이라고 말합니까?

의견: 조현병. 왜냐하면 때때로 그녀는 이 모든 것이 실제로 그녀에게 일어나고 있지 않는 것처럼 비현실적으로 느끼기 때문입니다.

의견: 아마도 그녀는 조울증일 겁니다.

호라 박사: 또 다르게 진단을 내릴 가능성에 대하여 생각할 수 있을까요? 여기에 적용될 수 있는 진단 범주가 있을 것입니다. 즉, 노년의 적응 반응. 그러나 이 내담자의 세계-내-존재 양식은 무엇일까요?

의견: 그녀는 무기력하다고 주장하고, 누군가가 자신을 위하여 무언가를 해 주기를 원합니다.

호라 박사: 이러한 세계-내-존재 양식을 어떻게 분류할까요?

의견: 수동-의존증이지요.

호라 박사: 우리는 그녀의 세계-내-존재 양식을 브롱크스(Bronx) 또는 브루클린(Brooklin) 또는 다른 장소와 같은 특정 문화와 이웃들에게서 볼 수 있는 성격 장애로 이해하면 가장 좋을 겁니다. 정확하게 '브롱크스 성격(Bronx character)'은 무엇입니까? 그런데 그녀는 브롱크스에 살고 있습니까?

의견: 그렇습니다.

호라 박사: 물론 우리는 브롱크스 자체를 반대할 이유는 없습니다. 그러나 한 개인의 세계-내-존재 양식은 자신을 중심으로 하는 삶의 과정을 어떻게 인식하느냐에 의하여 형성됩니다. 예를 들면, 브롱크스에서 살아나는 법을 배우지요. 거기에는 특별한 적응 기술이 있어요. 어떤 사람은 세계의 다양한

곳에서 그 기술을 발달시킵니다. 어떻게 하여야 브롱크스에서 살아갈 수 있을까요? 브롱크스에서는 물론 다른 어느 장소에서도 우리는 사람들을 움직일 수 있는 힘을 필요로 합니다. 만일 우리가 내담자의 존재 양식을 이해하고 싶다면 면접 상담에서 일어나고 있는 것을 현상학적으로 인식하는 방법을 배워야 합니다. 첫 면접에서 무슨 일이 일어났습니까? 매우 의미 있고 계시적인 어떤 일이 일어났습니까?

의견: 그녀는 치료사의 마음을 움직여서 자신의 말을 잘 듣도록 하였습니다.

호라 박사: 그것은 그 이상입니다. 그녀는 치료사를 움직여서 그녀가 행복해지기를 부탁하였을 것입니다. 그것을 알아냈습니까? 그것은 특별한 기술을 필요로 합니다. 만일 당신이 브롱크스에서 살려면 그 기술을 획득하여야 합니다. 당신은 자신과 연계되는 사람들에게 감동을 주기 위하여, 그들로 하여금 당신을 위하여 그리고 당신의 행복을 위하여 무언가를 하려면 당신이 그렇게 할 수 있는 심리적 능력을 발달시켜야 합니다. 그렇지 않으면 당신은 쓸모없는 존재가 되어 누구도 당신에게 일어나는 일에 대하여 관심을 갖지 않을 것입니다.

원칙적으로 첫 회기부터 내담자를 치료하려고 한다면 그것은 좋은 생각이 아닙니다. 당신이 아직도 그 상황에 대하여 잘 알지도 못하면서, 어떻게 그 사람을 위하여 무엇을 할 수 있겠습니까? 때때로 매우 교묘한 내담자는 첫 회기부터 바로 치료사를 불안하게 만들 수도 있습니다. 그때 치료사는 치료를 시작하게 됩니다. 그것은 내담자가 치료사를 갖고 논다는 의미입니다. 이미 치료사는 내담자가 되었고 내담자는 운전석에 앉아 있습니다. 따라서 내담자가 끼칠 수 있는 이러한 영향력에 대하여 경계하라고 충고합니다. 내담자가 아무리 치료사를 조작하려고 하더라도 우리는 치료 행위를 황급히 서둘러서는 안 됩니다. 만일 이 내담자가 첫 회기부터 바로 열심을 낸다면 불쌍한 치료사는 내담자의 손에서 놀아날 수 있는 위험에 빠지게 됩니다. 그녀가 첫 회기 동안 계속 만지작거렸던 그 약은 어디에서 나왔다고 생각합니까? 그녀는 아마도 도움을 받기 위하여 의사, 약사, 병원, 회복 집단, 치료 집단, 복지관 등 여러 곳을 찾아 다녔을 것입니다. 물론 성공적인 누군가가 잘못된 길로 가면 갈수록, 그는 실존적으로 더 실패하게 될 것입니다. 당신도 알다시피 전통적 진단 범주는 여기에서 거의 도움이 되지 않습니다. 그런 것들은 우리들로 하여금 정말로 문제가 되는 것을 정확하게 보지 못하게 합니다.

질문: 그런 내담자는 자신이 사람들을 대하는 방식을 꿰뚫어 보는 치료사를 빨리 포기하지 않을까요?

호라 박사: 글쎄요. 우리는 살아가면서 위험을 감수해야 합니다.

질문: 그 내담자는 자신의 환경을 너무나 효율적으로 다루기 때문에 그런 내담자는 치유하지 않는 것이 더 낫지 않을까요?

호라 박사: 그러나 당신도 알다시피, 여기에서의 진짜 문제는 치료사의 '생존'의 문제입니다.

의견: 우리는 내담자와 치료사 두 사람 모두에게서 열심히 노력하는 태도를 가정하고 있습니다.

호라 박사: 이와 같은 사람이 치료를 받으러 올 때, 치료사가 그녀의 처리방식(modus operandi)을 꿰뚫어 본다면, 내담자는 매우 좌절되어서 치료사를 움직이는 데 점점 더 많은 노력을 기울일 것이고, 그녀 자신의 힘으로 치료사를 그녀의 명령에 따르게 하려고 할 것이라는 점을 예상해야 합니다. 만일 그녀가 치료사의 열심을 이끌어 내는 데 성공한다면 치료사는 좌절하고 우울해질 것입니다. 치료사가 무엇을 제안하든 또는 그녀를 위하여 무엇을 하든 그

것은 충분하지 않습니다. 다른 한편, 만일 치료사가 그들 돕는 데 열정이 없다면, 내담자는 우울해질 것입니다. 분명히 이 내담자는 사람들로부터 멀어져서 자신이 점점 더 소외되어 있다는 것을 발견하게 될 것이라는 점은 전혀 이상할 것이 없습니다. 이것이 그러한 종류의 세계–내–존재 양식이 갖게 되는 효용체감의 법칙입니다. 그 결과는 완전한 소외일 수 있습니다. 그리하여 더 이상 아무도 괴롭힐 사람이 없을 때, 그녀는 공황 상태에 빠지게 됩니다.

이런 식으로 삶에 적응하는 것은 행복한 적응이 아닙니다. 그 내담자는 이길 때도 지고, 이기지 못할 때도 집니다. 그러므로 문제는 '그러한 내담자를 위하여 무엇을 할 수 있을까?'라는 것입니다.

의견: 나는 그녀에게 적절하고도 규칙적인 약물을 제공해 줄 수 있는 의사의 치료를 받아야 한다고 생각해요.

호라 박사: 당신은 그녀가 심리치료를 거절하고 약물 치료를 받기 위하여 의사에게 의뢰되어야 한다고 제안하고 있는 겁니까?

의견: 그렇게 생각합니다.

호라 박사: 아니요, 더 좋은 방법이 있어요. 그 여성의 정신적 지평에는 브롱크스의 특정 사회 계층에서 살았던 삶의 제한된 환경이 있었습니다. 그녀는 실제로 더 넓은 환경의 실재가 있을 수 있다는 생각을 하지 못합니다. 한 개인의 정신적 지평을 확장시키기 위한 시도는 결코 늦은 시간이 없습니다. 물론 그렇게 하려면 확실한 기술과 그녀의 성향에 대한 이해가 필요합니다. 오랫동안 그녀는 치료사의 마음을 통제할 목적으로 치료사를 보아 왔기 때문에 치료사를 이용할 수 있지만, 치료사는 이 모든 것을 꿰뚫어 보아야 하며, 그것을 내담자가 원하는 것으로 분류해야 합니다. 내담자는 사람들을 통제하여 그들로 하여금 그녀를 위하여 열심히 노력하게 만듭니다. 그것이 그

녀가 원하는 것이고 그 외의 다른 것은 모릅니다. 그러나 치료사는 그 내담자의 필요를 알아야 합니다. 따라서 치료사가 무자비하게 거절하지 않으면서 이 조작적인 사람을 인내하고 공감해야 합니다. 그리고 상담하는 동안 그녀가 사용하게 될 여러 가지 계략을 인내하여야 합니다. 내담자에게 필요한 것은 대인 관계에서 조작적인 것이 아니라, 삶의 가치를 발견하도록 그녀의 정신적 지평을 확장시키고 의식을 향상시키는 것입니다. 그러나 우리가 이 과정을 자세하게 미리 알 수는 없지만, 만일 치료사가 인내하고 공감하며 내담자의 손에 볼모로 잡히지 않을 힘을 갖고 있다면, 그것은 서서히 드러나게 될 것입니다. 동시에 치료사가 조금씩 그 조작적인 사람이 아니라, 바로 그 내담자에게 그것을 보여 주려고 노력할 때 그곳에는 사랑과 같은 것들이 존재하게 될 것입니다. 그러면 그들은 하나님에게 의지하게 될 것이며, 하나님의 선에 의지할 것입니다.

기본적인 문제는 언제나 수평적인 관점에 있습니다. 우리는 하나님을 보지 아니하고 사람들만 볼 때에는 건강한 삶을 살 수 없습니다. '나는 주일에 교회에 간다. 나는 하나님에 대하여 모두 알고 있다.' 물론 그것은 말도 안 됩니다. 그러한 내담자에게 개념적으로 다가갈 수는 없습니다. 우리는 상담하는 동안 그녀의 시스템을 파괴시킬 수 있을 뿐입니다. 동시에 연민의 마음을 가지고 내담자가 새로운 관점에 개방하여 새로운 가치를 깨닫기를 기다려야 합니다.

질문: 그녀가 사람들과의 관계를 변화시키기에는 너무 늦지 않았나요?

호라 박사: 그녀가 10대의 나이라도 사람들과의 관계를 변화시키려는 것은 늦었다고 생각할 수 있어요. 그러나 우리는 그렇게 하려는 것이 아니라, 실재에 대한 그녀의 관점을 확장시키려는 것입니다. 우리는 단지 그녀가 지금까지 보아 왔던 것을 넘어서 더 많은 것을 보도록 도우려는 것뿐입니다.

질문: 내담자의 세계-내-존재 양식을 소위 파괴시키려면 어떻게 해야 합니까?

호라 박사: 지금까지 말해 왔듯이, 우리는 먼저 내담자가 '원하는 것'에 주목하여 그녀가 무엇을 '필요'로 하는가를 분명하게 이해해야 합니다. 그리고 그녀는 자신이 원하는 대로 되지 않으므로 많은 불쾌감을 어쩔 수 없이 느낄 것이기 때문에, 치료사는 매우 공감적이어야 합니다. 그러면 서서히 분명한 영적 가치의 중요성을 나타낼 기회가 생길 것입니다. 친절, 정직, 미적 가치, 단정함, 또는 사랑과 같은 영적 특성이 상담 기간 중에 나타날 때마다 그것을 지적해 주는 것이 좋습니다. 영적 특성들은 우리가 말했던 쓰레기 더미 속에서 발견한 진주와 같은 것들입니다. 곧, 하나의 전체 목걸이가 나타나는 것을 보십시오. 내담자는 영적 가치, 영적 특성들이 있다는 사실을 깨닫고 자신도 영적 존재이기 때문에 자신에게도 그러한 것들이 있음을 깨닫게 됩니다. 일단, 그녀는 자기 자신을 귀찮게 생각하는 끔찍하게 늙은 여자가 아니라는 사실을 깨닫게 되면 완전히 새로운 실재의 차원으로 깨어나게 될 것이며, 그녀의 자존감이 회복될 것입니다. 그리고 그녀가 나타낼 수 있는 영적 특성들이 있음을 깨닫게 되면서, 서서히 새로운 일들이 생기고 놀랄 만한 일들이 일어날 것입니다. 그렇게 우리는 이러한 영적 특성들을 기대하고 수년 동안 완전히 간과되어 왔던 실재의 새로운 관점과 국면을 깨달을 수 있는 기회를 기대하는 것입니다.

내담자는 이러한 것들을 깨닫는 만큼 성장할 수 있습니다. 이러한 방식으로 그녀의 성격 장애는 사라질 것이고, 그녀의 삶의 양식은 조화를 이루게 될 것입니다. 성격과 세계-내-존재 양식은 상호 연관이 있으며, 그 둘은 모두 어떤 상황 속의 삶에 대한 기본적인 인식에 기초하고 있습니다.

Existential Metapsychiatry

정체성과 개성

(Identity and Individuality)

호라 박사: 본질적으로 모든 문제는 자아의 문제입니다. 자아의 문제란 무슨 뜻이고, 자아란 무엇입니까?

의견: 자기에 대한 이미지입니다.

의견: 가공물인가요?

호라 박사: 이미지는 그림의 형태로 있는 하나의 생각, 하나의 개념입니다. 우리 모두는 자신의 인간 존재에 대한 개념을 갖고 있습니다. 어떤 사람은 다른 사람들보다 더 나은 것 같고, 더 중요한 사람 또는 더 재능 있는 사람, 또는 더 지식이 많은 사람인 것 같습니다. 또는 흔히 말하는 대로, 어떤 사람은 다른 사람들보다 더 출중하기도 합니다. 우리는 성공하기 위하여 매우 열심히 노력하여 다른 사람들보다 더 나은 사람이 되려고 하는데, 거기에 잘난 척하는 자아가 들어설 위험이 있습니다.

앞의 세미나에 참석했던 사람들은 '자기-확증 개념화'에 대하여 익숙할 것입니다. 그 말은 무슨 의미인가요? 본질적으로 그것은 우리가 얼마나 선한 사람인가, 얼마나 영리한 사람인가, 얼마나 매력 있는 사람인가, 얼마나 중요한 사람인가, 얼마나 성공적인 사람인가, 또는 얼마나 나쁜 사람인가, 얼마나 죄 많은 사람인가, 얼마나 가치 없는 사람인가에 대하여 생각한다는 것을 의미합니다. 언제나 우리 자신을 다른 사람들과 비교하여 생각하고, 다른 누구보다도 더 낫거나 나쁘게 되려고 노력합니다. 그런 경우에 매우 민주적인 사람들은 다른 모든 사람들이 동등하기를 원하고, 그것을 위하여 활동합니다. 그러나 우리가 더 낫기를 원하든, 또는 더 나쁘기를 원하든, 동등하기를 원하든 여전히 자기에 대한 생각에 몰두해 있는 것입니다. 우리는 여전히 다른 사람들과 비교하여 어떻게든지 지지 않으려고 하는 자기-확증 개념화의 함정에 빠져 있는 것입니다.

'정체성(identity)'이란 무슨 의미입니까? 이 단어의 어근은 그것-실체(id-entity) 입니다. id는 '그것(it)'을 의미하는데, '그것(it)'이 무엇입니까? '그것-실체?(it-entity?)' 그것은 무엇을 의미합니까? 그것은 하나의 대상을 의미합니다. 우리가 우리 자신의 정체성에 몰두해 있을 때, 그것은 우리 자신을 구체화하려고 하는 것입니다. 무엇인가를 구체화한다는 말은 무슨 뜻인가요? 라틴어로 res, rei는 '사물'을 의미합니다. 우리 자신을 구체화한다는 것은 우리 자신을 하나의 '사물(thing)', 하나의 대상으로 만드는 것입니다. 정체성에 몰두해 있다는 것은 우리 자신을 하나의 사물 자체로, 독립적으로 존재하는 대상으로, 하나의 '그것(it)'으로 취급한다는 말입니다. 마틴 부버(Martin Buber)의 저서에 익숙한 사람들은 알 것입니다. 우리가 만나는 사람들을 하나의 '인격(thou)'으로 보기보다는 하나의 '그것(it)'으로 취급한다면 그것은 큰 죄의 문제라고 하는 사실입니다.

그러나 오늘 우리는 우리 자신을 하나의 '그것(it)'으로 취급하는 것에 대하여 말하고 있습니다. 우리가 마치 하나의 점토, 하나의 조각, 하나의 테이프 레코더인 것처럼 우리 자신을 작동시키려고 합니다. 우리 자신을 향상시키는 자기-개발 프로그램의 대상으로 취급합니다. 요즈음 사람들이 자기-계발 프로그램에 대하여 말하는 것을 듣는데, 그것은 경제적인 용어로만 말하려는 것이 아니라, 외적으로나 내적으로나, 일괄적으로 우리 자신에 대하여 말하는 용어입니다. 그것은 우리의 정체성, 곧 그것의 실체(it-entity)를 향상시키는 것입니다. 인간은 영원히 자신을 향상시키려 합니다. 만일 그가 자기 자신을 하나의 그것(it)으로 생각한다면, 자기 자신을 관심의 대상으로 만들어서 더 나은 생산물을 생산하려 할 것입니다. 그것을 때로는 교육 또는 심리치료라 하죠. 우리 자신을 하나의 심리치료의 대상으로 취급하려고 노력할 때, 다른 사람들을 심리치료의 대상으로 만들려는 잘못을 저지르게 됩니다. 그러면 우리는 이미 완전하게 만들어진 인간을 성장시키기 위하여 노력한다는 명목으로 신성한 개념을 잘못된 염려의 대상으로 변질시키게 됩니다.

정체성에 대한 생각과는 대조적으로 '개성(individuality)'에 대하여 생각해 봅시다. 만일 우리가 개성이라는 낱말을 분석한다면 우리는 무엇을 발견할 수 있습니까?

의견: 그것은 나누어질 수 없습니다.

호라 박사: 맞습니다. 우리는 나누어지지 않는다는 것을 알게 될 것입니다. 그러면 그것은 흥미롭지 않습니까? 만일 우리가 정체성과 개성, 이 두 단어를 나란히 병치시킨다면, 흥미로운 통찰을 하게 됩니다. 정체성은 하나의 대상으로서 분리된 인간을 의미하고, 개성은 비분리성을 의미하며, 소외와 대립되고 분리와 대립됩니다. 만일 인간이 한 개인이라면, 그것은 인간이 소외되어 있지 않고, 나누어지지 않으며, 분리되지 않음을 의미합니다. 어디로부터? 어머니의 자궁으로부터? 탯줄로부터? 가족으로부터?

의견: 그것은 당신 자신과 하나(oneness)가 됩니다.

호라 박사: 당신 자신과 하나가 된다는 것은 무슨 의미입니까?

의견: 만일 우리 모두가 우주의 부분이라면, 우리는 만물의 전체와 하나입니다.

호라 박사: 그러면 당신은 인간이 자기 자신과 하나라는 말을 하고 있는 것이 아닙니까?

의견: 아닙니다. 중복되는 것 같습니다.

의견: 당신은 다른 사람과는 다르지만 다른 사람들과 분리되어 있지는 않습니다. 당신은 다른 모든 사람들과 하나를 이루고 있습니다.

호라 박사: 글쎄요. 당신이 집으로 돌아가면 여기에 있는 모든 사람과 나누어집니다. 그러면 나누어지지 않는다는 말은 무슨 뜻입니까?

의견: 비분리성(undividedness)에는 자기가 없습니다.

호라 박사: 그러면 우리는 그냥 배경 속으로 삼켜져 버린 건가요?

의견: 지금 적절한 낱말을 생각하고 있습니다. 고유성 또는 핵심, 그리고 대체 불가능한 특성. 우리가 이 문제로까지 파고 들어가면 나는 우리가 개성의 본질 가까이까지 근접할 수 있을 것이라고 생각해요.

호라 박사: 당신은 지금 개인의 고유성(uniqueness)에 대하여 말하고 있습니다. 그것은 매우 참되며 매우 중요합니다. 그리고 우리가 분리되지 않았을 때조차도 자기가 존재할 수 있도록 합니다. 그것은 흥미롭지 않은가요? 우리는 분리되지 않았지만, 그러나 고유합니다. 모든 눈송이는 고유하고, 단풍나

무의 수백만 잎들도 모두가 각각 고유합니다. 자연 속에서 우리는 많은 비유를 발견합니다. 거기에 비분리성과 연결된 고유성이 존재한다는 것은 놀라운 사실입니다.

의견: 모든 단풍나무 잎은 그 자체로 하나의 실체입니다.

호라 박사: 아닙니다. 단풍나무 잎은 나무와 연결되어 있을 경우에만 하나의 잎일 뿐입니다. 당신이 나무에서 잎을 떼어 내는 순간, 그것은 더 이상 잎이 아니고 쓰레기입니다. 그러나 잎이 나무와 분리되지 않고 연결되어 있는 한, 그것은 고유성과 개성을 갖습니다. 잎들은 서로 관계를 형성하는 것이 아니라, 단풍나무 또는 상수리나무라 불리는 생명에 함께 참여하고 있는 것입니다. 그들은 분리되어 있지 않지만, 고유한 자기로서 그들의 삶을 살고 있다는 사실 때문에, 그들은 개성을 갖습니다. 그들은 무정형의 큰 덩어리, 곧 '미분화된 심미적 연속체' 속으로 사라지지 않습니다.

그러면 이 모든 것은 우리와 무슨 상관이 있습니까? 결국 우리는 나무도 아니고 눈송이도 아닙니다. 여러분 중 한 사람이 이미 우리는 모두 고유하며, 고유한 특성, 성격을 갖고 있지만 여전히 분리되지 않은 개인이 된다는 것이 무엇을 의미하는가에 대하여 명확하게 이해하지 못했다고 말했습니다.

의견: 당신의 비유를 조금 더 설명해 주십시오. 당신은 각각의 단풍잎이 분리된 정체성을 갖고 있는 것이 아니라, 고유한 개성을 갖고 있다고 말했습니다. 그리고 개성은 실재와 연결되어 있는 것과 상관이 있다고 말했습니다. 그래서 나는 인간이 그것의 일부분이거나, 또는 실재와 하나라는 것에 대한 의식이 있어야한다고 말하고 싶습니다.

호라 박사: 실재란 무엇입니까?

의견: 그것은 하나님이라 말할 수 있습니다.

의견: 하나님이라 말하는 대신에, 당신은 생명(life)이라고 말할 수 있습니다.

호라 박사: 그럼요. 확실히 그렇습니다. 그러나 단풍잎은 나무와 분리되어 있지 않는 한 살아 있습니다. 그렇게 살아 있기 위하여 우리는 우리의 개성, 즉 비분리성을 보존해야 합니다. 단풍잎에게 있어서, 생명의 원천은 나무입니다. 나무는 단풍잎에게 생명을 줍니다. 그 잎이 나무로부터 분리될 때 그것은 죽습니다. 그것은 과거에는 존재를 의미했으나, 이제는 그 존재가 끝났습니다. 잎이 생명을 제공하는 원천과 연결되어 있다는 것은 매우 중요합니다. 그러나 인간은 어떠합니까? 인간은 말합니다. 내게는 나의 정체성이 있고, 내가 나의 주인이고, 나는 온전히 자율적이며, 자기-신뢰적이고, 자기-독립적 존재라고, 나는 친구들과 심리적으로만 연결되어 있고, 적들과는 분리되어 있고, 나의 삶은 인간관계에서 비롯된다고 말합니다.

예수께서는 매우 흥미로운 말을 했습니다. "내가 온 것은 사람이 그 아버지와, 딸이 어머니와, 며느리가 시어머니와 불화하게 하려 함이니"(마태복음 10:35) 그는 무슨 말을 하려고 했을까요? 그는 불화를 조장하는 사람이었나요? 가족을 파괴하려고 왔나요? 가족과의 유대를 깨는 것에 무슨 유익이 있을까요? 전통적 심리치료에서는 가족 관계에 관하여 많은 말을 합니다. 아버지와의 관계, 어머니와의 관계, 형제자매와의 경쟁 관계에 대하여. 가족 관계를 회복시키기 위하여 많은 말을 하고 많은 에너지를 씁니다. 그것은 만일에 한 사람이 가족들과 좋은 관계를 맺는다면 그 사람은 다른 사람들과도 좋은 관계를 맺을 것이고, 아마도 건강한 삶을 살게 될 것이라고 말합니다. 그런데 예수께서 와서 사실상 그 모든 관계를 다 부수어 버리라고 말씀합니다. 그는 무슨 말을 하려고 한 것일까요?

의견: 당신은 가족에게 집착하는 한 온전하고 고유한 개인이 될 수 없습니다. 당신

은 가족과 떨어져서 다른 사람들과 공존해야 하며, 그렇게 할 때까지 당신의 완전한 개성을 발달시킬 수 없습니다.

호라 박사: 앞에서 우리는 수평적 사고와 완전한 차원의 사고에 대하여 말했습니다. 가족 관계는 수평적 사고를 조건으로 하며, 우리에게 수평적 세계관을 제공합니다. 우리는 엄마, 아버지, 언니 그리고 오빠에 대하여 어떻게 느끼는지, 그들이 말하는 것, 그들이 생각하는 것 그리고 우리가 무엇을 말해야 하는지 그리고 무슨 일이 일어나고 있는지 등에 대하여 강조를 많이 합니다. 우리는 가족 유대를 우리의 대인 관계로 확장시키고 그것에 따라 활동합니다. 그리고 사람들과 전체적인 관계망을 갖고 있습니다. 이 관계망은 점점 더 복잡해지고 점점 더 수평적으로 뒤얽히게 되어, 삶은 큰 혼란에 빠지게 됩니다.

그러나 예수께서는 인간의 의식을 향상시키기 위하여 그리고 우리의 정신적 수평을 보다 완전한 실재의 차원으로 인식하는 데까지 개방시키기 위하여 일하셨습니다. 그러한 일들이 발생하게 하려면, 우리의 눈을 높이 들어야 합니다. 성서에서는 "내가 산을 향하여 눈을 들리라. 나의 도움이 어디서 올까? 나의 도움은 천지를 지으신 여호와에게서로다."(시편 121:1, 2)라고 했습니다. 우리는 신성한 실재의 맥락 안에서 인간을 보아야 하고, 인간이 생명의 참된 원천으로부터 분리되어 있지 않다고 보아야 합니다. 생명의 참된 원천은 하나님, 또는 사랑-지성, 창조적 마음, 또는 영입니다. 만일 우리가 한쪽 눈으로만 본다면, 두 눈으로 보는 것만큼 완전하지 않을 것입니다. 만일 우리의 정신적 지평이 수평적이기만 하다면, 우리는 완전한 차원으로 볼 때만큼 잘 보지 못할 것입니다. 우리는 지성적으로 살기 위하여, 그리고 올바른 판단을 하기 위하여, 그리고 건강하기 위하여, 우리 자신과 다른 사람들과 주변에 있는 모든 사물을 적절한 상황에서 볼 수 있는 능력을 필요로 합니다. 이제 우리는 다음과 같은 말을 할 수도 있습니다. '우리에게 적절한 것을 말하는 당신은 누구입니까? 적절한 상황은 무엇입니까? 우리는 그것이 적절하다는 것

을 어떻게 알 수 있습니까?'

의견: 실존적으로 타당한 것은 무엇이나 적절한 상황입니다.

호라 박사: 맞습니다. 실존적으로 타당한 것은 그 자체로, 우리 자신과 다른 사람들을 보는 적절한 상황임을 입증합니다. 적절한 상황이란 신성한 실재인 사랑–지성–모든 삶의 원천, 사랑, 지성, 생명력, 활기, 조화, 건강, 자유, 지혜 그리고 기쁨입니다.

의견: 단풍잎 비유는 유익한 현존이 무엇인가에 대한 좋은 실례로 나에게 충격적인 감동을 줍니다. 왜냐하면 잎은 나무에게 햇빛을 전달해 줌으로써 다시 생명을 줍니다. 그리고 그 속에서 만물은 자신을 다른 모든 만물에게 나누어 줍니다. 그렇게 모든 만물은 조화를 이룹니다.

호라 박사: 맞습니다. 아주 잘 정리했습니다. 일단 우리가 삶에 대하여 초월적 관점을 갖게 되면 심리치료에는 어떤 일이 일어날 것 같습니까? 우리의 상담 현장에서는 어떤 일이 일어날까요?

의견: 그것은 비본질적인 것이 되겠죠.

호라 박사: 대부분의 전통적 심리치료는 대인 관계를 향상시키고, 자아를 강화하여 인간에게 불가능한 것, 즉 자율적인 정체성을 갖도록 돕는 데 초점을 맞추고 있지 않나요? 그것은 단풍잎에게 다음과 같이 말하는 것과 같습니다. '여기를 보아라. 너는 다른 단풍잎들과 좋지 않은 관계를 맺고 있어. 왜 너는 나무로부터 떨어져 나와서 너 자신의 자아를 확립시키지 않느냐? 그렇게 하면, 너는 너에게 말썽을 일으키는 다른 잎들을 다루는 방법을 알게 될 것이다.' 그러나 이것은 도움이 되지 않습니다. 심리치료가 해야 할 일은 의

식을 향상시키고, 정신적 지평을 넓혀서, 실존적으로 적절한 상황 속에 있는 사람을 바로 꿰뚫어 견성하게(behold) 하는 것입니다.

의견: 그것은 심리치료가 진리를 추구해야 한다는 말처럼 들립니다.

호라 박사: 바로 그 말입니다. 아주 잘 말했어요. 그러나 무슨 진리? 그리고 누구의 진리? 프로이트의 진리? 아들러의 진리? 설리반의 진리?

의견: 호라의 진리입니다.

호라 박사: 호라는 자신의 진리를 갖고 있지 않습니다. 인간을 자유롭게 하는 진리는 어떤 특별한 개인에게 속하지 않습니다. 그 진리는 그것에 진지한 관심을 갖고 있는 모든 사람에게 자유롭게 주어지는 진리입니다.

제33회기

임상적 시각

(The Clinical Eye)

사례 발표

11세 소년이 학교 성적이 떨어져서 어머니와 함께 나를 찾아왔다. 치료 면접에서 그 소년은 머리도 매우 좋고 마음도 따뜻한 모습을 보여 주었다. 그에게는 어린 여동생 둘이 있는데, 그들도 여러 가지 문제로 인하여 심리치료를 받고 있었다. 그 소년은 선인장 수집을 한다고 말했다. 선인장이 왜 좋으냐고 물었을 때 그는 "선인장에는 가시가 있어서 아무도 그것에 가까이 갈 수 없어요."라고 말했다. 그의 부모는 그 소년이 2세였을 때 성(sex)에 대한 모든 것을 설명해 주었다고 말했다. 부모는 좋은 의도였지만 지나치게 걱정하는 것 같았고 '진보적인' 어린이 양육에 관한 책의 영향을 받고 있는 것 같았다. 그 소년은 만화가가 되고 싶다고 말했다. 실제로 그는 종종 폭력을 담고 있는 그림 그리기에 재능이 있었다. 그의 그림들 중의 하나는 용이 불을 내뿜으면서 사람들을 죽이는 것이었다. 그 소년은 이것에 대하여 물었다. "나에게 잘못된 것이 있나요?" 나는 "모르겠는데"라고 말하였다.

사례 발표에 대한 설명

질문: 그의 여동생들과의 관계는 어떠합니까?

답변: 그들을 좋아한다고 말하지만 대부분 말다툼을 하는 것 같아요. 그 소년은 아무도 자신을 존중해 주지 않는다고 불평해요.

질문: 그가 그렇게 말한 뜻은 무엇일까요?

답변: 그는 학교에서 놀림을 받고 있다고 합니다. 학교에서 다른 아이들이 그를 비웃으면서 놀린다고 말합니다.

의견: 그 말은 그가 모델처럼 보였다는 것 같군요. 그리고 그렇게 살도록 사람들이 기대하고 있었던 것 같습니다.

의견: 그가 어른처럼 대우받았다는 인상이 드는데요.

질문: 너무 많은 책임을 져야 했기 때문에 그 발달 단계에서는 그것을 감당할 수 없다고 생각하시나요?

질문: 그가 언제나 공황 상태에 있다고 생각하시나요?

답변: 공황 상태에 있는 것 같지는 않지만 큰 부담을 안고 있는 것 같았어요. 그건 분명해요.

호라 박사: 어떻게 분명한가요?

답변: 그는 자기가 18세가 된 것처럼 느낀다고 몇 차례나 말했어요.

의견: 그 말은 그 소년은 사는 게 재미가 없다는 것 같군요.

호라 박사: 그 말은 무슨 의미일까요? 당신은 실제로 이 소년이 지금 이 방 한가운데에 있다고 상상할 수 있어요. 그리고 우리의 질문은 그 소년에 대한 그의 부모의 생각을 나타낸다고 볼 수 있구요. 이 질문들은 결국 무엇과 같을까요? 그 질문들은 결국 '무엇이 잘못되었나?'라는 단순하고도 어리석은 질문을 하는 것과 같습니다. 이것은 대부분의 사람이 생각하기 쉬운 첫 번째 어리석은 질문입니다. 여기 똑똑하고 착하며 사랑스러운 11세의 한 아이가 있습니다. 문제는 그가 살고 있는 주변 세계의 정신적 분위기에 관한 것입니다. 부모가 더 세련될수록 어린이 양육을 임상적 시각으로 보는 경향이 있습니다. 임상적 정신세계는 여섯 가지의 어리석은 질문으로 구성되어 있고 그것에 의하여 정의됩니다. 첫 번째 어리석은 질문은 '뭐가 문제인가?'입니다. 이 질문은 모든 아마추어 심리학자의 마음속에 들어 있습니다. ① 그 소년은 무엇이 문제인가? ② 그는 어떻게 느끼는가? ③ 그는 왜 그렇게 느끼는가? ④ 그것은 누구의 탓인가? ⑤ 우리는 무엇을 해야 하는가? ⑥ 그를 정상적인 소년이 되게 하려면 우리는 어떻게 해야 하는가? 어쨌든 정상적이라는 것은 무엇입니까?

의견: 우리와 같은 사람이죠.

호라 박사: 정상적이라는 것은 임상적 개념입니다. 사람들은 정상적인 것을 찾아내기 위하여 정신병리학에 관한 책을 공부합니다.

의견: 정신병리학 책에서 정상적인 것은 아프지 않은 것입니다. 의학 서적에서 정의하고 있는 것은 오직 질병뿐이죠.

호라 박사: 맞습니다. 질병은 물론 아주 흥미롭습니다. 사람들은 질병에 대하여 아주 관심이 많습니다. 우리들은 질병에 흥미를 갖습니다. 우리는 친구들을 만날 때 그들의 결점을 찾는 습관이 있습니다. 삶에 대하여 진단적으로 접근할 때 우리는 지나친 편견을 갖습니다. 그것은 일종의 죄입니다. 예수는 다음과 같이 말했습니다. "그러므로 하늘에 계신 너희 아버지의 온전하심과 같이 너희도 온전하라."(마태복음 5:48) "네 이웃을 네 자신과 같이 사랑하라."(마태복음 19:19; 22:39; 마가복음 12:31; 누가복음 10:27). 그것은 우리가 서로에게서, 가족들에게서, 공동체 속에서 완전함, 건강, 선, 온전함, 하나님의 속성을 찾아야 한다는 의미입니다. 우리는 그들에게서 선함과 참됨을 발견하여야 한다는 뜻이죠. 정신 병리학적 편견을 갖는 것은 실제로 죄를 짓는 삶의 방식의 하나입니다.

그러나 당신은 다음과 같이 질문할 것입니다. 우리는 심리치료사와 상담사가 되기 위하여 공부하고 있기 때문에 무엇이 잘못인가를 묻는 것은 잘못입니까? 삶에 대하여 그리스도와 같은 관점을 갖는 것은 심리치료사가 되는 데 어떤 도움을 줄 수 있습니까? 그것은 우리에게 필요한 것이 무엇인가를 알지 못하도록 방해하는 것은 아닐까요?

질문: 당신은 우리가 부정적인 것에 초점을 맞추기보다는 오히려 그것에 근거하여 긍정적인 면을 찾아야 한다고 말씀하시는 겁니까? 그리고 아마도 건강하지 못한 국면이 그렇게 아주 나쁜 것은 아닐 수도 있다는 말씀입니까?

의견: 그러면 쓰레기가 사라집니다.

호라 박사: 그렇게 되면, 쓰레기는 그 자체가 쓰레기로 드러나게 되지요. 우리는 쓰레기에 눈을 감아서는 안 됩니다. 그러면 사실상 우리의 인식은 향상될 것이고, 우리의 진단적 통찰은 더욱 예리해질 것입니다. 그러나 우리가 사람들에게 나쁜 영향을 끼치지는 않을 것입니다. 병은 의사에게 원인이 있다

는 말은 무슨 뜻인가요? Iatros, iatrein은 의사를 뜻합니다. 의원병(iarrogenic)은 의사 때문에 생기는 병이라는 의미입니다.

질문: 그것은 '의사여 네 자신을 치유하라?'는 말과 같은가요?

호라 박사: 그것과 관련이 있지요. 우리는 '치료사들이여, 삶에 대하여 당신이 갖고 있는 관점을 고쳐라. 그러면 당신은 내담자에게 질병의 원인이 있다고 생각하지는 않을 것이다. 당신에게 사랑스러운 11세의 아이가 왔을 때 그에게 뭐가 잘못되었는가를 찾으려고 하지 말라. 온갖 병리 증상들을 그의 탓으로 돌리지 말라. 당신의 생각은 잠재의식적으로 전달되기 때문에 내담자뿐 아니라 친구와 친척들, 아이들에게도 또한 어른들에게도 영향을 끼치게 된다.'라고 말할 수 있어요. 전문가이든 비전문가이든 그들이 진단하려는 정신자세보다 더 해롭고 나쁜 것은 없습니다. 그것은 두려움을 유발하고 내담자 자신이 아프다고 믿도록 최면을 걸 수 있습니다. "네 믿은 대로 될지어다." (마태복음 8:13).

앞에서 우리는 더 넓은 의미의 최면에 대하여 말했습니다. 최면은 은밀하고도 공공연하게 한 사람의 생각이 다른 사람의 생각에 끼치는 마음의 영향력입니다. 진단적인 정신자세는 다른 사람들에게 최면을 걸어서 그들이 아프다고 믿게 하는 경향이 있습니다. 그렇다면 그것은 정말로 죄가 됩니다. 만일 우리가 세계에서 유익한 현존이기를 원한다면—그것은 심리치료사가 되는 것보다 훨씬 더 중요하고 훨씬 더 가치 있는 일입니다.—그러므로 긍정적인 접근법이 아닌 타당한 접근법을 배워야 합니다. 긍정적 사고와 올바른 사고의 차이는 무엇인가요? 우리는 긍정적 사고가 아니라 올바른 사고를 하기를 추천합니다. 올바른 사고란 언제나 긍정적이지만 긍정적 사고는 언제나 올바르지는 않습니다. 올바른 사고(right thinking)는 실존적으로 타당하지만, 긍정적 사고(positive thinking)는 실존적으로 타당하지 않을 수도 있습니다.

어느 누구라도 그가 병들었다고 생각하는 것은, 비록 그것이 임상적으로 정당화될지라도, 매우 해롭습니다. 만일 우리가 어떻게 하든지 잘못된 점을 찾으려 한다면, 그래서 잘못된 것이 없는 것 같을 때에도 잘못된 것을 찾기 위하여 우리의 두뇌를 쓴다면, 이것은 정말로 어리석거나 악의적인 접근방법입니다. 정신건강의학과 의사와 심리학자들의 아이들이 다른 아이들보다 정신적 질병과 다른 병에 더 걸리기 쉽다는 것을 입증하는 매우 비극적인 통계가 있습니다. 덜 공부하고, 덜 배운 부모들이 더 많이 배운 부모보다 아이들을 더 건강하게 양육하는 것 같습니다. 그것은 역설이고 비극이지 않습니까? 어떤 통계에 따르면, 정신건강의학과 의사들의 가족 속에는 다른 사람들의 가족보다 정신 분열증적 아이들이 더 많다고 합니다. 그리고 일반 의사들의 가족 안에는 다른 가족보다도 신체적 질병이 더 많다고 합니다.

의견: 그들은 계속해서 질병을 생각하고 있군요.

호라 박사: 그렇습니다. 그러면 그것은 질병의 본질에 대하여 우리에게 무엇을 말하고 있습니까?

의견: 질병은 생각이 겉으로 나타나는 것이지요.

호라 박사: 그렇습니다. "대저 그 마음의 생각이 어떠하면 그 위인도 그러한 즉"(잠언 23:7) 우리가 만일 심리치료사 이상의 존재가 되기를 원한다면, 세계 속에서 유익한 현존이 되기를 원한다면, 세계-내-존재 양식을 건강하게 증진시키는 방법을 배우기를 원할 것입니다. 그러면 그것은 우리의 마음을 정신병리학에 관심을 갖는 것으로부터, 자유, 온전함, 사랑, 기쁨, 정직, 감사, 평화, 확신, 아름다움, 조화, 선에 관심을 갖는 것으로 바꾸어 놓을 것입니다. 달리 말하자면, 우리는 다른 어떤 것보다도 영적 가치에 더 많은 관심을 갖게 될 것입니다.

이제 이 소년에게 병리적 징후로 나타난 것이 무엇인지를 살펴봅시다. 가시를 가진 선인장에 관하여 한 그의 말, 그리고 불을 내뿜고 사람들을 파괴시키는 용을 그린 그의 그림을 보면서, 우리는 주변적인 것이 중요하다고 과장해서는 안 됩니다. 그것들은 그 자체로 아무런 의미가 없고, 단지 그 문화에 만연되어 있는 생각일 뿐입니다. 우리의 문화는 폭력적인 환상으로 가득 차 있으며 그 환상들은 거의 모든 사람의 생각 속에서 발견될 수 있습니다. 그 아이의 학교 성적은 아이에게 있을 수 있는 그러한 주변적인 문제보다는 학교의 학습 방법을 더 많이 반영하고 있을 것입니다. 정신 병리의 문제라고 성급하게 결론 내리지 말아야 합니다.

질문: 왜 치료사를 찾아왔는지 질문할 수 있습니까?

호라 박사: 좋은 질문이죠. 그것은 어느 정도는 어머니와 치료사의 안면 때문에 우연히 온 것일 수도 있습니다. 자기 아이가 정상이 아닐 것이라는 두려움을 부모가 갖고 있을 때, 그 아이는 아프게 될 것입니다. 아이가 학교에서 잘하고 있는지 부모가 불안해하고 있다면, 그 아이는 학교에서 안 좋은 행동을 할 것입니다. 부모가 원하는 것이 무엇이든, 어떻게 해서라도, 그것은 이런 식으로 일어날 것입니다. 예(yes)는 아니요(no)이고, 아니요(no)는 예(yes)가 됩니다. 질문은 이것입니다. 부모가 되는 건강한 방법은 무엇입니까?

의견: 최소한의 규제가 최선의 규제입니다.

호라 박사: 사랑은 불안과 동의어가 아니고, 그와는 정반대말입니다. "온전한 사랑이 두려움을 내쫓나니"(요한일서 4:18) 부모가 사랑하는 방법을 알고 있다면 아이에 대하여 불안해하지 않을 것입니다. 그들은 아이가 하나님의 자녀이기 때문에 완전하다는 확신을 갖고 있어요. 그는 영적 존재이므로 무한한 사랑–지성에 의하여 보호와 돌봄을 받고 있으며, 격려와 통제를 받고 있습니다. 부모가 필요로 하는 것은 치료사가 필요로 하는 것과 같습니다.

즉, 삶에 대하여 보다 더 타당한 관점, 보다 더 영적인 관점을 갖고 있어야 합니다. 그러나 부모가 더 많은 책을 읽으면 읽을수록, 그들은 더욱 불안해지고, 아이들에 대하여 점점 더 임상적으로 생각하게 됩니다. 어떤 부모는 정신병리학에 대한 책을 읽고, 어떤 부모는 영양에 관한 책을 읽을 것입니다. 그러면 어떤 일이 일어날까요? 그들은 아이들에게 건강한 음식을 주는 일에 대하여 불안해지고, 과학적으로 좋다는 건강한 영양식을 제공하게 됩니다. 그 결과는 대장염, 위염, 위궤양, 그리고 소화 체계의 합병증을 유발합니다. "내가 원하는 바 선은 행하지 아니하고 도리어 원하지 아니하는 바 악을 행하는도다."(로마서 7:19)

상황
(Context)

사례 발표

65세의 주부로서 파트타임 경리 일을 하고 있는 내담자는 딸이 요구하여 상담을 받으러 왔다. 그녀는 남편이 건강을 잃을까 봐 지나치게 불안해하고 있었다. 그녀의 삶은 그녀의 확대 가족—남편, 아들과 딸들, 형제와 자매들—에 대한 염려에 초점이 맞추어져 있다. 그녀는 깔끔한 옷차림에 밝은 모습이었다. 과거에 여러 번 정신건강 의학과 치료를 받았었다. 그녀는 죄책감에 사로잡혀 있으며 그녀의 가족 관계와 연관된 여러 가지 의무에 대한 갈등에 사로잡혀 있었다.

사례 발표에 대한 설명

호라 박사: 질문이 있습니까? 오늘 여기에는 이상한 침묵이 감돌고 있네요. 이 이상한 침묵은 뭘 의미하는 건가요? 이 이상한 침묵은 우리가 사례를 의미 있는 방식으로 발표하려면 어떻게 해야 하는가를 말해 주고 있네요. 이 사례 발

표의 특징은 무엇인가요? 그것은 우리에게 정말로 도움이 될 만한 것은 알 수가 없다는 것을 제외하고는 매우 성실하게 준비하고 자세하게 말하였습니다.

전통적인 사례 발표 방식에서 우리는 이 사람에게 뭔가 잘못된 것이 있다고 생각하면서 시작합니다. 우리는 그녀가 어떻게 느끼는가를 찾아볼 것입니다. 그다음에는 그녀가 왜 그렇게 느끼고 있는가를 찾으려고 합니다. 더 나아가서 누구의 잘못인가를 찾으려고 합니다. 이 자료들을 수집했을 때 우리가 해야 할 것에 대하여 생각할 것입니다. 우리가 어떻게 해야 하는가를 알기 위하여 모임에 그 사례를 가지고 옵니다. 결국 우리에게 있는 것은 보통 현재와 과거의 혼합물입니다. 거기에는 거의 응집력이 없습니다. 우리가 마주하고 있는 것에 대하여 지성적이고 응집력 있는 그림이 없습니다.

나는 사례 발표를 다른 접근방식으로 할 것을 권장합니다. 내담자가 우리를 찾아올 때 우리는 내담자에게 있을 것으로 보이는 것을 자세하게 알고 설명하려고 합니다. 우리가 본 것, 내담자의 외모, 내담자의 행동, 내담자가 입은 옷, 그리고 의자에는 어떻게 앉는지, 의사소통은 어떻게 하는지, 분위기는 어떤지, 무엇을 비판하는지 등 우리가 육안으로 그리고 우리의 현상학적 지각으로 관찰할 수 있는 모든 것에 매우 많은 관심을 기울입니다. 첫 회기는 면접이라는 상황 속에서 내담자에 대한 설명에 집중합니다. 여기에서 우리는 인상적인 그림을 그리게 됩니다. 현재 내담자가 살고 있는 상황을 설명함으로써 우리는 보이는 것의 의미를 알게 될 것입니다. 다시 한 번 더 말하자면 우선 우리는 치료 면접의 상황 속에 있는 내담자를 묘사합니다. 그리고 그의 현재 삶의 상황 속에 있는 내담자를 설명합니다. 이 두 자료들로부터 내담자의 세계-내-존재 양식을 이해하려고 노력합니다. 이것들을 이해하였을 때, 이미 모임에서 분명하게 발표하기 위하여 필요한 모든 것을 알게 됩니다. 모임에서 우리는 자신이 받은 인상이 옳았는지, 보이는 것에 대한 의미를 이해한 것이 타당한지, 그리고 가능한 치료 접근법이 어떤 것이 될 것인지를 곰곰이 생각할 것입니다. 여기에서 중요한 낱말은 상황(context)입니다. 인간은 결코 혼자 소외된 현상이 아닙니다. 어떤 상황 속에서 존재합니다. 그러면 이 발표에서 식별할 수 있는 특별한 상황은 무엇입니까? 이 내담자가 실존하고 있는 자기 자신을 바라보고 있는 상황은 무엇입니까?

의견: 불확실한 세계입니다.

의견: 그녀 자신만의 사회적 환경에서 사는 것입니다.

의견: 자기에 대한 분열된 개념입니다.

호라 박사: 이 내담자에게 실존하는 것 같은 상황은 가족의 유대입니다. 이는 앞에서 발표했던 내담자가(브롱크스 성격의 여인이) 사회 기관의 상황 속에서 살았던 것과는 반대입니다. 이 특별한 내담자는 가족 관계의 상황 속에서 살고 있는 것으로 보입니다. 우리는 사례 발표에서 이렇게 많은 것을 수집할 수 있었습니다.

대부분의 우리의 문제는 협소한 상황 속에 사는 것에서 유래합니다. 우리의 상황이 좁을수록 더 아프게 됩니다. 한 인간이 살 수 있는 가장 아프고 가장 좁은 상황은 무엇입니까? 그것은 나르시시즘입니다. 다른 모든 것을 제외하고 완전하게 자기에게 몰두하는 것은 은둔하고 있는 정신병자의 상황 속에 있는 것입니다. 다음으로 아픈 상황은 무엇인가요? 가족 관계의 상황입니다. 그것이 예수께서 가족의 유대를 끊으라고 강조했던 이유입니다. 가족 관계의 상황을 벗어날 수 있다는 것은 정신 건강에 매우 중요합니다. 앞에서 말한 '브롱크스 성격'의 여인은 어떤 면에서는 이 내담자보다 건강합니다. 사실 그녀는 전통적인 전문 용어로 '강한 자아(strong ego)'를 갖고 있었습니다. 자아가 너무 강해서 그녀는 전체 사회 체계를 통제하려고 노력하였고 아주 잘 관리하고 있었습니다. 그러나 그것도 질병입니다. 브롱크스 여인은 사회 기관의 상황 속에서 살고 있었습니다. 심리학은 우리에게 사회적 관계의 상황 속에서 살도록 가르칩니다. 그것은 없는 것보다는 낫지만 그렇게 좋은 것은 아닙니다. 물론 이념, 계급, 인종과 같은 다른 상황도 있습니다. 우리의 모든 문제가 해결되고 성공할 수 있는 건강한 상황은 단 한 가지뿐입니다. 그것은 모든 것을 초월하는 신성한 실재의 상황입니다. 그것은 무슨 의미입니까? 신성한 실재란 무엇입니까? 실제로 존재하는 것은 실재뿐입니다. 알다시피 사회적 상황, 가족적 상황, 기관의 상황, 이러한 것들은 모두 인간이 만든 것이고 한계가 있습니다. 그러나 실재는 한계가 없습니다. 한계가 있는 것은 모두 실재일 수 없습니다. 건강은 인간에게 실재와 만나기를 요구하지, 인위적이고 한계가 있는 실재를 대신하는 것과 만나기를 요구하지 않습니다.

인간은 영적 존재입니다. 따라서 사랑-지성, 무한한 마음, 하나님, 영혼, 창조적 지성의 상황인 무한의 상황 속에서 살 수 있을 때에만 성취하고 실현할 수 있습니다. 인간에게는 자유를 확장시키고 싶은 우주적 열망이 있지만, 일반적으로 자유가 무엇인지를 모릅니다. 한계를 맹목적으로 공격할 뿐입니다.

우리에게는 실제로 자유를 위한 전사가 있습니다. 그는 실제로 자유의 투사는 아니지만 한계에 대항하는 전사입니다. 우리가 한계에 저항하는 한 한계를 증가시킬 뿐입니다. 왜냐하면 우리가 연루되어 있는 것은 무엇이나 그것은 우리 자신이기 때문입니다. 우리는 자유의 투사이지만 자유를 실현하는 사람은 아닙니다. 한계에 저항하여 싸움으로써 자유를 얻을 수는 없습니다. 왜냐하면 자유는 한계를 모르고, 한계는 우리의 의식 안에 있기 때문입니다. 아무도 내담자가 가족 관계의 제한된 상황 속에서 살도록 강요하지 않을 것입니다. 그것은 그녀의 광신적 남성우월주의자인 남편의 잘못이 아니고, 다른 누구의 잘못도 아닙니다. 아무에게도 실존의 좁은 상황 속에 갇혀있는 사람에 대한 책임이 없습니다. 예수께서는 "내가 온 것은 양으로 생명을 얻게 하고 더 풍성히 얻게 하려는 것이라."(요한복음 10:10)라고 했습니다. 어떤 사람들은 예수가 돈, 자동차, 가구, 물건들 또는 삶에서 좋은 것들에 대하여 말하고 있다고 생각할 것입니다. 그가 말하고 있는 것은 그러한 것들이 아닙니다. 그는 무엇에 관하여 말하고 있습니까?

풍성한 선은 우리가 살고 있는 상황의 경계선에 따라 다릅니다. 만일 우리가 무한한 상황 속에서 살고 있다면 무한한 선이 삶에서 우리에게 주어질 것이고, 그것이 예수께서 가르쳤던 풍성한 삶입니다. 그는 또 말하였습니다. "내가 온 것은 사람이 그 아버지와, 딸이 어머니와, 며느리가 시어머니와 불화하게 하려 함이니"(마태복음 10:35)

우리는 이 내담자를 어떻게 도울 수 있을까요? 그것은 실제적입니까? 이것이 이 내담자가 자신을 발견할 수 있는 상황을 도울 수 있을까요?

의견: 그것은 그녀가 능력 있는 여인이라는 것 같군요. 그녀는 이미 62세이고 가족과 많은 관계를 맺고 있습니다.

호라 박사: 그녀는 정말 능력이 있는 여인일까요? 만일 그렇다면 그녀는 도움을 구하러 오지 않았을 것입니다. 그녀는 역기능적 여인인 것 같습니다. 다음과 같이 말할 수 있습니다. 당신은 62세인 여인에게서 무엇을 기대할 수 있습니까? 아마도 우리가 말하고 있는 고상한 생각들을 그녀가 따르기에는 너무 늦었을 것입니다. 그러나 예수께서는 '나는 30세 이하의 사람들에게만 말하러 왔다.'라고 말씀하시지 않았습니다. 조만간 우리가 실존적 감옥이라 일컬을 수 있는 상황이라고 하는 한계에서 풀려나기를 바라는 때가 올 것입니다. 나이는 그것과 아무 상관이 없습니다. 어떤 사람들은 임종의 자리에서 번쩍이는 불빛 속에서 자유를 얻을 것입니다. 인간에게 더 넓은 상황의 실재를 계시하는 것은 결코 늦는다는 것은 없습니다. 그것은 전혀 다른 세계를 만들어 줍니다. 그것은 종교적 회심의 문제만은 아닙니다. 우리는 종교적 회심에 관하여 말하고 있는 것이 아니고, 깨달음에 관하여, 실재에 관하여, 그리고 언제나 존재해 왔던 것에 관하여 말하고 있습니다. 사실 우리는 무한한 실재 안에 존재합니다. 단지 그것을 모르고 있을 뿐입니다. 그것은 우리가 감옥 안에, 그리고 한계 속에 있다는 것을 보여 줍니다. 우리는 상상의 한계 속에서 살고 있기 때문에 거기에서 풀려나기를 바라고 있습니다.

곧, 우리 모두는 인간을 자유롭게 하는 진리를 알아야 할 때가 올 것입니다. 이 진리는 무한, 사랑-지성의 상황을 우리에게 드러낼 것입니다. 그것은 언제나 있었고, 지금도 있으며, 앞으로도 있을 것입니다. 그것 이외에 사람들을 도울 수 있는 다른 방법은 없습니다. 왜냐하면 이것은 실재이기 때문입니다. 아무도 그것을 이렇게 만들지 않았습니다. 그것은 인간의 발명품이 아닙니다. 그것은 그저 존재할 뿐입니다.

제35회기

우울증의 역동
(Dynamics of Depression)

사례 발표

나는 최근에 한 내담자를 상담했다. 그녀의 세계-내-존재 양식을 결정하는 데 도움을 받고 싶다. 이 내담자는 지난 10년 동안 정신병원을 들락날락했다. 1964년 그녀는 외상 경험을 한 후 정신적 붕괴로 고통당하고 있었는데, 그때 그녀의 딸의 남자친구가 그녀의 집에 침입하여 딸에게 총을 쏘아 죽이고 그녀의 남편에게 여러 번 총을 쏘아서 그에게 중상을 입혔다.

그 비극적 사건을 겪은 후에 그녀는 그 사건을 기념하는 날, 두 개의 케이크를 묘지에 가져가는 습관을 갖게 되었다. 그녀는 집 2층에서 나와 지하방에 홀로 살면서, 남편, 손주들 그리고 일반적인 사람들과 관련된 어떤 것도 거절한다. 그녀는 심각한 우울증의 사례로 진단되었다.

사례 발표에 대한 설명

호라 박사: 우울증이란 무엇입니까?

의견: 그것은 분노가 자기 자신에게로 향해 있는 것이라고 생각해요.

호라 박사: 그럴 수 있습니다. 그러나 알다시피 분노는 증상이 아닙니다. 그것은 우울증의 역동이 아닙니다. 우울증의 역동은 일반적으로 무엇입니까? 감별 진단의 중요성 때문에 그것을 아는 것이 좋을 것입니다.

그 내담자의 세계-내-존재 양식에 대하여 발표자가 처음에 질문한 것으로 돌아가자면, 공식적 진단 범주와 세계-내-존재 양식에 대한 실존적 결단 사이의 차이를 아는 것이 좋을 것입니다. 공식적 진단 범주는 강제로 획일화된 제도와 같습니다. 그 범주는 내담자를 진단 범주에 맞추려고 노력하거나 어떤 꼬리표를 붙이려고 합니다. 우리가 세계-내-존재 양식을 성찰할 때, 내담자의 조건에 적절한 개념을 발견하기 위하여 노력할 것입니다. 우리는 내담자를 미리 짜 놓은 진단분류표에 맞추는 대신 그 문제를 가장 잘 설명해주고 치료 접근법의 초점을 바르게 하는 올바른 개념을 발견하려고 노력할 것입니다.

이 사례는 애도에 관하여 하이데거가 말하였던 것을 생각나게 합니다. 그는 "애도하는 것은 죽은 사람과 함께 있는 것이다."라고 말하였습니다. 그러나 예수께서는 애도에 대하여 무엇이라 말씀하셨습니까? "죽은 자들이 그들의 죽은 자들을 장사하게 하고 너는 나를 따르라."(마태복음 8:22) 이것은 이 상황에서 매우 적절한 말입니다. 그러나 그는 또 말씀하셨습니다. "애통하는 자는 복이 있나니 그들이 위로를 받을 것임이요."(마태복음 5:4) 이 여인은 이제 약 9년 전의 일로 고통받고 있습니다. 그녀는 죽은 자가 죽은 자를 장사하게 하지 못했고 위로받지 못하였습니다.

우울증의 역동으로 돌아와서 질문할 수 있습니다. 우울증에는 두 가지가 있습니다. 우선 어떤 사물, 어떤 장소, 어떤 사람 또는 어떤 생각에 대한 애착이 있어야 합니다. 그리고 우리가 애착하고 있는 것을 상실한 적이 있습니다. 심리학 용어로 애착이란 무엇입니까? 우리는 사람들, 장소, 사물 그리고 생각에 애착을 형성하는 경향이 있다고 알고 있습니다. 애착은 어떤 사물, 어떤 사람, 어떤 장소, 혹은 어떤 생각을 삶과 행복을 본질적인 것으로 과대평가하고 있는 것입니다. 한때 나는 『The New Yorker』에 나와 있는 만화를 보았었습니다. 그것은 중년 부부가 해변을 걷고 있는 것을 그렸습니다. 아내는 아이스크림을 핥아먹고 있었고, 남편은 매우 우울해 보였습니다. 그러자 아내는 "샘, 과일 아이스크림이 떨어져서 우리의 기념일을 망치는 일이 없도록 해요!"라고 말했습니다. 이처럼 때때로 애착은 매우 사소한 것일 수 있습니다. 그럼에도 불구하고 우울증은 언제나, 그것이 심각하든 아니든 오래되었든 아니든 거기엔 애착이 있었고, 환상이든 실제이든 상실감이 있었음을 나타냅니다. 따라서 문제는 그것이 아무리 크더라도 비극 그 자체 또는 상실 그 자체가 아닙니다. 진짜 문제는 언제나 애착입니다.

마약 중독이 금단 증상의 고통을 줄 때, 그것은 마약의 문제가 아니라 중독이 심리적 마약으로 발달시켰던 애착의 문제입니다. 우울증은 사실상 금단의 반응입니다.

질문: 어떻게 생각에 애착될 수 있나요?

호라 박사: 어떤 사람들은 이 세미나에 참석함으로써 우울해질 수 있습니다. 왜냐하면 그들이 들을 때 애착되었던 어떤 생각이 없어질 것이기 때문입니다. 그러니까 문제가 되는 것은 이 세미나가 아니라 그들에게 이미 있었던 마음의 애착입니다. 그것은 우리의 치료 접근법과도 관련이 있을까요? 우리는 우울증을 치료할 수 없음을 알 수 있습니다. 그 사람에게 '기운 내라. 우울해하지 말라.'라고 말함으로써 누군가를 격려할 수 없습니다. 그리고 이 불쌍한 여인에게 '여기를 보세요. 이 비극은 이미 오래전에 일어났던 일인데 그

일은 잊고 기운 내세요.'라고 말할 수 없습니다.

'나는 삶과 사람들에게, 이 나라의 사법 체계에, 경찰에게, 나의 남편에게 혐오를 느껴요. 나는 누구도 보고 싶지 않고, 누구에게도 말하고 싶지 않아요. 나는 단지 불행해지기만을 원해요. 나는 위로받을 수 없어요.'라고 말하는 사람을 돕는 것은 매우 어려운 일입니다. 그것은 일반적으로 치료의 수수께끼입니다. 결과적으로 치료사들은 종종 절망하는 내담자들을 돕는 것에 절망합니다. 때때로 우울증 내담자는 치료사로 하여금 그렇게 절망하게 하고는, 스스로 우울하게 될 수도 있습니다.

우울증 내담자가 원하는 한 가지가 있습니다. 그는 자신에게 소중했던 것을 잃었고, 그러한 상실로 인하여 다른 사람에게 괴로움을 주고 싶은 욕망을 갖고 있습니다. 예를 들어, 치료사가 자신의 치료 기법에 애착을 갖고 있다면 고통스러운 경험을 하게 될 것입니다. 왜냐하면 우울증 내담자는 치료사가 소중하게 여기는 생각을 빼앗고 싶어 하고, 그리고 그에게 이 치료 기법이 없다는 것을 증명해 주고 싶을 것이기 때문입니다. 종종 우리는 우울증 내담자들을 상담하는 것이 얼마나 어려운가에 대하여 말하는 동료들의 불평을 듣곤 합니다. 그러나 우울증 내담자들을 상담하는 대신 애착의 문제에 대하여 상담한다면 실제로는 어렵지 않습니다. 애착을 형성하는 경향성은 인간에게 보편적입니다. 그것은 그 자체로 신비이고 이러한 경향성을 치유받고 싶은 내담자를 돕는다는 것은 매우 흥미로운 치료 과제입니다. 애착을 형성하는 경향성이란 무슨 의미입니까?

의견: 그것은 아마도 실재와 접촉하고 싶은 욕망을 의미하지요.

호라 박사: 바로 그것입니다. 우리 모두는 실재에 굳게 발을 딛고 있다는 인상을 주는 의미 있는 어떤 것을 붙잡고 싶어 합니다. 그러나 이것은 모두 너무 순간적인 것입니다.

의견: 유명한 화가 살바도르 달리(Salvador Dali)에 대한 이야기가 있습니다. 그는 누군가가 담배를 권했을 때 "고맙지만, 나는 나의 콧수염을 더 좋아합니다."라고 말하였습니다.

호라 박사: 문제가 되는 것은 슬픔도 아니고, 원한도 아니고, 절망도 아니고, 죄책감도 아니고, 생리적인 과정의 쇠퇴도 아니고, 무관심도 아닙니다. 이 모든 것은 증상일 뿐입니다. 문제의 뿌리는 애착을 형성하려는 인간의 경향성입니다. 분명하게 예수는 우울증에 대한 치료법을 갖고 있었습니다. "애통해하는 자는 복을 받을지니 그들은 위로를 받을 것임이요."(마태복음 5:4) 애통해하는 것이 무엇이 그렇게 대단합니까?

의견: 애통해하는 것은 애착을 놓는 기회입니다.

호라 박사: 맞습니다. 그것은 애착을 형성하는 경향성으로부터 해방될 수 있는 기회입니다. 인간에게 이러한 경향성이 있는 한, 거기에는 불안이 있고 자유와 진실한 행복의 기회가 없습니다. 만일 우리가 무엇인가를 붙잡고 있어야 한다면 자유롭지 못합니다. 실제로 애통해한다는 것은 자유를 위한 기회입니다. 인간의 약점인 애착 형성으로부터 자유로우려면 어떻게 해야 합니까? 애통해할 때 거기에는 애착의 고통이 있음을 발견할 것입니다. 약물 중독에서 약물의 공급이 끊이지 않는 한 중독자는 약물이 자신에게 제공하는 쾌락만을 깨달을 뿐입니다. 그러나 약물 공급이 중단되면 그는 이 약물을 갈망하면서 비참해지는 것을 깨닫게 될 것입니다. 우리가 좋은 느낌을 갖는 한 치유받는 데 관심이 없고, 자유에도 관심이 없습니다.

예수는 "진리를 알지니 진리가 너희를 자유롭게 하리라."(마태복음 8:32)라고 하셨습니다. 이 진리는 우울증을 치유할 수 있고 약물 중독과 알코올 중독으로부터 자유롭게 할 수 있습니다. 그리고 담배 피우는 것에 흥미를 잃도록 돕고, 자유의 기쁨을 줄 수 있습니다. 여기에서 중요한 점은 애착만이 애착으로부터 자유롭게 할 수 있다는 것입니다. 이것은 놀랍지 않습니까? 인간은 실제로 애착 없이는 살 수 없습니다. 마음속 깊은 곳에서 그것을 알고 있습니다. 독립적인 인간은 없습니다. 문제는 우리가 잘못된 애착을 위하여 노력한다는 것이죠. 따라서 우리는 실존적으로 타당한 것에 애착을 가짐으로써만 치유될 수 있습니다. 심리치료는 창조적 지성에 달려 있습니다. 그것은 언제나 우리에게 의미 있는 방식으로 내담자에게 이르는 올바른 개념을 제공합니다. 그리고 이것은 즉시 생각날 수 있는 것이 아니죠. 그것은 단지 심리치료사가 아닌 유익한 현존이기를 원하는 진실한 욕망이 있을 때 생깁니다. 사랑을 가능하게 하는 것은 사랑 자체입니다. 따라서 우리는 실존적으로 타당하지 않은 것으로부터 실존적으로 타당한 것으로 내담자의 애착을 변화시키도록 도와야 합니다. 실존적으로 타당한 것이란 무엇입니까? 예수는 이렇게 말씀하셨습니다. "아들이 아버지께서 하시는 일을 보지 않고는 아무것도 스스로 할 수 없나니 아버지께서 행하시는 그것을 아들도 그와 같이 행하느니라." (요한복음 5:19) 달리 말하자면, 우리는 거울 앞에 서 있는 대상의 거울 이미지처럼 하나님에게 애착되어 있습니다. 우리는 하나님에게서 분리되어 있지 않고 애착되어 있습니다. 그러나 우리는 이 사실을 의식적으로 깨닫는 데까지 이르러야 합니다. 그때 우리는 완전한 자유를 얻을 것입니다. 이러한 절대적 애착 속에 진짜 자유가 있습니다. 그것은 역설적으로 보이지만 진리입니다. 모든 사람이 그것을 스스로 발견해야 합니다.

그러나 우울증을 치료하는 데 사용되는 온갖 종류의 약들이 있습니다. 약이 애착에 이러한 변화를 이루어 줄 수 있을까요? 약을 먹는 순간 내담자의 기분이 좋아지기 때문에 그것은 매우 어려울 것입니다. 그는 더 이상 우리가 말하는 것에 관심을 갖지 않습니다. 다른 한편 그는 너무 아파서 치료사가 하는 말을 들을 수조차 없습니다. 그러면 우리는 무엇을 합니까? 기도를 합니다. 우리가 기도하는 방법을 더 잘 알수록 더 효율적으로 이성적인 의사소통을 할 수 있을 만큼 충분히 내담자에게 깨달음을 줄 수 있을 것입니다.

흥미롭게도 우리는 어떤 사람과 함께 있을 때가 다른 사람과 함께 있을 때

보다 더 활기찹니다. 그것을 알고 있었습니까? 우리 안에는 분명히 약간의 생명, 약간의 활기로 내담자가 최소한 몇 마디의 말을 귀담아 들을 수 있게 할 만큼 내담자에게 감동을 주는 특성이 있습니다. 그 특성은 무엇으로 구성되어 있나요? 우리는 어떻게 그 특성을, 그 치료적 현존을 가질 수 있나요? 그것은 공감을 통하여 가질 수 있습니다. 치료사가—동정이 아닌 이해에 기초한 사랑으로—진실하게 공감한다면, 치료사의 자각 속에서 내담자를 수용할 수 있습니다.

신성한 결혼
(The Divine Marriage)

질문: 실존적으로 타당한 결혼에 대한 개념에 대하여 말씀해 주십시오.

호라 박사: 우리는 실존적으로 타당한 결혼에 대한 개념을 하나님의 선에 연합하여 참여하는 것으로 공식화하였습니다. 당신은 이것이 효율적인 개념이라고 생각하시나요?

의견: 그것은 오늘날의 사고방식에서는 가장 특이한 것 같군요.

호라 박사: 물론 통계적으로 말하자면 그러한 결혼에 대한 개념은 가장 특이합니다. 그러나 우리는 통계보다는 타당한 것과 효율적인 것에 더 많은 관심을 갖고 있습니다. 이 개념은 오늘날 결혼이라는 큰 고민을 해결해 줄 수 있다고 생각됩니다. 오늘날 결혼 제도는 심각한 위기 속에 있으며 매우 많은 공격을 받고 있음도 잘 알려져 있습니다. 우리의 심리학적 개념은 결혼의 붕괴에 많은 공헌을 하였습니다. 그것은 결혼 생활을 복잡하고 힘들게 하였습

니다. 우리가 심리학적으로 더 정교해질수록 결혼 생활을 유지하는 것은 더 불가능해집니다.

우리의 세계관이 타당하지 않은 질문(제33회기 사례발표에 대한 설명에 나온 질문들)에 의하여 결정된다면 배우자와 함께 사는 것은 어렵습니다. 우리는 계속해서 서로를 분석하고 서로의 결점을 찾을 것입니다. 그리고 계속해서 '왜?'라고 질문할 것입니다. 우리가 계속해서 다른 사람들에 대하여 우리가 원하는 무엇인가를 해 보려고, 그들을 우리의 욕구에 맞추려 한다면, 일은 복잡하게 될 것이고, 이혼율은 높아질 것입니다.

우리가 하나님의 선에 공동으로 참여하는 행위를 실현할 수 있다면 어떤 일이 일어나겠습니까? 당신은 그러한 원리에 기초한 결혼을 생각할 수 있습니까? 이 문제와 관련해서 예수께서는 말씀하셨습니다. "저 세상과 및 죽은 자 가운데서 부활함을 얻기에 합당히 여김을 받은 자들은 장가가고 시집가는 일이 없으며"(누가복음 20:35) 우리는 이 말씀을 다음과 같이 바꾸어 말할 수 있습니다. 깨달음을 얻은 사람들은 결혼하는 것도 아니고, 결혼하지 아니하는 것도 아닙니다. 그것은 무엇을 의미할 것 같습니까?

의견: 그들은 서로 인간으로서 밀접한 관계를 맺는 것이 아니라, 인간을 초월한 어떤 것에 함께 참여한다는 것을 의미합니다.

호라 박사: 맞습니다. 여러분 모두 분명해졌습니까, 아니면 다른 어떤 질문이라도 있습니까? 깨달음을 얻은 사람들이 결혼하면 그들은 사랑-지성을 드러냄으로써 함께 삽니다. 그들의 세계-내-존재 양식은 일차적으로 서로의 관계에 의하여 결정되는 것이 아니라, 하나님과의 관계에 의하여 결정됩니다. 다시 한 번 우리는 손으로 이 전체의 문제를 설명할 수 있습니다. 전통적 결혼은 양손의 깍지를 낀 것으로 설명될 수 있습니다. 결혼을 하지 않았거나 이혼은 서로에게서 돌아선 양손의 손바닥으로 설명될 수 있습니다. 깨달음을 얻은 결혼은 양손의 손바닥이 서로에게 가까이 다가가서 전통적으로 기도

하는 자세로 두 손을 잡은 형태로 설명될 수 있습니다. 조화로운 결혼에서 요구되는 것은 무엇입니까? 그것은 우리가 성취하기로 결심할 수 있는 것이 아닙니다. 여기에서 요구되는 것은 무언가를 아는 것입니다. 이러한 결혼이 이루어지려면 우리는 무엇을 알아야 합니까? 그러한 결혼은 하나님은 누구이며, 그리고 인간은 누구인가를 올바르게 이해함으로 성취됩니다. 이것이 하나님 나라의 본질입니다. 여기에서는 결혼하느냐, 결혼하지 않느냐의 문제가 아닙니다. 우리는 조화롭게 공존합니다. 우리는 우리의 개인적 의지를 서로에게 강요하지 않습니다. 우리는 애착이나 분리를 형성하지 않습니다. 그리고 누구를 조작하거나 또는 누구에게 영향력을 행사하지도 않습니다.

질문: 하나님의 선이란 무엇인가요?

호라 박사: 당신도 알다시피 하나님은 영이십니다. 그러므로 하나님으로부터 온 선만이 영적일 수 있습니다. 영적 선이란 무엇인가요? 사랑, 기쁨, 진리, 조화, 유익, 아름다움, 건강, 평화, 자유, 고결, 감사. 이러한 것들이 하나님의 선을 구성합니다. 바로 지금 우리는 사랑스러운 조화, 영감, 지성, 확신을 깨닫습니다. 이것들은 모두 만질 수도 없고, 볼 수도 없으며, 생명의 비물질적인 요소들이기 때문에 매우 환상적으로 보입니다. 그러나 이러한 것들이 없으면, 생명은 실제로 견딜 수 없을 것입니다. 하나님의 선 없이—신비하고도 순간적인 이러한 깨달음 없이—삶은 의미가 없을 것입니다. 그리고 삶은 지속적인 환난일 뿐입니다.

그리고 그것은 "세상에서는 너희가 환난을 당하나 담대하라. 내가 세상을 이기었노라."(요한복음 16:33)라는 예수의 말씀 속에 있는 '환난(tribulation)'이라는 낱말을 상기시킵니다. 그러나 예수께서 세상을 이기었다는 말은 무엇을 의미합니까? 그것은 우리도 역시 세상을 이길 수 있다는 것을 의미합니다. 우리에게 정말로 필요한 것은 그리스도처럼 될 수 있다는 것이 무엇을 의미하는가를 이해하는 것입니다. 그리스도처럼 된다는 것의 의미는 무엇이라고 생각합니까? 그것은 수염을 기르라는 것입니까? 아닙니다. 수염으로는 목적을 달성하지 못합니다. 영적 선을 이해하여 바르게 인식하는 것, 언제나 성실하게 사는 것, 하나님의 선을 의식적으로 깨닫는 것, 그리고 다른 무엇보다도 그것을 추구하는 것은 우리가 세상을 이기게 하고, 환난에서 우리를 구원할 것입니다. 알다시피 환난은 필연적이지만, 반드시 필요한 것은 아닙니다. 달리 말하자면, 만일에 우리가 신성한 실재를 알지 못한다면 환난은 불가피한 것입니다. 그리고 그것은 공통적인 경험입니다. 그것은 결혼 생활의 불화와 같습니다. 만일 우리가 결혼 생활을 하고 있다면 불화는 불가피하고 기정사실입니다. 사람들은 이것을 겪으면서 그것을 어떻게 다룰 것인지를 결혼 상담자들로부터 배웁니다. 그것이 우리가 말하는 소위 정상적인 것입니다. 결혼 생활의 불화는 환난에서 정해진 형태이며 불가피하다고 여겨집니다. 그러나 그것은 꼭 필요한 것은 아닙니다. 왜냐하면 만일 우리가 결혼을 신적 실재의 정황 속에서 이해하게 된다면 결혼에 불화가 있을 수가 없을 것입니다. 그리고 우리는 그것을 피하기 위하여 어떤 것도 할 필요가 없습니다. 단지 어떤 무엇인가를 알아야만 합니다. 그러면 바로 그것이 정상이라고 여겨지는 모든 것을 극복해 낼 것입니다.

질문: 만일 배우자 중 한 사람이 조화를 이루기를 좋아하지 않는다면 어떻게 할까요?

호라 박사: 그것은 재미있는 질문입니다. 행복을 흥분, 승리나 패배, 투쟁, 다른 사람에게 힘을 행사하는 것, 다른 사람에 의하여 제압당하는 것, 심지어는 다른 사람에게 상처를 주거나 자신이 상처를 입는 것 등에서 찾을 수 있다고 믿는 사람들이 있습니다. 이것은 너무 널리 알려져 있어서 통계학적으로 그것을 오히려 정상이라고 생각할 수 있습니다. 우리는 그것을 어떻게 이해할까요?

의견: 그 모든 것은 자기-확증입니다.

호라 박사: 맞습니다. 선한 삶은 자기를 확증하는 경험, 또는 자아의 사기를 올리거나 자아의 품위를 떨어뜨리는 경험에서 찾을 수 있다는 잘못된 믿음이 만연되어 있습니다. 만일 우리가 선한 삶을 구성하고 있는 것에 대하여 잘못된 신념을 갖고 있다면, 결혼은 그 목적을 위한 수단이 되고, 우리는 소위 결혼 관계를 이용하여 자랑하고 자아를 부풀리려는 경향성을 만족시키거나 또는 그와는 반대로 자아의 품위를 떨어뜨리고 학대받으려 할 것입니다. 분명히 결혼 관계에는 여러 가지 정신 병리가 있고 그것들은 모두 행복이 흥분과 자아-만족으로 구성되어 있다는 가정에 기초하고 있습니다. 이것은 물론 잘못된 생각입니다. 그렇게 많은 사람이 그렇게 살기로 선택한다는 사실 앞에서 그러한 말을 할 권리를 누가 줄까요? 이것을 선한 것에 대한 잘못된 가정이라고 말하는 우리는 누구인가요?

의견: 그것에서 오는 고통 때문에 그것이 타당하지 않다는 것을 스스로 입증합니다.

호라 박사: 맞습니다. 그것이 질병의 원인이고, 질병을 유발합니다. 질병을 유발하는 행복은 올바른 생각이 될 수 없을 것입니다. 결국 우리는 서로에게 또는 우리 자신에게 질병을 유발하기 위하여 이 세계에 창조된 것이 아닙니다. 어떤 것이 좋다고 느끼기 때문에 그것이 반드시 선하다는 의미는 아닙니다. 우리에게 일어날 수 있는 가장 사악한 것들 중의 하나는 칭찬입니다. 만일 우리가 칭찬을 받는다면 매우 기분이 좋을 것입니다. '나는 기분이 좋다. 그것이 무엇이 잘못되었는가?'라고 말할 수 있습니다. 칭찬을 즐기는 것은 위험합니다. 왜 위험할까요?

의견: 자아-만족 때문이죠.

의견: 점점 더 많은 칭찬을 원하기 때문에요.

호라 박사: 그것은 우리의 자만심을 향상시킵니다. 그러나 "교만은 패망의 선봉이요 거만한 마음은 넘어짐의 앞잡이니라."(잠언 16:18) 성서에 한 장면이 나옵니다. 한 남자가 예수에게 와서 극찬하는 말을 하였습니다. 그는 "선한 선생님(good master)……." 이라는 말로 시작하였습니다. 그러나 예수는 자신을 그렇게 부르지 말하고 하였습니다. 그는 칭찬을 받아들이려는 유혹으로부터 자신을 보호하였습니다. 그는 기분 좋은 것이 반드시 선한 것은 아니라는 것을 알고 있었습니다. 사실 그것은 매우 나쁜 것일 수 있습니다. 왜냐하면 그것은 자아-만족이고 실제로 모든 병리의 보편적 의미인 자기-확증 개념화입니다. 이것을 다시 말해 봅시다. 자기-확증 개념화는 그것이 정신적, 감정적, 육체적, 경제적, 결혼의, 정치적, 개인적 또는 집단적인 모든 병리의 보편적 의미입니다. 자기-확증 개념화란 무엇인가요?

의견: 그것은 자기 자신을 일차적이며 궁극적인 실재로 만들려고 하는 끊임없는 욕망일 수 있나요?

호라 박사: 맞습니다. 본질적으로 자기-확증 개념화라고 하는 것은 의식 속에서 계속되는 무언의 주장으로서, '나는 나다(I am).' 이 두 낱말로 이루어져 있습니다. 우리는 자신에게 계속해서 '나는 나다.' 라고 말합니다. 예를 들어, 우리가 어떻게 느끼는가, 사람들이 우리를 어떻게 생각하는가, 우리에게 무슨 일이 일어나고 있는가, 지금 무슨 말을 하고 있는가 등에 대하여 생각할 때, '나는 나다.'라고 말하는 우리 마음의 배경에는 한 가지 공통의 주제가 있습니다. 이 기본적 생각이 보편적으로 분쟁을 야기하는 것인데, 이는 어느 곳에서나 발견됩니다. 겉으로는 순수해 보이는 말이 그렇게 문제가 되는 이유는 무엇입니까? 그것은 앞에서 지적하였듯이, 우리는 우리 자신을 일차적 실재로 만들려고 노력하고 있다는 것입니다. 무엇이 잘못입니까? 그것이 거짓

이고, 타당하지 않다는 것 말고는 잘못된 것이 없습니다. 만일 그것이 타당하다면, 모두 옳을 것입니다. 그러나 그것은 거짓입니다. 우리가 그것을 어떻게 알 수 있나요? 그것을 알 수 있는 이유는 우리가 앞에서도 말했듯이, 그것이 질병의 원인이면서, 문제를 야기하고 있기 때문입니다. 우리는 '그러면 무엇이 타당한가?'라고 물을 수 있습니다. 만일 우리가 '나는 나다.'라고 말할 수 없다면, 그리고 그것을 생각하는 것조차 적절하지 않다면, 그러면 실존적으로 타당한 진술은 무엇입니까? 지금까지 계속하여, 그리고 지금도 전 세계에 큰 의미를 주고 있는 유일하고, 참되며, 실존적으로 타당한 말씀은 하나님께서 시내산에서 모세에게 주신 말씀입니다. 그때 모세는 하나님만이 유일한 '존재 그 자체'라는 사실을 깨달을 수 있었습니다. 하나님께서는 모세에게 말씀하셨습니다. '나만이 유일한 존재 그 자체이다(I am the only 'I am').' '이 전체 우주 속에, 나 이외에 다른 존재(I am)는 존재하지 않는다.' 이것은 삶에 대하여 우리에게 전혀 다른 관점을 제공해 줍니다. 인간은 '나는 존재한다.' '나는 존재 자체이다.'라고 말할 자격이 없습니다. 그러나 그는 끊임없이 그렇게 말하고 있습니다. 그리고 그 결과에 대하여 고통을 당하고 있습니다.

인간이 하나님이 '존재 그 자체'라는 사실을 이해하게 될 때, 그는 갑자기 하나님과 분리된 실존은 존재하지 않는다는 사실을 알 수 있게 됩니다. 그리고 그가 세상을 이길 수 있고, 환난을 피할 수 있는 큰 비밀을 알게 됩니다. 그는 더 광범위한 상황 속에서 실재를 보게 되는 것입니다. 가능한 한 가장 광범위한 상황은 하나님의 상황입니다.

뱀

(The Serpent)

질문: 호라 박사님, 인간이 신성한 마음을 갖고 있다는 말에 대하여 자세히 설명해 주십시오. 신성한 마음이란 무엇입니까?

호라 박사: 성서는 말합니다. "너희 안에 이 마음을 품으라. 곧 그리스도 예수의 마음이니"(빌립보서 2:5) 이 구절을 잘 알고 계십니까?

의견: 예.

호라 박사: 여기에서는 어떤 마음을 말하고 있나요? 예수 그리스도 안에는 어떤 마음이 있었나요?

의견: 잘 모르겠습니다.

호라 박사: "너희가 듣는 말은 내 말이 아니요, 나를 보내신 아버지의 말씀

이니라."(요한복음 14:24) "듣는 대로 심판하노니 나는 나의 뜻대로 하려 하지 않고 나를 보내신 이의 뜻대로 하려 하므로 내 심판은 의로우니라."(요한복음 5:30)

이 모든 말씀에 함축되어 있는 것은 하나님이 우주적 지성, 곧 마음이라는 것입니다. 하나님과 우주의 마음은 동의어입니다. 마음은 모든 지성적 생각의 원천입니다. 그리고 모든 창조적 능력, 모든 창조성은 이 우주적 마음의 특성입니다. 우리는 하나님의 피조물이기 때문에, 이 마음이 우리를 품고 있었습니다.

'수태(conception)'라는 낱말 또한 매우 흥미롭습니다. 그것은 인간적 차원에서 이중적인 의미를 갖고 있습니다. 한 여인이 품는다고 할 때 우리는 그 여인이 임신하였다고 이해합니다. 그러나 하나님이 품었을 경우, 그것은 창조적 생각이 태어났다고 말할 수 있습니다. 예술가가 창조적 작품을 품는다고 할 때—그가 비록 여성 예술가라 할지라도—우리는 그가 임신했다고 말하지 않습니다. 우리는 그가 그의 의식 속에 품고 있었던 창조적 사고에 의하여 영감을 받았다고 말합니다. 그가 품은 창조적 사고는 드러냄을 필요로 하는 자체만의 역동을 갖고 있습니다.

신성한 창조적 사고가 가지고 있는 능력이 무엇인가를 생각해 보는 것은 흥미로운 일입니다. 어떤 예술가들은 모든 것을 희생하는 것으로 알려져 있습니다. 예를 들어, 고갱(Gauguin)과 같은 예술가는 자신의 예술적 사고와 개념을 표현하고 싶은 마음이 너무 강해서 모든 것을 다 버리고 타히티(Tahiti)로 갔습니다. 모든 것을 다 포기했기 때문에, 그는 자신의 예술적 충동의 하나의 도구가 되었습니다. 그리고는 마침내 그는 삶을 비극으로 마쳤습니다. 참으로 창조적 사고는 드러내어 표현해야만 하는 강력한 역동을 가지고 있습니다.

그러므로 하나님은 모든 강력하고 창조적이며 지성적인 사고의 원천인 바로 그 마음입니다. 깨달음을 얻은 사람은 언제나 사려가 깊고 수용적입니다. 그리하여 사랑-지성의 무한한 근원으로부터 그의 의식 속으로 흘러 들어오는 영감이 넘치는 지혜를 깨닫습니다. 선 스승들은 말합니다. "깨달음을 얻은 사람은 위대한 지혜를 갖고 있지만 바보처럼 보인다." 그 말은 무엇을 의미합니까? 그는 생각하는 것처럼 보이지 않습니다. 단순하고, 허식이 없으며, 생각이 없는—우리가 계산적 사고라고 말하는—것과 같은 것들이 그의 특징입니다. 우리가 앞에서 배웠듯이, 철학자 하이데거는 두 가지 사고 양식에 대하여 말하였습니다. 하나는 계산적 사고(das vorstellende Denken)이고 다른 하나는 영감이 넘치는 사고(das andenkende Denken)입니다. 계산적 사고란 무엇입니까?

의견: 인과율적 사고입니다.

호라 박사: 인과율적 사고 그리고 책략이나 정치적 음모와 같이 무가치한 질문과 연관되어 있는 모든 것은 우리가 생각하고 있는 것을 다른 사람들이 어떻게 생각하는지에 대한 생각입니다. 이러한 사고는 교활하고 문제가 아주 많습니다. 그것은 다른 사람들에게 문제를 야기합니다. 그리고 만일 우리가 이러한 잘못을 하고도 그것을 즐긴다면, 그것은 우리 자신에게도 문제를 야기합니다. 우리와 같은 전문직에서, 계산적 사고는 특별히 해롭습니다. 그것은 사람들을 '심리적으로 이용하는 것'입니다. 그러므로 그것은 교활한 것입니다.

그러나 뱀은 성서에서 매우 커다란 역할을 합니다. 우리는 계속해서 뱀이 상징하는 것이 무엇인가를 보게 됩니다. 뱀은 악을 상징합니다. 처음에는 아담과 이브에게 나중에는 모세에게 그러합니다. 모세가 하나님을 만나서 대화할 때, 하나님이 그에게 가르쳤던 첫 번째 일은 뱀을 다루는 방법이었습니다. 하나님은 모세에게 말씀하셨습니다. "네 손에 있는 것이 무엇이냐?" 모세는 "지팡이입니다."라고 대답하였습니다. 하나님은 "그것을 땅에 던지라."라고 말씀하셨습니다(출애굽기 4:2, 3). 모세가 하나님께 복종하여 지팡이를 땅에 던졌습니다. 자, 보십시오. 지팡이가 뱀이 되었습니다. 모세는 놀라서 도망가고 싶었습니다. 그러나 하나님은 "기다려라. 돌아와서 그것을 집어라!"

라고 말씀하셨습니다. 모세는 매우 떨면서 뱀에게 손을 내밀었습니다. 그리고 보십시오, 그것은 지팡이가 되었습니다. 갑자기 모세는 안심했고 확신을 가졌습니다. 이제 그는 뱀을 다룰 수 있게 되었습니다. 어떤 사람들은 다음과 같이 말할 것입니다. "아마 모세는 이집트인이기 때문이었을 거야. 이집트에서는 온갖 종류의 마술을 하는 것이 관습이거든. 하나님은 파라오에게 감동을 줄 몇 가지 마술을 모세에게 가르쳤던 거야." 만일 당신이 역사적 관점에서 성서를 읽는다면 이것은 모세가 파라오에게 감동을 주기 위하여 어떻게 마술을 배웠는가를 설명한 것이라고 말할 것입니다. 그리고 흥미롭게도 이집트 마술사들은 손재주와 최면을 통하여 그러한 묘기를 부렸던 것으로 알려져 있습니다. 그러나 만일 우리가 이 사건을 처음부터 끝까지 성서 전체의 맥락에서 살펴본다면, 뱀을 다루는 기술을 배우는 것이 환상적인 중요성을 갖고 있다는 사실을 발견할 것입니다. 뱀은 계산적 사고와, 그리고 계산적 사고 중에서도 특별하게 자기-확증 국면의 모든 악을 나타냅니다.

얼마 전에 병리학의 의미와 이 세상에 존재하는 모든 인간의 문제들은 자기-확증과 계산적 사고를 지향하는 경향이 있다고 말했던 것을 기억할 것입니다. 그 당시, 모세는 그의 지도력을 준비하기 위하여, 무엇보다도 첫째로 배워야 하는 것은 그 자신과 다른 사람들에게 존재하는 계산적이고, 자기-확증 개념화를 효과적으로 다루는 것이었습니다. 그리고 실제로 이 교훈은 모세로 하여금 위대한 지도자와 교사, 그리고 백성들을 해방시키는 자가 되게 할 수 있었습니다.

우리는 이스라엘 백성이 사막을 지나고 있을 때 갑자기 뱀과 연관된 또 다른 사건이 있었음을 봅니다. 갑자기 소위 '불뱀'이라고 불리는 독사가 사람들을 무는 사건이 일어났습니다. 많은 사람이 죽었고 공황 속에 빠지게 되었습니다(민수기 21:6).[1] 그들은 모세에게 와서 치료받기를 구했습니다. 모세는

1) 민수기 21:6 여호와께서 불뱀들을 백성 중에 보내어 백성을 물게 하시므로 이스라엘 백성 중에 죽은 자가 많은지라

하나님을 향하였습니다. 즉, 그것은 신성한 마음(the divine mind)에서 오는 창조적 사고를 얻기 위하여 명상을 했다는 의미입니다. 우리의 용어로 말하자면 그의 명상은 두 가지 지성적 질문을 성찰하는 것으로 구성되어 있었을 것입니다. 그는 아마도 다음과 같은 질문으로 시작했을 것입니다. "보이는 것의 의미는 무엇입니까?" 보이는 것의 의미는 이스라엘 백성들이 사악한 계산적 사고의 국면에서 치명적인 악담을 하게 되었음을 깨달았을 것입니다. 불뱀의 의미를 이해한 후에 그는 두 번째 질문을 하고 실재의 문제를 다루었을 것입니다. 그리고 그는 답을 얻었을 것입니다. 만일 문제가 계산적 사고라면, 답은 거룩하게 영감을 받은 사고에 기초한 솔직함과 사랑이 될 것입니다. 그는 그때에 이스라엘 백성들에게 권장하기를 모두가 뱀의 형상을 높이 들어서, 문제가 무엇이었나를 기억하여 스스로를 그 문제로부터 지키라고 하였습니다. 그 결과 치유되었습니다.

이것은 환상적인 이야기입니다. 그러나 그 이야기만 놓고 보면 여전히 회의적일 수 있습니다. 그러나 성서를 좀 더 읽어 나가면 우리는 더 많은 뱀을 만나게 됩니다. 예를 들어, 시편 91:13에서는 "네가 사자와 독사를 밟으며 젊은 사자와 뱀을 발로 누르리로다. (만일 네가 지고한 자의 비밀의 장소에 산다면)"라고 말합니다. 그것은 무슨 의미입니까? 만일 당신이 영감이 넘치는 사고를 배운다면 계산적이고 해로우며 공격적인 사고를 이길 수 있는 지혜와 주권을 가질 것입니다. 당신은 자기 자신과 다른 사람들 안에 있는 공격적이고 해로운 사고의 영향을 받지 않을 힘을 갖게 될 것입니다.

그러나 성서에는 뱀에 대한 이야기가 더 많이 나옵니다. 만일 우리가 조금만 더 읽어 본다면 다음과 같이 예수께서 하신 말씀을 읽을 수 있습니다. "믿는 자들에게는 이런 표적이 따르리니 곧 저희가 내 이름으로 귀신을 쫓아내며 새 방언을 말하며 뱀을 집으며 무슨 독을 마실지라도 해를 받지 아니하며"(마가복음 16:17, 18) 그리고 또 말합니다. "내가 너희에게 뱀과 전갈을 밟으며 원수의 모든 능력을 제어할 권세를 주었으니 너희를 해할 자가 결단코 없으리라."(누가복음 10:19) 어떻게 그런 말을 할 수 있었을까요? 우리는 독실한 기독교인이라도 뱀에 물리면 죽는다는 것을 알고 있습니다. 그러나 예수께서는 말씀하셨습니다. "내가 너희에게 뱀과 전갈을 밟으며 원수의 모든 능력을 제어할 권세를 주었으니 너희를 해할 자가 결단코 없으리라." 이 말은 무슨 의미입니까? 그는 뱀과 전갈을 상징으로 사용하였음이 분명합니다. 그것들은 무엇을 상징합니까? 누가 원수입니까?

의견: 계산적 사고입니다.

호라 박사: 맞습니다. 우리의 유일한 적은 뱀과 전갈입니다. 뱀은 사악하고 해롭습니다. 전갈은 치명적인 독을 갖고 있습니다. 이것이 원수입니다. 나중에는 성서에서 뱀을 고자질하는 자, 원수, 비난하는 자, 음탕한 자, 붉은 용으로 부릅니다. 이런 것들은 모두 인간의 문제, 즉 계산적이고 자기를 확증하는 생각을 상징적으로 나타내는 것들입니다. 우리 모두는 하나님을 인간의 마음으로 이해해야 합니다. 하나님, 사랑-지성이 유일하게 생각의 정당한 기초입니다. 예수는 실존적으로 타당하게 생각하는 방법을 세상에 알려 주었습니다. 그렇기 때문에 우리는 우리 자신과 우리의 이웃들에게 상처를 주는 계산적이고 자기를 확증하는 생각으로부터 완전히 자유롭게 될 수 있습니다.

계산적 사고에서 매우 해로운 방식들 중의 하나는 임상적 시각입니다. 여기에서 임상적 시각에 대하여 말했던 회기가 있었습니다. 임상적 시각이란 무엇입니까? 그것은 우리가 사람들에게 무엇이 잘못되어 있는가를 찾아보려할 때 결점을 찾아낸다는 것입니다. 우리는 계산하려 하고 잘못된 것을 계산합니다. 우리는 뱀이 갖고 있는 자기-확증 개념화와 계산적 사고를 완전하게 통제할 때 잘 깨닫게 될 것입니다. 그리고 사랑과 지성적 사고가 무한한 마음으로부터 우리에게로 계속해서 흐르도록 마음을 열고 그러한 흐름을 받아들이게 될 것입니다. 계산적 사고는 하나님으로부터 우리를 분리시키는 장막입니다. 그것은 중세의 유명한 책 제목처럼 '알지 못하는 구름'입니다. 우리가 계산적 사고로부터 해방될 때 거기에 뱀이 없기 때문에 사랑하지 않을 수 없습니다. 하나님은 오직 거기에만 계십니다. 하나님은 사랑-지성이십니다.

알다시피 이것은 완전히 다른 세계-내-존재 양식입니다. 그것은 전혀 교활하지 않고 순수합니다. 예수께서는 또한 매우 흥미로운 것을 말씀하셨습니다. "보라. 내가 너희를 보냄이 양을 이리 가운데로 보냄과 같도다. 그러므로 너희는 뱀같이 지혜롭고 비둘기같이 순결하라."(마태복음 10:16) 또다시 우리는 뱀에 대한 이야기를 봅니다. 양이 비둘기처럼 순진하다면 어떻게 이리 가운데에서 살아남을 수 있겠습니까? 누가 이리입니까? 그것은 계산적 사고의 세상을 말합니다.

깨달음을 얻은 사람은 뱀의 세 가지 방식에 영향을 받지 않습니다. 뱀에게는 세 가지 기능 양식이 있습니다. 유혹과 자극 그리고 협박입니다. 악마의 발톱을 본 적이 있습니까? 그 발톱은 세 갈래로 되어 있어서 각 발톱의 끝에는 작은 갈고리가 있습니다. 흥미롭게도 어떤 예술가는 발톱의 세 갈래 끝에 낚시 바늘처럼 작은 갈고리가 있는 악마를 그리도록 영감을 받았습니다. 그러나 우리는 악마가 우리에게 접근하는 세 가지 방식, 즉 악마의 세 가지 기능 양식을 그 세 갈래가 보여 준다는 것을 말하고 있습니다. 일단 악마가 그의 갈고리로 우리를 잡는다면 우리는 거기에서 빠져나오기 어렵습니다. 따라서 계산적 사고와 영감이 넘치는 사고의 차이를 이해하는 것은 매우 중요합니다. 우주의 적은 잘못된 사고방식 이외에 다른 어떤 것이 아닙니다.

값비싼 진주

(The Pearl of Great Price)

사례 발표

내담자는 33세의 이혼녀이고, 그녀의 딸은 아버지와 함께 살고 있다. 현재 그녀는 실직 상태이고, 청바지와 가죽 재킷의 '히피' 복장을 하고 있어서 솔직하기보다는 성급하고 화려하게 보였으며, 분명히 어떤 강한 인상을 주려 하였다. 낙담하고 불안하다는 호소를 하면서 불면증에 대한 불평을 하였다. 그녀는 알코올과 각성제 과다복용 때문에 약물 치료 센터에서 1년 반을 보냈다. 그녀는 아직도 와인을 마시고 마리화나를 피운다. '편안한' 느낌을 삶에서 가장 중요한 것으로 생각한다. 성관계도 상대를 가리지 않고 자유롭게 한다. 자기 자신에 대한 확신이 없고 외롭다고 불평한다. 고상한 사람들을 매우 불편해한다. '거리의 사람들'과 자신을 동일시하고 매춘부들을 동경하여 그들이 다른 사람들보다 더 영리하다고 생각한다. 나이 들어 가는 것과 그녀가 좋아하는 사람들과 어울리지 못하는 것에 대하여 걱정하고 있다.

사례 발표에 대한 설명

호라 박사: 이 사례에서 공식적인 진단 범주는 무엇일까요?

의견: 중독적 성격입니다.

호라 박사: 이 사례 발표에서는 두 가지를 보여 줍니다. '편안한' 삶을 위하여 투쟁하고 있는 젊은 여인은 자존감이 낮다는 것을 알고 있습니다. 그것은 그녀가 알고 있는 전부입니다. 신체적 그리고 심리적 불편함 그리고 자존감의 결여. 그녀는 자신의 불편함을 약, 알코올, 다른 사람들과의 관계, 그리고 성(sex)을 통하여 없애는 방법을 발견하였습니다. 그리고 가죽 재킷과 청바지를 입음으로써 상징적으로 표현되는 어떤 가치에 동의하고 있습니다.

질문: 그녀의 주요 문제는 반항이 아닌가요?

호라 박사: 우리는 10대 청소년들이 그렇게 옷을 입는 것을 반항이라고 생각했었지만, 이 여인에게는 반항할 것이 없습니다. 아무도 그녀에게 여성다워야 한다고 강요하지 않습니다. 그녀에게는 자신이 원하는 대로 자신만의 삶의 양식을 선택할 자유가 있습니다. 가죽 재킷을 좋아하는 사람 모두가 반항하는 것은 아닙니다. 이 사례에서는 무엇을 다루어야 할까요?

질문: 반항이 무엇인지 정의를 내려 주시겠어요?

호라 박사: 반항은 권위자에 의하여 요구되는 어떤 기준에 반대하는 행동입니다.

의견: 나는 그녀에게 책임감이 없다는 느낌이 들어요.

호라 박사: 느낌인가요, 아니면 생각인가요?

의견: 생각이요.

호라 박사: 맞습니다. 정확하게 하는 것이 중요합니다. 우리는 생각하고 있는 것을 느낀다고 말해서는 안 됩니다. 나는 이러한 경향이 의미하는 것이 무엇인지 모르겠습니다.

의견: 우리는 느낌보다는 생각에 더 책임을 지지요.

호라 박사: 맞습니다. 그것은 실제로 '나는 생각한다.' 대신 '나는 느낀다.'라고 말할 때 책임을 회피하는 것이지요.

우리는 여기에서 요즈음 매우 일반적인 세계-내-존재 양식을 봅니다. 그것은 아주 천진난만하게 많은 사람을 괴롭힙니다. 그때 내담자도 천진난만하다는 것을 기억하는 것이 중요합니다. 우리는 이 내담자가 왜 이렇게 할까, 누구 탓인가 등에 대하여 추측할 수는 없습니다. 우리는 잘못이 입증될 때까지는 모두 결백합니다. 더구나 심리치료에서는 그것이 어느 누구의 잘못도 아닙니다. 어디에 잘못이 있습니까? 무지(ignorance)에 있습니다. 이 특별한 사례에서 우리는 현재 유행하고 있는 특별한 무지를 봅니다.

의견: 나는 30대 여성들이 그들의 젊음을 놓치고 싶지 않아서 10대의 옷차림을 계속하고 있다는 것을 알았어요. 그들은 자신의 나이를 인정하고 싶지 않는 것 같아요.

호라 박사: 이것은 일종의 인과율 이론일 것입니다. 우리는 '왜'라고 질문하지 않을 것입니다. 우리는 단지 그 의미를 이해하고 싶을 뿐입니다. 나이는 그것과 상관이 없습니다. 행복한 삶을 구성하는 것은 무엇인가에 대한 개념이 그것과 많이 관계가 됩니다. 사람들은 행복한 삶은 무엇인가에 대한 정보

를 어디에서 얻습니까?

의견: 잡지, 텔레비전, 영화-정신적 쓰레기의 바다.

호라 박사: 맞습니다. 이 젊은 여인은 좋은 것이 무엇인지를 발견하였습니다. 그리고 그녀는 그 '행복한 삶'을 추구하고 있습니다. '행복한 삶'에 대한 그녀의 생각은 가죽 재킷, 청바지, 알코올, 약물, 난잡한 성행위, 그리고 무책임 등입니다. 여기에서 우리가 알 수 있는 것은 단순하게 잘못된 교육이라는 것입니다. 우리는 수많은 방식으로 잘못된 교육을 받을 수 있습니다. 이는 마치 질문에 대하여 무수히 많은 잘못된 답을 하는 것과 같습니다. 상상해 보십시오. 잘못된 답을 할 수 있는 수없이 많은 가능성과 오직 하나의 옳은 답을. 마찬가지로 세상에는 수없이 많은 잘못된 세계-내-존재 양식이 있습니다. 그리고 또 오직 하나의 타당한 길이 있습니다. 세계에 존재하는 바른 길에 대하여 누가 말해 줄 수 있습니까? 누가 우리에게 행복한 삶을 구성하는 것이 무엇인가를 말해 줄 수 있습니까? 누가 우리에게 어떤 가치를 지지해야 하고, 어떻게 살아야 하는가를 말해 줄 수 있습니까? 누가 우리에게 그러한 교육을 제공해 줄 수 있습니까? 어디에서 그것을 찾을 수 있습니까? 프로이트가 우리에게 이러한 교육을 해 줄 수 있습니까? 융이 해 줄 수 있습니까? 아들러가 그것을 해 줄 수 있습니까? 어디에서 값비싼 진주를 발견할 수 있습니까?

치료사 자신이 올바른 교육을 받지 않았는데, 어떻게 잘못된 교육 때문에 고통받고 있는 내담자에게 도움을 줄 수 있습니까? 속담에서도 말합니다. '의사여, 너 자신을 치유하라.' 만일에 치료사가 실존적으로 타당한 세계-내-존재 양식을 구성하고 있는 것이 무엇인지 교육을 잘못 받았다면, 그는 필연적으로 자신의 부당한 생각을 어쩔 수 없이 내담자에게 전달할 것입니다. 이러한 생각들은 어느 정도는 내담자의 생각보다는 낫겠지만, 그러한 생각들은 그들 자신의 함정에 빠질 것입니다. 당신들 중 누가 값비싼 진주의 비유를 알고 있습니까?

의견: 예수께서는 하나님의 나라에 대한 질문을 받고 다음과 같이 말씀하셨습니다. "또 천국은 마치 좋은 진주를 구하는 장사와 같으니 극히 값진 진주 하나를 발견하매 가서 자기의 소유를 다 팔아 그 진주를 사느니라."(마태복음 13:45, 46)

호라 박사: 모두들 이 비유를 이해하고 있습니까? 그것은 실제로 매우 단순한 비유입니다. 우리가 실존적으로 타당한 것을 이해하게 될 때, 부당한 모든 것은 그것이 유행하는 것이든, 시대적인 것이든, 또는 많은 존경을 받는 권위자가 제공하는 것이든 관계없이, 그것들은 가치를 상실할 것이며, 우리는 그것에 흥미를 잃을 것입니다. 우리는 때때로 이 값비싼 진주가 진흙 속에 또는 오염된 바다에 묻혀있는 것을 발견할 수 있습니다. 그러나 그것이 아무리 버려졌어도 그것은 값비싼 진주입니다.

지금 우리는 여기에서 종종 종교적이거나 전도하는 것으로 들릴 수도 있는 방식으로 말을 하고 있습니다. 물론 어떤 사람들은 이 값비싼 진주가 수천 년 동안 왜곡되고 와전되었거나 하는 것을 알지 못했기 때문에 흥미를 갖고 있지 않았을 수도 있습니다. 그럼에도 불구하고 그것은 값비싼 진주이고 어떤 것도 그것을 바꾸지는 못할 것입니다. 우리는 그것을 집어서 깨끗하게 닦아야 하며, 그리고 잘 들여다보아야 합니다. 왜냐하면 그것이 우리를 치유하고, 우리를 구원할 것이며 그리고 완전한 선과 일치하는 바른 길을 보여 줄 것이기 때문입니다. 일단 이 진주가 의미하는 바를 알게 되면, 우리는 쉽게 주변에 있는 모든 최신 유행을 따라서 잘못 인도된 길로 따라가지는 않을 것입니다.

이 젊은 여인은 잘못 인도된 세계-내-존재 양식의 한 실례입니다. 알다시피 모든 병리는 타당하지 않은 가치 체계에 기초하여 잘못 인도된 세계-내-존재 양식이라는 실존적 용어로 요약될 수 있습니다. 그것은 계속해서 변화할 것이지만, 여전히 그것은 타당하지 않은 채로 남아 있습니다. Plus ca change, plus c'est la meme chose(변화하면 변화할수록 더욱 변화하지 않은 채 있다). 그러나 값비싼 진주는 결코 변하지 않으며, 결코 변하지 않을 것입니다. 2 더하기 2는 언제나 4이며, 그것은 언제나 4일 것입니다. 그 대답이 바뀌는 그런 때는 결코 오지 않을 것입니다.

치료사가 값비싼 진주를 발견했던 축복받은 사람들 중의 한 사람이라고 가정해 보십시오. 그는 이 내담자를 어떻게 돕기 시작할 것 같습니까? 그는 내담자가 현재 서 있는 그 자리에서 시작할 것입니다. 내담자가 지금 겪고 있는 고통과 불행이 무엇이든 그것은 선에 대해서 그녀가 갖고 있던 생각과 관련이 있음을 내담자로 하여금 알게 할 것입니다. 그녀의 문제와 선에 대한 그녀의 부당한 생각 사이의 관계를 분명하게 알게 되는 만큼, 그녀는 행복을 추구하는 다른 방식을 받아들일 가능성이 큽니다.

따라서 우선 우리는 내담자가 가능한 한 불행하게 있을 수 있도록, 또는 자신의 불행을 더욱 의식할 수 있도록 도와야 합니다. 고통받는 사람들이 그것을 깨닫지 않고서도 견딜 수 있다는 사실은 놀라운 일입니다. 내담자가 자신의 특별한 세계-내-존재 양식과 자신의 여러 가지 문제와의 연관성을 분명하게 인식하지 않는 한 그녀를 돕기는 어려울 것입니다. 따라서 치료사의 첫 번째 과제는 내담자로 하여금 특별한 세계-내-존재 양식과 고통 사이의 연관성을 보도록 돕는 것입니다. 일단 그것을 분명하게 알게 되면 가치 체계를 재검토하고 싶은 분명한 동기가 생길 것입니다. 아마도 더 나은 가치 체계를 찾고 싶을 것입니다. 어느 누구도 순수하게 이념적 기초 위에서 값비싼 진주에 흥미를 갖지는 않을 것입니다. 처음에는 억지로 하다가, 나중에는 끌려가게 될 것입니다. 노련한 치료사는 내담자 내면에서 가장 심한 고통이 있는 곳을 식별하여 그곳에 초점을 맞출 수 있습니다. 그리고 이렇게 심한 고통을 이용하여 단기 상담이 실제로 도움이 되지 않는다는 것을 내담자에게 알려 줄 수 있을 것입니다. 편안하다고 생각하는 내담자를 돕는 것은 정말 어렵습니다. 그리고 이 내담자는 술을 마시거나 마약을 할 때 편안하다는 말을 분명하게 하였습니다. 심한 고통이 오히려 치료에 이르는 아주 좋은 길입니다.

누군가 "우리는 당신에게 울면서 오고, 당신은 우리를 웃음으로 받아 줍니다."라고 말하였습니다. 깨달음을 얻는 데에는 두 가지 방법이 있습니다. 하나는 고통을 통하여서이고, 다른 하나는 지혜를 통하여서입니다. 대부분의 우리들은 첫 번째 길을 선택합니다.

여기에 한 내담자가 있습니다. 우리는 그녀에게 무엇이 잘못되었는가를 묻지 않습니다. 그녀가 어떻게 느끼는가를 묻지 않습니다. 그녀가 왜 그렇게 느끼는가를 묻지 않습니다. 누구의 잘못인가를 찾지 않습니다. 우리는 무엇을 해야 하며 어떻게 해야 하는가를 생각하지 않습니다. 우리는 이 내담자와 앉았을 때, 단지 우리들 자신에게 묻습니다. 현상의 의미는 무엇입니까? 그다음에 우리는 묻습니다. 실재란 무엇입니까? 실재란 완전한 생명이고, 이미 존재하고 있는 하나님의 완전한 선입니다. 단지 그것을 분별할 필요가 있을 뿐입니다. 우리는 누구도 변화시킬 필요가 없습니다. 또는 어느 누구도 치유할 필요가 없습니다. 또 누군가에게 어떤 무엇도 할 필요가 없습니다. 정말로 필요한 것은 이미 존재하고 있는(is) 실재에 빛을 비추는 것뿐입니다.

심리치료에 관한 저서에서는 저항에 대하여 엄청나게 많은 말을 합니다. 내담자에게 저항이라고 하는 것이 나타날 때, 내담자는 무엇에 저항하고 있는 것입니까?

의견: 치료사는 내담자에게 무엇인가를 하려고 노력합니다.

호라 박사: 또는 내담자를 위하여(for). 내담자는 치료사의 의도에 저항하고 있는 것입니다. 대부분의 경우, 저항은 치료 때문에 생깁니다. 즉, 치료사가 저항을 유발하는 것입니다. 충분하지 않은 고통 때문에 동기가 결여될 수는 있지만, 저항이 반드시 필요한 것은 아닙니다. 모든 치료 학파는 절대적으로 저항과 전이는 불가피하다고 주장합니다. 그러나 그것은 불가피하지 않을 뿐 아니라 전혀 바람직하지도 않습니다. 어떻게 이런 일이 발생할 수 있습니까?

의견: 소위 전이라고 하는 것은 치료사의 조작적인 의도에 내담자가 반응하는 것입니다.

호라 박사: 맞습니다. 우리가 치료사는 조작하는 사람이며, 그러므로 영향을 끼치는 것은 불가피하다고 가정하는 한, 전이는 불가피합니다. 그러나 만일 치료사가 그의 주변에 진리를 비추는 하나의 빛이라면 거기에는 영향도 조작도 없습니다. 그리고 전이도 역전이도 없습니다.

당신이 보는 대로
(As Thou Seest)

사례 발표

60세의 이 내담자는 두 번 이혼한 사업가이며, 주 호소 문제는 성적 불능이다. 현재 그는 세 사람과 만족스럽지 못한 관계를 맺고 있다. 하나는 그가 무능하다고 생각하는 사업 파트너이고, 다른 한 사람은 지루하다고 생각하는 매우 협력적인 여인이고, 또 한 사람은 박사 학위를 두 개 가지고 있으며 현재 정신분석 훈련을 받고 있는 매우 지적인 여인이지만, 그는 그 여인이 자신을 좌절시킨다고 생각한다. 그는 또한 두 명의 정신건강의학과 의사를 동시에 만난다. 심리치료사에 대한 그의 태도는 겸손하지만 경쟁적이고 도전적이다.

사례 발표에 대한 설명

호라 박사: 진단은 어떻게 나왔습니까? 그것을 알고 싶나요? 완벽한 미국 남성. 우리 문화라고 하는 관점에서 그를 완벽하게 만드는 것은 무엇입니까?

삶에 대한 수평적 관점. 그것은 무슨 뜻입니까?

의견: 주요한 초점은 대인 관계에 있습니다.

호라 박사: 맞습니다. 이 남자는 삶을 어떻게 보고 있습니까? 그는 삶을 적대적으로 봅니다. 모든 사람은 그에게 도전적인 사람이든 하찮은 사람이든 모두 한 사람의 적입니다. 만일 적대자가 도전적인 사람이라면 그를 하찮은 사람으로 만드는 데 성공할 때까지, 그와 경쟁을 계속할 것입니다. 하찮은 적수란 무엇입니까? 도전하지 못하는 사람이지요. 그는 현재 두 여인들과 연애를 하고 있습니다. 한 사람은 괜찮은 여자이고, 다른 한 사람은 하찮은 여자입니다. 두 사람 모두 만족스럽지 않습니다. 아마도 삶에 대한 수평적 관점에는 뭔가 잘못된 것이 있는 것 같습니다. 그는 대인 관계에서 균형을 이루도록 도움을 받을 수 있을까요? 우리가 삶에 대하여 수평적 관점을 갖고 있다면 언제나 사람들과 시소놀이를 할 것이고 그러한 삶은 매우 불만스러울 것입니다. 우리는 도전하지 않는 사람들은 계속 무시하고, 도전하는 사람은 혼란스러울 것입니다. 따라서 우리는 지루하거나 또는 긴장합니다. 그러한 내담자는 치료사를 하찮은 사람으로 생각하는 경향이 있습니다. 그는 성공하자마자, 그가 순간적으로 치료되었다는 환상을 갖게 될 것입니다.

성적인 문제라고 주장하는 것에 대하여 생각해 봅시다. 성적인 문제란 무엇입니까? 성기에 문제가 있다는 말입니까? 성적 문제는 어디에서 비롯됩니까?

의견: 머리에 있습니다.

호라 박사: 성적 문제는 실제로 성적 문제가 아닙니다. 그것은 세계-내-존재 양식의 문제입니다. 세계-내-존재 양식이 무엇이든 그것은 우리의 성적 기능에 반영될 것입니다. 꼬리가 강아지를 흔들지는 않습니다. 꼬리를 흔

드는 것은 강아지입니다. 우리의 문화에 그렇게 만연되어 있어서, 매우 정상적으로 생각되는 세계-내-존재 양식에 대한 치료적 해결책은 무엇입니까? 우리 문화의 관점에서 볼 때, 이 사람은 정상적이고 성공적이며 건강한 사람입니다. 그는 성공한 사람입니다. 그는 경제적으로 성공한 사람입니다. 그는 사업에 성공하였습니다. 그는 두 번 이혼하였으며, 지금은 한 여자의 남자입니다. 그에게는 두 명의 여자 친구, 두 명의 정신건강의학과 의사, 두 채의 아파트, 그리고 이전의 결혼에서 얻은 두 명의 딸이 있습니다.

한 사람이 가지고 있는 세계-내-존재 양식에 대한 고려가 표준 진단 범주보다 훨씬 더 의미 있고 도움이 된다는 것을 당신은 알고 있습니다. 이 사례는 삶에 대한 수평적 관점이 실존적으로 타당하지 않다는 것을 말해 줍니다. '당신이 보는 그 방식이 곧 당신이다.' 내담자의 문제는 내담자가 삶을 보는 방식에 있다고 하는 것을 안다면, 치료적 과제는 즉시 명백해질 것입니다. 이 사례에서 치료적 과제는 무엇입니까? 이 사람은 왜 삶을 수평적으로 봅니까? 그리고 그것은 누구의 책임입니까? 그리고 그가 무엇을 해야 하는가를 찾기 위하여 당신의 시간을 낭비한다면, 그것은 도움이 되지 않을 것입니다. 우리에게 필요한 것은 이 내담자로 하여금 그가 보지 못하는 것을 보도록 돕는 것입니다.

의견: 그것은 정말로 놀라운 일입니다. 왜냐하면 나는 이 사람이 시력도 아주 나쁘다는 걸 알기 때문입니다. 그의 차는 다른 차와 다른 물체와 부딪혀 흠집투성입니다.

호라 박사: 시력이 성(sex)과 같을 수 있습니까? 그것은 무슨 의미입니까?

의견: 그것은 문제가 머리에 있지 눈에 있지 않다는 것입니다.

호라 박사: 어떤 사람들은 자신이 갖고 있는 삶에 대한 관점이 보다 실존적으로 타당성을 가질 때 그들의 시력도 좋아졌음을 발견하는 일이 가끔씩 있

습니다. 이 사람의 삶이 보다 조화롭고 건전하고 만족스럽게 되기 위하여 이 사람은 무엇을 보아야 하겠습니까? 성서는 말합니다. "나는 의로운 중에 주의 얼굴을 뵈오리니 깰 때에 주의 형상으로 만족하리이다."(시편 17:15) 이것은 무슨 의미입니까? 이 사람은 실재를 시각적으로 왜곡하여 보기 때문에 올바른 관점을 회복할 필요가 있습니다. 바라본다(見性, to behold)는 것은 눈으로 본다는 것입니다. 즉, 그는 그가 바라보고 있는 모든 국면에서 하나님의 얼굴을 보는 방법을 배워야 합니다.

내담자에게 새로운 개념을 전달해 주기 위하여 일차적으로 갖추어야 할 필수조건은 치료사가 먼저 그 개념에 대하여 깨달아 알아야 한다는 것입니다. 일단 치료사가 자신의 삶 속에서 깨달음을 얻었다면 그 개념을 의미 있는 방식으로 전달할 수 있을 것입니다. 그러나 만일 치료사가 단지 그 개념에 대하여(about)만 알고 있는 것이라면, 그것은 지적이고 이론적인 것이기 때문에 치료 결과를 가져올 수 없을 것입니다. 치료사는 삶에는 대인 관계나 힘의 균형 이상의 것이 존재한다는 것을 알아야 합니다. 삶에는 그 외에 무엇이 더 있습니까?

의견: 영적 차원이 있습니다.

호라 박사: 사람들은 어떻게 영적 차원을 살 수 있습니까? 그들은 조화롭게 공존합니다. 그들은 서로를 침범하지 않습니다. 그들은 서로에게 영향을 끼치지 않습니다. 그들은 하나님의 선에 함께 참여합니다. 그들은 조화롭게 나란히 함께 삽니다. 그들은 친밀감을 통하여 선의 능력을 더 강화시켜 줍니다. 그러나 다투지 않습니다. 신성한 실재에는 다툼이 없습니다. 갈등이 없습니다. 그 세계는 갈등이 없는 우주입니다.

우리는 어떻게 삶에 대한 수평적 관점을 갖게 됩니까? '정상적이라고 하는(normal)' 잘못된 교육을 통하여서 그렇습니다. 우리 모두는 어느 정도는 잘못된 교육을 받고 자랍니다. 대중에게 인기가 많은 미식축구 게임을 예로 들어 봅시다. 미식축구는 삶에 대하여 우리에게 무엇을 가르쳐 줍니까?

의견: 경쟁적이고, 적대적이며, 공격적인 것. 다른 사람을 이기고 짓밟는 것을 중요하게 보는 것입니다.

호라 박사: 그리고 서로를 정복하는 것. 라틴 속담에 'Homo homini lupus'라는 말이 있습니다. 번역하자면 '개가 개를 먹는다.'입니다. 우리 모두는 잘못된 교육과 조건화를 벗어날 필요가 있습니다.

깨달음을 얻은 사람은 삶을 상호작용(interaction)보다는 하늘 작용(omniaction)이라고 하는 맥락에서 봅니다. 하늘 작용은 우주 속에, 그리고 인간의 삶 속에, 하늘 작용적인 신성한 지성이 있음을 드러냅니다. 이러한 현존을 식별할 수 있는 능력, 그리고 이 능력에 대한 깨달음은 우리에게 평화, 확신, 감사, 사랑 그리고 주권에 관한 커다란 의미를 가져다줍니다.

영향력
(Influencing)

사례 발표

나는 지금 짧은 기간에 치료를 받으러 왔던 세 명의 내담자를 상담하고 있다. 그들은 같은 가족으로 두 딸과 그들의 어머니라는 사실을 최근에 알게 되었다. 그들은 겉으로는 자신의 문제를 상담하는 것 같았지만 사실은 서로에게 영향을 받고 있었다. 게다가 그들의 친구들도 동시에 치료를 받으러 왔다. 그들이 치료 과정에 참여하는 것에는 또 다른 흥미로운 특성이 있다. 즉, 그들은 이전의 회기에 의하여 전혀 영향을 받지 않는다고 가장하기 때문에 매 회기마다 마치 첫 회기인 것처럼 시작하는 것 같다. 이것이 의미하는 바는 무엇일 수 있을까?

사례 발표에 대한 설명

의견: 그것은 저항일 겁니다.

호라 박사: 무엇에 저항하는 것일까요? 영향 받는 것에 대한 저항을 나타내는 것 같습니다. 우리가 모든 삶에 영향을 받을 때 극도로 영향을 받기 쉽거나 거리를 두게 될 수 있습니다. 우리가 영향을 받을 수 있는 방법에는 세 가지가 있습니다. 즉, 공공연하게, 은밀하게, 그리고 잠재의식적으로 영향을 받을 수 있습니다. 분명히 이 내담자들은 평생 영향받는 것에 노출된 결과를 보여 주고 있습니다. 우리는 또한 그들 모두가 많은 영향을 끼치고 있다는 것도 압니다. 어떻게 그것을 알 수 있습니까? 그들의 친구들을 보낸 것을 보면 알 수 있습니다. 그들의 삶에는 계속해서 많은 영향력이 있는 것 같습니다. 이 내담자들은 공공연한, 은밀한, 또는 잠재의식적 영향 중에서 어떤 종류의 영향을 받기 쉽습니까?

의견: 모두에게서 받습니다.

호라 박사: 맞습니다. 영향력은 분명히 이 가족의 주요 특징들 중의 하나입니다. 이런 일은 드물게 일어날까요? 아니, 전혀 드물게 일어나는 일이 아닙니다. 앞에서 우리는 영향을 끼치는 것과 영향력 있는 것의 차이에 대하여 말하였습니다. 우리는 영향을 끼치는 것이 침범 죄라고 말하였습니다. 이 사례에서 볼 수 있는 것은 영향을 끼치는 것은 침범일 뿐 아니라 발병의 원인이기도 합니다. 아이들에게 영향을 끼치려는 부모들은 아이들 안에 병을 유발하고 있는 것입니다.

우리가 영향을 받을 때 어떤 일이 일어납니까? 우선 우리의 사고 과정이 파괴되고 방해를 받아서 포학해지기 쉽습니다. 우리에게는 어떤 것도 이해할 수 있는 기회나 평가할 수 있는 기회가 주어지지 않습니다. 우리는 정신적으로 침범을 당하고 있습니다. 그것은 가장 좋은 의도를 가지고, 노골적으로 또는 교묘하게 이루어질 수 있습니다. '어머니가 가장 잘 안다.' 따라서 우리는 영향을 끼치는 것과 영향을 받는 것이 큰 비극이라는 것을 알고 있습니다. 그것은 광고, 설득, 압력, 주장의 형태로 우리 문화에 만연되어 있습니다. 계속해서 파괴적인 메시지가 우리에게 퍼부어지고 있습니다. 거기에는 개인적 사고의 자유에 대한 충분한 존중이 없습니다. 그것은 매우 해롭습니다. 매우 흥미롭게도 의식적으로 서로에게 영향을 줄 만큼 교육을 받지 않은 원시적인 가족의 아이들은 아무 손상도 입지 않고 자라날 기회를 갖습니다. 지적 무관심이 집요한 갈망보다 더 나은 것 같습니다. 부모들이 영향을 끼치는 것과 영향력 있는 것 사이의 차이를 아는 것이 중요합니다. 아이들은 그들의 부모가 말로 하기보다는 실제 삶으로 보여 주는 가치를 인식할 것입니다. 그들은 자발적으로 부모를 모방할 것입니다. '내가 하는 대로 하지 말고 내가 말하는 대로 해라.'라는 유명한 말이 있습니다.

질문: 영향을 끼치는 것의 세 가지 양식에 대하여 보다 더 분명하게 말씀해 주십시오.

호라 박사: 공공연하게 영향을 끼치는 것은 모든 사람에게 분명하게 보입니다. 그렇게 하는 사람은 다음과 같이 말합니다. '너는 내가 말한 것을 꼭 해야 한다.' '너는 내가 말한 것을 생각해야 한다.' '너는 내가 말한 것을 믿어야 한다. 왜냐하면 그것은 내가 말한 것이기 때문이다.' 은밀하게 영향을 끼치는 방법은 위장된 형태로 전달됩니다. 예를 들어, 그것은 한 아이에게 다른 아이에 대하여 말하고 그 아이에게 간접적으로 영향을 끼치려는 것입니다. 잠재의식적으로 영향을 끼치는 것은 한 개인의 의식적 깨달음을 우회하는 방법으로 이루어집니다. 예를 들어, 우리는 광고에 아름다운 여인이 아름다운 배경에서 한 남자와 함께 특정 브랜드의 담배를 피우면서 특정 브랜드의 위스키를 마시는 것을 볼 수 있을 것입니다. 잠재의식에서 이 특정 브랜드의 상품을 소비하는 사람은 누구나 자동적으로 그럴듯하고 매력 있게 된다는 것을 암시합니다. 이러한 암시들이 잠재의식적일수록 사람들은 그 암시들에 더 많이 압도를 당합니다.

'조금만 아는 것은 위험한 일이다.'라는 말이 있습니다. 많은 사람은 불완전한 교육을 받습니다. 그들은 라디오, 텔레비전, 신문 그리고 책을 통하여 온갖 종류의 정보를 얻어서 지적 수준을 유지하는 경향이 있습니다. 이러한 것들이 '조금만 아는 지식'과 같은 것들입니다. 그리고 지적인 영향을 서로에게 끼치는 과정은 황폐함을 만들어 내고 그릇된 가치를 가르치면서 갈등을 일으키게 됩니다. 사람들이 영향을 끼치는 것에 몰두하게 되는 때 영향을 받는 것에 대한 방어 기제가 생겨납니다. 그것은 때때로 조현병적 냉담으로 나타나는데 이는 영향을 끼치는 것에 영향을 받지 않는 생각을 말합니다. 한쪽 귀로 들리는 것은 무엇이든 다른 한쪽 귀로 내보냅니다. '어느 누가 무슨 말을 하여도 그것은 내게 아무런 영향을 끼치지 않을 것이다.' '내가 오늘 들은 말은 한 시간 후면 기억하지 못할 것이다.' 그것이 영향을 받는 과정에서 살아남으려는 한 방법입니다.

일반적으로 심리치료사는 심리학을 이용하여 사람들에게 영향을 끼치는 전문가라고 합니다. 만일 어떤 사람이 평생 영향을 끼치는 것에 희생당했다면, 그리고 그 사람이 심리치료사가 된다면 그는 의식적으로는 돕고 있다고 생각하겠지만 사실은 영향을 받는 것에 대하여 자신을 방어하고 있는 것입니다. 그것은 저항의 형태로 나타날 것입니다. 그러나 그것은 실제로 저항이 아니고 단지 자신을 보호하는 것일 뿐입니다.

어떤 내담자가 "당신네 심리치료사들은 언제나 무엇인가를 내 머리에 넣어주고는 그것을 빼내기 시작한다."라고 말했던 것을 기억합니다. 어떤 사람은 "환자가 의사의 말을 들을 때 치유를 받는다."라고 말하였습니다. 실제로 때로는 정신병원에 그런 환자들이 있다는 것을 알고 있습니다. 그들은 병원에서 나오기 위하여 그들의 의사에 대하여 열심히 공부하여 의사들이 어떤 말을 듣고 싶어 하는가를 배우고 어떤 행동을 기대하는가를 알아내서 의사들에게 그렇게 피드백해 줍니다. 의사들은 기분이 좋아서 환자들에게 다 나았다고 말하고 병원에서 퇴원시킵니다. 감옥에서도 똑같은 일이 일어납니다. 수감된 사람들은 간수들의 질문에 정답을 들려줌으로써 가석방 게시판에 올라가야 합니다. 가장하여 의사들의 질문에 동의하는 방법을 아는 것은 건강한 것과는 다릅니다. 속담에 다음과 같이 말이 있습니다. '정치에서 가장 중

요한 것은 정직이다. 만일에 당신이 그 정직을 가장하는 방법을 알고 있다면 당신은 성공한 사람이다.'

물론 건강하게 사는 길은 영향이 되는 현존이 되는 것입니다. 성서에서는 그것에 대하여 다음과 같이 말하고 있습니다. "너희 빛이 사람 앞에 비치게 하여 그들로 너희 착한 행실을 보고 하늘에 계신 너희 아버지께 영광을 돌리게 하라."(마태복음 5:16)

참고문헌

Brends, P. B. *Whole Child-Whole Parent*, New York: Harper's Magazine Press, 1975.

Bradley, F. H. *Appearance and Reality*, London: Oxford University Press, 1955.

Capra, F. *The Tao of Physics*, Berkeley, Ca: Shambhala, 1975.

Chun-Yuan Chang. *Self-Realization and the Inner Process of Peace* (Eranos Jahrbuch XXVII), Zurich: Rein-Verlag, 1959.

Ehrenwald, J. *New Dimensions of Psychoanalysis*, New Yrok: Gruene & Stratton, 1952.

Fromm, E. *The Art of Loving*, New York: Harper, 1956.

Graham, A. D. *The End of Religion*, New York: Harcourt Brace Jovanovich, 1971.

Haas, W. S. *The Destiny of the Mind, East and West,* New York: Macmillan, 1956.

Heidegger, M. *Gelassenheit*, Pfuellinger: Guenther Neske, 1959.

____________. *The Question of Being*, New York: Twaine, 1956.

____________. *Sein und Zeit*, Tübingen: Max Niemeyer Verlag, 1953.

____________. *Was Heisst Denken*, Tübingen: Max Niemeyer Verlag, 1954.

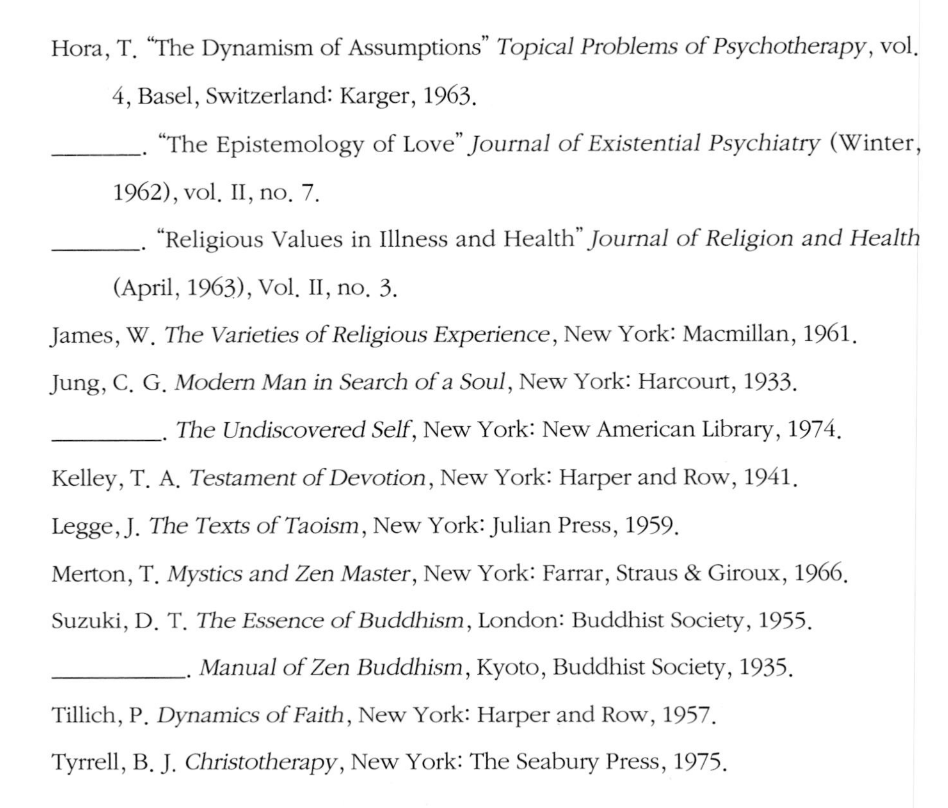

Hora, T. "The Dynamism of Assumptions" *Topical Problems of Psychotherapy*, vol. 4, Basel, Switzerland: Karger, 1963.

_______. "The Epistemology of Love" *Journal of Existential Psychiatry* (Winter, 1962), vol. II, no. 7.

_______. "Religious Values in Illness and Health" *Journal of Religion and Health* (April, 1963), Vol. II, no. 3.

James, W. *The Varieties of Religious Experience*, New York: Macmillan, 1961.

Jung, C. G. *Modern Man in Search of a Soul*, New York: Harcourt, 1933.

_________. *The Undiscovered Self*, New York: New American Library, 1974.

Kelley, T. A. *Testament of Devotion*, New York: Harper and Row, 1941.

Legge, J. *The Texts of Taoism*, New York: Julian Press, 1959.

Merton, T. *Mystics and Zen Master*, New York: Farrar, Straus & Giroux, 1966.

Suzuki, D. T. *The Essence of Buddhism*, London: Buddhist Society, 1955.

___________. *Manual of Zen Buddhism*, Kyoto, Buddhist Society, 1935.

Tillich, P. *Dynamics of Faith*, New York: Harper and Row, 1957.

Tyrrell, B. J. *Christotherapy*, New York: The Seabury Press, 1975.

찾아보기

인명

내용

저자 소개

Thomas Hora, M.D.

토마스 호라(1914~1995)는 메타실존치료(Existential Metapsychiatry)의 창시자로 형이상학과 영성과 심리학을 통합시킨 심리치료를 발달시켰다. 그는 1942년 헝가리 부다페스트의 Royal Hungarian 대학과 1945년 체코슬로바키아 프라하의 Charles 대학에서 의학 학위를 받고, 부다페스트와 체코슬로바키아의 병원에서 레지던트를 한 후, 1952년부터 15년 동안 미국과 유럽의 정신의학 분야에서 왕성한 활동을 했다. 1958년 정신의학계에 끼친 공을 인정받아 카렌 호나이 상을 받았다. 그러나 그는 심리적 문제와 삶의 문제를 해결함에 있어서 정통 정신분석에 만족하지 않고 새로운 치료법을 탐구하였다. 선불교, 기독교, 도교, 유대교 등 많은 종교와 영성 서적 그리고 실존주의와 고전 철학자들의 책으로부터 많은 영향을 받은 그는 칼 융, 알란 와츠, 선사 등과 직접 만나 그의 새로운 치료법에 그들의 사상을 통합시켰고, 그중에서도 예수 그리스도의 가르침은 메타실존치료에 특별히 중요한 영향을 끼쳤다. 그는 1995년, 생을 마감하기까지 메타실존치료를 가르치고 내담자를 치료하였다. 그의 가르침은 PAGL(Peace, Assurance, Gratitude, Love) 재단에서 계속 제공되고 있다.

역자 소개

이정기 (Lee Jung Kee, Ph.D.)

미국 Chicago Theological Seminary(Th.M. & Ph.D. in Theology & Psychology)

미국 University of Illinois at Chicago(M.Ed. in Psychology and Education)

서울신학대학교 및 동 대학원 문학사 & 신학 석사

전 서울신학대학교 상담대학원 교수, 대학원장, 특임교수

현 서울불교대학원 대학교 초빙교수

　한국실존치료연구소 대표

저서: 『존재의 바다에 던진 그물』 『존재는 넉넉하다』 『맑은 魂으로 꿈꾸기』 등

역서: 『실존주의 상담학』 『그리스도 요법』 『정신통합』 등

윤영선 (Yoon Yeong Seon, Th.D.)

숙명여자대학교 영어영문학 학사

서울신학대학교 상담대학원 상담심리학 석사, 박사

현 한국실존치료연구소 소장

　밝은빛심리상담센터 센터장

역서: 『실존주의 상담학』 『은퇴의 심리학』 『정신통합』 『심리치료와 행복추구』 등

메타실존치료
Existential Metapsychiatry

2020년 9월 15일 1판 1쇄 인쇄
2020년 9월 25일 1판 1쇄 발행

지은이 • Thomas Hora, M.D.
옮긴이 • 이정기 · 윤영선
펴낸이 • 김진환
펴낸곳 • ㈜학지사
04031 서울특별시 마포구 양화로 15길 20 마인드월드빌딩
대표전화 • 02-330-5114 팩스 • 02-324-2345
등록번호 • 제313-2006-000265호

홈페이지 • http://www.hakjisa.co.kr
페이스북 • https://www.facebook.com/hakjisa

ISBN 978-89-997-2206-6 93180

정가 18,000원

역자와의 협약으로 인지는 생략합니다.
파본은 구입처에서 교환해 드립니다.

이 도서의 국립중앙도서관 출판시도서목록(CIP)은 서지정보유통지원시스템 홈페이지(http://seoji.nl.go.kr)와 국가자료공동목록시스템(http://www.nl.go.kr/kolisnet)에서 이용하실 수 있습니다.
(CIP 제어번호: CIP2020037416)